디자인씽킹과 소프트웨어 문제 해결

디자인씽킹과 소프트웨어 문제 해결

사회

디자인씽킹과소프트웨어문제해결편찬위원회 편

NOSVOS

머리말

미래를 여는 여러분에게

요즘 대학가에는 코딩 열풍이 불고 있습니다. 많은 대학들은 컴퓨터 코딩에 관련한 교과목을 앞다투어 만들고 있으며 전교생이 듣는 필수 교과목으로 지정하는 경우도 많습니다. 이는 단순히 대학에서만의 모습이 아니라 2018년부터 초·중·고등학교 학생들이 소프트웨어 코딩을 필수적으로 배우고 있습니다. 좀더 시선을 넓혀 보면 기업, 정부기관 등도 소프트웨어 교육을 이미 실시하고 있거나 실시를 계획하고 있는 경우가 많습니다.

소프트웨어 코딩이라는 것이 왜 갑자기 세상의 화두가 되었을까요? 바로 세상이 빠르게 변하고 있기 때문입니다. 인류는 역사상 유래없이 빠른 기술의 발전과 더불어 세상도 변해 가고 있습니다. 매일 새로운 기술들 예를 들어, 빅데이터(Big Data), 인공지능(Artificial Intelligence), 블록체인(Block Chain), 가상현실(Virtual Reality), 생체인식(Biometric), 사물인터넷(IoT: Internet of Things) 등 새로운 단어를 사용하는 기술들이 등장하고 있으며, 이를 기반으로 하는 새로운 제품, 서비스들을 접하고 있습니다. 우리는 단순히 다양한 종류의 새로운 제품이 빨리 나오는 것이 좋다라고 생각할 것이 아니라 왜 이렇게 다양한 제품의 종류가 빠르게 나오느냐에 주목할 필요가 있습니다. 그 기반에는 세계를 연결하는 기반 기술인 인터넷과 모바일이 있습니다. 세상은 이미 인터넷과 모바일을 기반으로 돌아가고 있습니다. 과거 우리의 산업혁명을 이끌던 내연기관 등은 이미 수요가 줄어가고 있습니다. 자율주행차, 전기차, 수소차가 등장했고, 홍채 인식의 스마트폰이 등장했고, 이는 우리의 삶을 새롭게 바꾸고 있습니다.

이렇게 빠르게 바뀌는 세상에서 우리의 현주소를 돌아볼 필요가 있습니다. 세상은 혁신, 융합, 창의라는 키워드가 필요하다고 요구하고 있습니다. 그렇다면 어릴 때부터 컴퓨터, 스마트폰을 가지고 놀면서 자라온 여러분들에게 필요한 것은 무엇일까요? 컴퓨터, 스마트폰을 활용한 정보의 활용? 아마도 아닐 겁니다. 정보를 검색, 활용, 가공, 판매가 너무나 당연시되는 요즘에는 단순히 정보의 활용은 전공에 상관없이 너무나도 당연한 일입니다. 즉 여러분들이 혁신적, 융합적, 창의적 인재가 되기 위해서는 단순한 정보의 검색과 활용만으로는 부족하다고 볼 수 있습니다. 그렇기 위해 정보를 나의 생각대로 표현, 가공할 수 있는 역량을 갖추어야 합니다. 이는 비단 이공계 학생들에 해당되는 얘기가 아닙니다. 비이공계를 전공하는 인문, 상경, 예술, 체육, 사회과학, 법학 등의 전공 학생들도 해당되는 사항입니다.

본 교재는 대학에 입학한 1학년 학생의 창의적 사고와, 컴퓨팅 사고 역량을 키우는 데 그 목적이 있습니다. 대부분의 학생들의 경우 소프트웨어 코딩의 경험이 일부 있을 것이며, 코딩과 컴퓨터 환경에 대한 흥미가 높은 학생은 별로 없을 것입니다. 하지만 이 교재는 대학 신입생의 실제 문제에 기반한 문제 해결 역량과 소프트웨어 코딩 역량 제고를 목표로 하고 있습니다. 따라서 학생들의 흥미를 유발할 수 있는 다양한 활동들과 활동을 기반으로 하는 프로그래밍으로 내용을 구성하였습니다. 프로그래밍 언어도 키보드의 입력보다는 마우스 클릭을 활용하여 코딩에 활용할 수 있는 언어로 선정하여 비이공계 학생들도 쉽게 따라할 수 있는 환경을 구현하였습니다. 따라서 본 교재에서 제시하는 내용을 잘 따라한다면 누구라도 쉽게 프로그래밍을 익힐 수 있을 것이며 좋은 길잡이가 되길 바랍니다.

본 교재의 구성은 다음과 같습니다. 먼저 1부에서는 소프트웨어 코딩과 창의적 사고의 중요성에 대하여 살펴보며 디자인씽킹(Design Thinking)에 대하여 배우게 됩니다. 2부에서는 소프트웨어 언어 기초 코딩에 대하여 배우게 되고 간단한 예제를 통해 실습을 해봅니다. 3부에서는 우리 주변에서 접할 수 있는 다양한 문제들을 디자인씽킹(Design Thinking)을 통해 창의적 아이디어를 내서 풀어보게 됩니다. 4부에서는 문제를 해결하기 위한 창의적 아이디어를 소프트웨어 코딩을 통해 실제 구현(Implementation)을 해보게 됩니다. 이 교재를 통해 창의적 아이디어의 발현과 이를 구현하는 코딩을 경험하게 된다면 여러분들은 기존에 문제를 해결하기 위해 접근하던 방식과 다른 접근 방식을 체득하게 될 것입니다. 3D프린팅, 제품 제작, 스케치 등에 코딩이라는 새로운 방식으로 문제 해결 방안을 구현할 수 있게 되어 IT 분야에 대한 자신감을 얻게 될 것입니다.

끝으로 본 교재가 나오기까지 많은 도움을 주신 디자인씽킹과 소프트웨어 문제 해결 편찬위원회, 단국대학교 자유교양대학, 단국대학교 SW중심대학사업단, 단국대학교출판부에 깊은 감사의 말씀드립니다.

목 차

제2부 | 창의적 사고의 발현과 소프트웨어 설계

제3부 | 소프트웨어를 통한 창의적 사고의 구현

제1부

창의적 사고와 코딩

제 1 장

창의적 사고와 코딩이란?

본 장에서는 사회 환경 변화에 따른 소프트웨어 교육의 필요성에 대해 알아본다. 소프트웨어, 프로그래밍 관련 접근 방법과 기술을 활용하는 것이 문제를 창의적으로 활용하는 것과 어떤 연관성이 있는지 사례를 통해 학습하게 된다. 또한 창의적 사고와 코딩 교과목을 학습하기에 앞서 교재의 구성 및 학습할 내용을 확인하고 준비 사항을 이해할 수 있다.

학습 목표

- 변화하는 산업 및 직업 세계, 일상생활과 소프트웨어의 관계를 이해한다.
- 창의적 사고와 코딩의 필요성을 설명할 수 있다.
- 본 교재의 진행 흐름과 학습을 위한 준비 사항을 이해한다.

1. 창의적 사고와 코딩 교과목 개요

본 교과목은 인문, 사회, 상경, 사범, 자연, 예체능 등을 전공하는 SW 비전공 계열 학생들을 대상으로 구성하였다. 과학기술이 급속도로 발전함에 따라 기술, 공학 분야뿐 아니라 경영, 건축, 예술 등 다양한 산업 분야에서 SW 기술을 융합하는 사례가 급증하고 있다. 특히 SW 기술을 효과적으로 활용함으로써 기존에 해결하기 어려웠던 문제들을 창의적이고 혁신적으로 해결하는 사례들이 늘고 있다.

본 수업은 SW 비전공 학생들도 향후 직면하게 될 기술 융합 사회에 대비할 수 있도록 전공 분야 혹은 일상생활에서 겪는 문제들을 주도적으로 발견하고 다양한 해결 방안을 모색함으로써 창의·혁신적으로 문제를 해결해 나가는 경험을 제공하고자 한다. 이를 위해 창의적 문제 해결을 돕는 디자인씽킹 방법론을 토대로 문제 정의 및 아이디어 도출 과정을 거치고, 도출된 해결책 중 SW 기술을 접목했을 때 효과적인 아이디어들을 발전시켜 보고자 한다. 디자인씽킹 단계 중 아이디어의 구체화를 위한 프로토타입 및 피드백 단계에서는 어플리케이션 프로그래밍이나 코딩과 같은 IT 관련 이론을 학습하고 실제 아이디어를 구현해 보고자 한다.

2. 변화하는 사회와 요구되는 핵심 역량

"전 세계 사회, 산업, 문화적 르네상스를 불러올
과학기술의 대전환기는 시작됐다."

–클라우스 슈밥(Klaus Schwab, 세계경제포럼 회장)

Klaus Schwab

2016년 1월에 스위스 다보스에서 열린 세계경제포럼(World Economic Forum, WEF)에서 클라우스 슈밥은 인공지능, 로봇, 바이오, 나노기술, 사물인터넷, 빅데이터, 드론, 자율주행 자동차, 3D 프린팅, 가상현실/증강현실 등 첨단 기술의 활용으로 기존 산업 영역 간 경계를 허무는 '4차 산업혁명'의 시작을 선포하였다. 발전된 기술을 활용하여 산업 영역을 아우르는 융·복합적 시도는 생산성을 높이고 인간의 삶의 질을 높여줄거라는 기대감을 주었다.

한편, 2016년 3월 구글의 알파고와 이세돌 9단의 바둑 대결은 컴퓨터가 넘보지 못하는 영역일거라 여기던 복잡한 사고, 문제 해결 능력을 인공지능 로봇이 대체할 수도 있겠다는 위협과 두려움을 안겨주기도 했다. 2017년 구글에서 선정한 유망한 미래학자 토머스 프레이는 '2030년까지 소멸되는 대표적인 직업 100개'를 예측하였는데, 그 중 자율주행차의 등장으로 연간 124만 건의 교통사고가 크게 감소해 관련 직업인 택시, 트럭, 버스 등의 운전기사 작업군이 소멸하고, 교통경찰, 판사, 변호사, 대리운전 및 주차장 직원 등의 일자리가 줄어들 것이라고 예측하였다.

4차 산업혁명의 미래

〈표 1-1〉 2030년까지 소멸되는 대표적인 직업 100개와 파괴적 기술

현재 직업을 소멸시키는 파괴적 기술	소멸되는 직업
자율주행차	택시·버스·트럭기사, 우편배달부, 교통경찰, 판사, 변호사, 주차장 직원, 대리운전기사, 세차장 직원
드론(무인비행기)	택배기사, 음식 및 피자 배달, 우편 배달, 해충구제 서비스, 토지 현장 측량사, 지질학자, 긴급구조요원, 비상구조대원, 소방관, 경비원
3D프린트	보석, 신발 등 산업 디자이너, 건축, 건설, 자동차, 우주항공 노동자, 치과 및 의료산업 노동자, 토목공학자, 기계 기술자, 물류창고 직원
3D빌딩 프린트	목수 등 건설 노동자, 홈-리모델링 노동자, 도시계획가, 주택보험사, 부동산 전문가, 부동산중개사
빅데이터	기자, 저자 및 소설가, 군사기획관, 암호 전문가, 영양사, 다이어트 전문가, 방사선과 의사, 회계사, 경리, 변호사, 법률사무소 직원
인공지능	이벤트 기획사, 피트니스 트레이너, 통번역 전문가, 고객 서비스 전문가, 교사
로봇기술	소매점 직원, 계산대 점원, 외과의사, 약사, 수의사, 경비원, 미화원, 해충구제 및 산림 관리자

사회의 변화 속도가 빨라진 만큼 직업의 '흥망성쇠'의 주기도 빨라져, 앞을 내다볼 수 있는 혜안은 아직 직업을 택하지 않은 대학생들에게 필수적이다. 그러나 빠르게 변화하는 사회 속에서 아무리 훌륭한 미래학자라 하더라도 미래의 유망 직업을 정확하게 예측하기란 쉽지 않다. 이제는 미래의 유망한 직업을 찾기보다는 미래에 필요한 역량이 무엇인지 따져 보아야 한다. 앞으로 미래를 살아가기 위해 인간으로서 갖추어야 할 역량은 무엇일까?

UNESCO 21세기 세계교육위원회가 발표한 보고서(Delors Report)와

OECD의 '핵심 역량 정의 및 선정' 프로젝트 보고서에서 21세기에 노동에 요구되는 핵심 역량이 도출되었다. 21세기에 요구되는 핵심 기술로 첫 번째는 일상생활에서 핵심 기술을 적용시키기 위한 기초 문해 능력(Fundamental Literacy)으로 수학, 과학, 정보통신, 금융과 같은 지식을 얻고 활용할 줄 아는 능력, 두 번째는 실제 직업 세계에서 마주하게 될 복잡한 도전을 하기 위한 역량으로서 창의성, 비판적 사고, 문제를 인식하고 새롭고 혁신적인 해결책을 도출하는 능력, 의사소통 및 협력 능력, 세 번째는 학생들이 변화하는 환경에 적응하기 위한 인성 측면의 자질로 창의성, 주도성, 도전 정신, 적응력, 리더십, 과학 및 문화에 대처하는 자세가 꼽혔다. 21세기에 요구되는 이러한 필수 기술들 가운데 본 수업은 대학생으로서 준비해야 할 역량으로 두 번째 기술, 즉 복잡한 도전 사항들에 대처하기 위해 필요한 능력으로 **창의성, 비판적 사고 및 문제 해결 능력, 의사소통 및 협력 능력** 함양에 집중하여 학습하고자 한다.

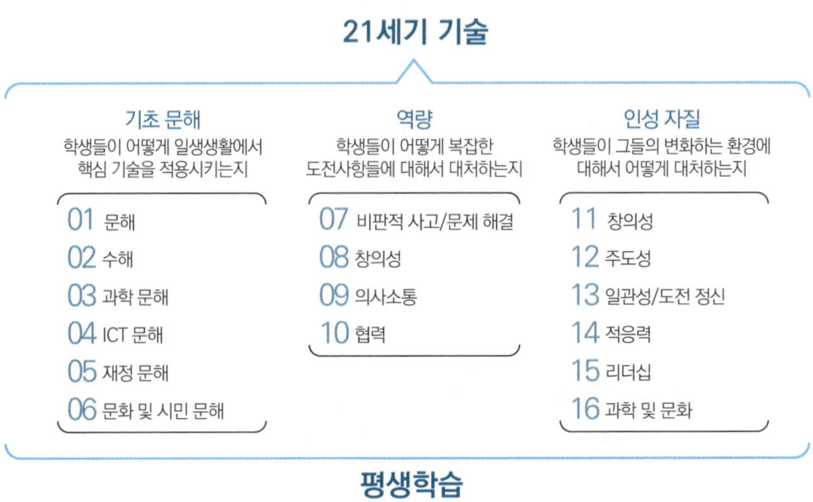

〈그림 1-1〉 21세기 가장 핵심적인 16가지 스킬(세계경제포럼, 2015)

3. 창의적 사고와 코딩의 배경과 필요성

우리가 한 학기 동안 본 교과목을 통해 학습하게 되는 내용은 창의적 사고와 코딩이다. 본 교과목의 교육 목적은 앞에서 언급한 대학생으로서 21세기에 갖추어야 할 필수 역량인 창의성, 문제 해결 및 비판적 사고력, 의사소통 및 협력 능력을 기르는 데 있으며, 특히 창의적 문제 해결력을 키우기 위한 훈련 과정을 통해 이러한 주요 역량들을 함양하고자 한다.

그렇다면 구체적으로 창의적 사고란 무엇일까? 창의적 사고란 다양한 관점과 새로운 질문이라고 정의할 수 있다. 다음의 사례를 통해 살펴보자.

창의적 사고와 코딩

"다양한 관점과 새로운 질문"

〈그림 1-2〉 창의적 사고와 코딩의 이해

엘리베이터를 처음 만들었을 때에는 속도가 굉장히 느려서, 이용자들의 불만이 많았다고 한다. 엘리베이터의 속도를 빠르게 하려면 시간과 기술

〈그림 1-3〉 창의적 사고의 사례

그리고 비용이 많이 들기 때문에, 이 문제는 백화점처럼 고객들의 반응에 민감한 회사에 상당한 골칫거리였다. 창의적 사고의 시작은 바로 이 부분에서 새로운 질문을 던져보는 것이다. 속도를 높이는 것만이 고객의 불만을 해결하는 방법일까? 그 외에 다른 방법은 없을까? 하고 말이다. 그 후, 해결책에 대한 다양한 관점의 의견을 수용하면서 최적의 문제 해결 방법을 찾는 것이다.

이 사례에서 찾은 해결책은 엘리베이터 안에 거울을 설치하는 것이었다. 이용자는 엘리베이터를 타면 자연스럽게 거울 속 자신의 모습을 살피게 되고, 거울을 보는 사이 어느새 목적한 층에 도달하게 된다. 거울을 보느라 엘리베이터가 느리다는 것을 느낄 새가 없어진 것이다. 이 사례는 기업의 경비를 절감하면서 이용자들의 불만까지 해소할 수 있었던 일석이조의 창의적인 사고의 사례라고 할 수 있다. 정리하자면, 창의적인 사고란 직면한 문제에 새로운 질문을 던져 봄으로써 다양한 관점에서 새로운 문제 해결 방법을 찾아내는 것이다.

〈그림 1-4〉 창의적 사고의 사례

이 장에서는 학습자들이 창의적인 문제 해결을 모색하고, 실생활에 적용할 수 있는 방법으로 프로그래밍 즉 코딩을 학습한다. 일상생활에서 경험하는 불편함을 새로운 질문과 시각으로 접근해 보고, 소프트웨어나 어플리케이션으로 해결할 수 있는 방법을 기획할 것이다. 그러면 우리는 여기서 궁금증이 생길 것이다. 왜 "코딩(Coding)"인가? 라는 것이다. 우리나라는 2018년도부터 초등학교·중 학교에서 소프트웨어 교육을 의무화하기 시작하였다.

Mark Ellibt Zuckerberg

소프트웨어 교육의 의무화는 우리나라뿐만 아니라 세계적인 추세이다. 최근에 소프트웨어 교육을 강화한 나라는 영국으로 2014년 9월부터 코딩 수업을 필수 과정에 포함시켰다. 일본은 2009년에 이미 소프트웨어 교육을 필수 과목으로 지정하였고, 핀란드는 2014년에 '코디코울루'라는 코딩학교를 전국적으로 확대하였다. 또한 마이크로소프트 회장 빌 게이츠, 메타 CEO 마크 저커버그 등 내로라하는 글로벌 정보통신기업(ICT) 기업의 CEO는 SW 교육의 중요성을 강조하며, SW는 사회 전반에 접목돼 다양한 산업에서 새로운 가치를 창출할 것이라 주장한 바 있다.

이처럼 개인과 국가의 미래를 위해 코딩의 중요함이 강조되고 있는 가운데 메르세데스 벤츠 회장인 디터 제체(Dieter Zetsche)는 "자동차는 이제 가솔린이 아니라 소프트웨어로 움직인다"고 하였다. 우리는 미디어나 뉴스를 통해서 자동차 시스템으로 산업의 미래를 만날 수 있다. 드라마나 영화에 나오는 자동차는 무인 시스템으로 움직인다든지, 스스로 알아서 제어를 한다. 이것이 바로 소프트웨어의 힘이다. 이제 우리는 디터 제체의 말대로 결국 가솔린이 아니라 소프트웨어

(출처: EBS Culture 코딩, 소프트웨어 시대-조용한 혁명)
〈그림 1-5〉 코딩의 개념

가 자동차 산업의 미래를 이끌어 가리라는 것을 예측할 수 있다.

일본의 문부과학성의 토모토 노부는 코딩을 "어떤 문제를 해결하기 위한 절차와 방법을 가르치는 컴퓨터 사이언스"라고 정의했다. 즉 어떤 문제를 해결하기 위한 절차와 방법이라면 우리는 이것을 배워 실생활에 활용해야 한다.

우리는 일상생활 속에서 실제로 여러 가지의 소프트웨어를 만나게 되는데 이것 역시 코딩의 결과물이라고 할 수 있다. 음료수 자판기에 돈을 넣거나 신용카드를 댄 후 여러 종의 음료수 중 하나를 선택하면 자판기에 '선택한 음료수로 이동해서 그것을 꺼내와라'는 명령어가 내려진다.

그러면 자판기는 내려진 명령어에 따라서 그 음료수를 기기 밖으로 내보낸다. 엘리베이터도 마찬가지다. 어떤 버튼을 누르냐에 따라 몇 층으로 올라가겠다, 내려가겠다라는 것이 코딩으로 구현된다. 우리가 이용하는 앱스토어나 구글플레이 같은 곳에서 프로그램을 다운받는 것과 판매하는 것 역시 소프트웨어(코딩)로 운영되는 프로그래밍 즉 코딩의 결과물이다. 게임도 마찬가지고 소셜 네트워크, 페이스북, 트위터, 인스타그램 등도 역시 코딩에 기반을 두고 만들어진 것이다. 그리고 최신 가요의 음악을 들을 때 스트리밍 서비스를 받는다면 그것 역시 소프트웨어(코딩)의 결과이다.

일상생활에서 느낀 불편한 문제를 소프트웨어를 직접 개발하여 해결한 사례가 있다. 그 예로 버스가 언제 오는지를 늘 궁금해하던 한 학생이 버스 도착 예정 시간을 알려주는 앱을 개발한 사례가 있다. 또한 스마트폰 한글 자판 입력이 불편하여 더블키보드를 고안한 사례도 있다. 이처럼 일상생활에서 불편한 것을 코딩을 통한 소프트웨어 개발로 코딩을 해서 개선하는 예를 쉽게 찾아볼 수 있다.

우리는 일상생활에서 이미 코딩의 결과물을 누리고 있으며, 실제로 코딩으로 새로운 문제를 해결하고 있다. 요즘의 신세대를 두고 '디지털 네

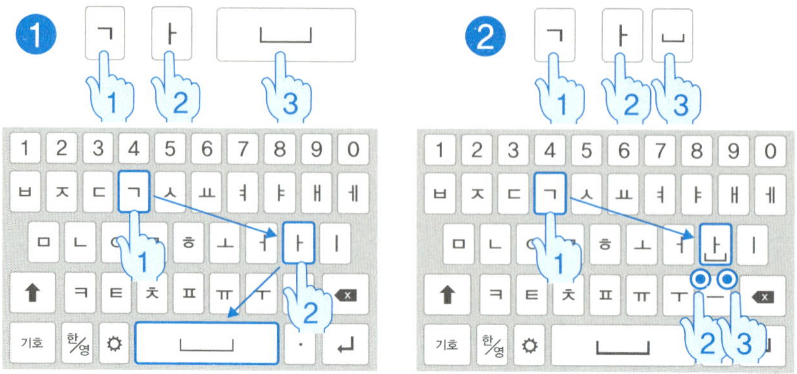

〈그림 1-6〉 "가␣"를 하는 두 가지 방법

이티브'라고 한다. 이들은 태어날 때부터 이미 이런 디지털 환경을 접하고 성장하였다. 이들을 일컬어 '디지털 원주민'이라고도 한다. '디지털 네이티브'로, '디지털 원주민'으로 살아가기 위해서는 코딩이 필요하다. 코딩을 통해서 우리는 앞으로 마주하게 될 문제를 새로운 관점으로 해결할 수 있을 것이다.

문제 해결에 대한 아이디어를 설계하고 실제로 작동하는 프로그램으로 만들어봄으로써, SW 비전공자들인 학습자들의 관점을 넓힐 수 있다. 우리나라를 포함해서 미국, 영국, 일본 등은 이미 소프트웨어의 중요성에 대해서 인식하고 교육과정에 정책적으로 반영하고 있다. 정부의 정책뿐

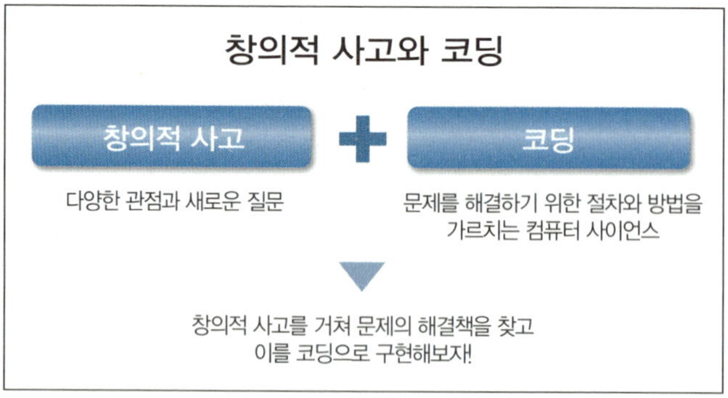

〈그림 1-7〉 창의적 사고와 코딩 개요

아니라 비즈니스 환경에서도 소프트웨어 및 프로그래밍의 중요성은 상당하다(전자신문, 2015). 자동차, 의료, 제조, 예술, 농업 등 다양한 산업 분야에서 소프트웨어가 사용되고 있으며, 많은 분야에서 소프트웨어가 비즈니스 혁신을 이끌고 있다. 이러한 비즈니스 환경 변화를 반영하여 본 교재는 학습자들이 소프트웨어의 작동 원리를 이해하고 실제 어플리케이션을 만들어 볼 수 있도록 구성하였다.

〈그림 1-8〉 학습자 준비 사항

본 교재에서 학습자에게 요구하는 태도는 문제에 대한 새로운 관점의 질문, 일상생활에 적용되어 있는 소프트웨어를 생각해 보는 것, 적극적으로 인터랙션에 참여하는 마인드, 팀워크 등이다.

첫 번째, 본 수업의 창의적 사고를 위해 새로운 관점과 호기심 그리고 새로운 질문들이 필요하다. 즉, 공감을 통해 문제를 정의하고 새로운 관점에서의 질문이 필요하다.

두 번째, 소프트웨어(코딩) 관점으로 일상생활을 보는 것이다. '어떤 부분을 소프트웨어로 만들어 주면 좋겠다.', '어떤 부분이 코딩으로 구성되어 있을까?', '저 부분은 소프트웨어로 만들어져 있는 것인가?' 등 이런 생각을 해보는 게 코딩 관점으로 일상을 보는 것이다. 그리고 이러한 관점의 확대와 연습들을 통해서 여러분들은 새로운 애플리케이션을 만들어 볼 수 있다.

세 번째, 무엇보다 중요한 것 중 하나는 팀워크이다. 이 교재는 팀 활동을 전제로 구성되었으며, 수업 역시 팀 활동으로 진행된다. 따라서 효과적인 수업 성과를 얻기 위해서는 팀원 각자가 자기 주도적으로 팀 활동에 적극 참여해야 한다.

이외에도 이 교재를 제대로 활용하기 위한 학습 환경으로 기본적으로 PC 혹은 노트북 등을 갖추어야 한다. 학교에서 진행되는 강의 중에는 실습실에서 프로그래밍 환경을 사용할 수 있다. 가정에서는 본인이 사용하는 PC와 노트북이 있어야 이 수업에서 다루는 코딩을 원활하게 익히고 활용할 수 있다.

활동 1-1

학과		학번		이름	

'EBS 특집 4차 산업혁명 위기인가 기회인가' 동영상을 보고 미래 산업, 직업의 변화에 대한 의견을 자유롭게 적어 보자.

동영상 링크 : https://www.youtube.com/watch?v=U3f7YBJRBe0

활동 1-2

학과		학번		이름	

하루 일과의 흐름에 따라 우리 주변에서 소프트웨어에 의해 변화된 생활 방식(모습)을 작성해 보자.

(예: ARS 상담원 → 눈에 보이는 디지털 ARS, 은행창구에서 은행업무 → 스마트폰, 인터넷 뱅킹)

이전 모습	→	현재 모습

활동 1-3

학과		학번		이름	

[활동 1-2]에서 정리한 현재 모습을 하루 일과 시간 순서에 따라 떠올려 보고 어떤 소프트웨어를 사용하는지 정리해 보자.

시간 →

	아침	점심	저녁
하루 일과			
사용하는 소프트웨어 이름 및 기능			

제2장

소프트웨어와 DAA씽킹

창의적 문제 해결력을 요구하는 시대의 변화에 따라 창의적 사고를 바탕으로 아이디어를 소프트웨어로 구현할 수 있는 과정에서 필요한 사고들 - DAA씽킹(디자인씽킹Design Thinking, 알고리즘씽킹Algorithm Thinking, AI씽킹Artificial Intelligent Thinking)에 대하여 학습한다. 디자인씽킹으로 창의적 사고를 하고, 알고리즘씽킹을 거쳐 소프트웨어로 해결 방안을 구현하고, 융합을 통해 자신의 아이디어를 확장할 수 있는 AI씽킹이 적용된 사례를 통해 문제 해결 방법에 필요한 사고 과정에 접근할 수 있다. 이 장을 통해 학습자들은 전체 사고 과정 중 [창의적 사고와 코딩] 교재에서 학습할 디자인씽킹의 필요성을 이해한다.

학습 목표

- 창의적 소프트웨어 개발을 위한 DAA씽킹 사고의 필요성을 이해한다.
- DAA씽킹이 적용된 사례를 통해 각 사고 과정의 개념 및 사고 과정 간 연관성을 이해한다.
- 우리 일상생활에서의 DAA씽킹이 활용된 사례를 찾고 각 사고 과정과 연관지어 설명할 수 있다.

1. DAA씽킹이란?

1장에서 살펴본 것처럼 소프트웨어 교육은 창의적인 문제 해결력을 높이기 위한 것이다. 창의적 문제 해결력에는 문제를 해결하는 것뿐 아니라 문제를 만들어 내는 것도 포함된다. 문제(Problem)란 현재 상태와 바라는 상태 간의 간격(Gap)이 발생할 때 생긴다. 즉, 현재 상태에서 더 나은 상태 혹은 완전히 개선되기를 바라는 부분이 있다면 '해결하기 위한 문제(Problem)가 있다'고 볼 수 있다.

아인슈타인은 "문제를 만들어 내는 것이 때로는 문제를 해결하는 것보

〈그림 2-1〉 일반적인 문제 해결 과정

다 더 본질적인 것이다"라면서 새로운 문제를 제안하는 것의 중요함을 강조했다. 현재 과학자와 공학자들의 가장 큰 숙제는 좋은 연구 문제를 만들어 내는 것이다. 좋은 연구 문제를 만들고 문제 해결의 가능성을 탐색하고 구체적인 전략을 세워(알고리즘 설계와 코딩) 문제 해결을 위한 과정을 순환적 또는 비선형적으로 반복한다.

문제의 예를 들어보자. 내가 있는 위치에서 목적지까지의 경로는 알지 못하지만 목적지를 찾아가야 하는 것이 나의 문제다. 이를 해결하려면 지도를 보면 된다. 하지만 지도를 보면서 모르는 곳을 찾아가는 것이 그리 만만치 않다. '길을 잘 아는 사람이 옆에서 알려주면 좋을 텐데…'.라고 생각하는 순간 수많은 새로운 문제가 탄생한다.

- 길을 잘 아는 사람처럼 로봇(지금의 내비게이션)이 길을 알려줄 수는 없을까?
- 그럼 로봇이 길을 인식하려면 무엇이 필요할까?
- 나의 위치와 목적지의 위치를 알려면 무엇이 필요할까?(인공위성과 GPS의 원리)
- 사람처럼 언어로 경로를 안내해 줄 뿐 아니라 지도처럼 눈앞에 잘 보이도록 할 수 없을까?
- 경로가 여러 가지 있다면, 어떻게 선택할까?(최단 거리와 최단 시간의 문제 등)
- 도착할 때까지의 거리와 시간을 알 수 있을까?

이렇게 문제 해결을 위한 과정을 살피다 보면 세 가지의 사고의 연결 고리를 찾아볼 수 있다. 먼저 세 가지 사고에 대하여 알아보자.

• **DAA씽킹의 세 가지 사고**

多	다	DAA
많다 낫다, 뛰어나다 많게 하다 두텁다	남거나 빠짐없이 모두 행동이나 상태의 정도가 한도에 이름	Design Thinking Alogorithm Thinking AI Thinking

DAA씽킹 교육 실현으로 컴퓨터과학 기본 개념과 원리, 컴퓨팅 기술을 바탕으로 실생활 및 다양한 학문 분야의 문제를 창의적이고 효율적으로 해결하는 능력과 태도의 함양.

〈그림 2-2〉 DAA씽킹의 의미

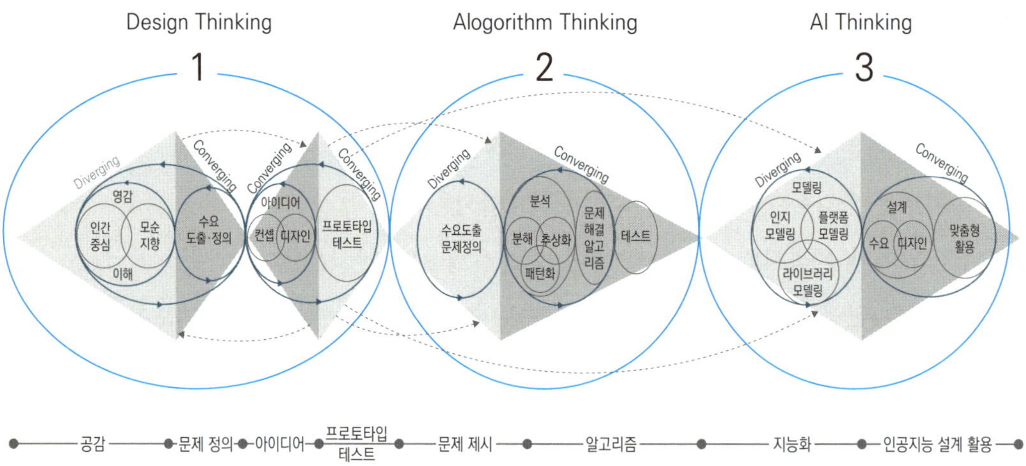

〈그림 2-3〉 DAA씽킹 프레임워크

첫 번째 사고는 디자인씽킹(Design Thinking)이다. 사용자의 불편함에 공감을 하고 문제의 근본 원인을 찾아 문제를 재정의하고 이를 통하여 창의적인 문제의 해결책을 제시하는 사고 방법이다.

이렇게 공감으로 시작하여 문제를 정의하는 사고가 바로 디자인씽킹이다.

■ 디자인씽킹 문제 예시

- '길을 잘 아는 사람이 옆에서 알려 주면 좋을 텐데…….'
- '길을 잘 아는 사람처럼 장비가 길을 알려 줄 수 없을까?'
- '말로만 알려줄 뿐 아니라 눈앞에 지도로도 보여 주면 편하지 않을까?'
- '도착할 때까지의 시간과 거리를 알려주면 좋을 텐데.'

디자인씽킹은 실제 사용자를 중심으로 이면에 숨겨진 해결해야 할 진짜 문제를 파악하고, 발산하고, 수렴하는 통합적 사고를 통해 창의적으로 문제를 해결해 나가는 총체적 사고 방식 과정이라 할 수 있다.

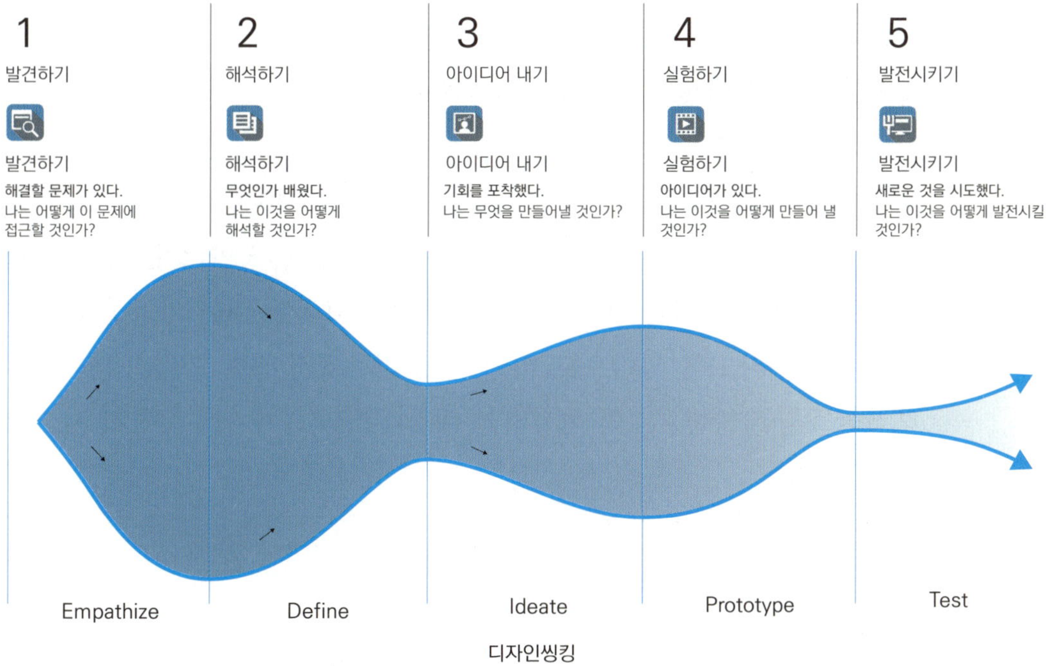

〈그림 2-4〉 디자인씽킹 단계(문제 해결을 위한 총체적 사고 과정)

두 번째 사고는 알고리즘씽킹(Algorithm Thinking)으로 컴퓨팅 사고 기반의 논리적 사고 절차이다. 컴퓨팅 사고라는 것은 '컴퓨터처럼 생각하는 방법'으로 생각하면 이해하기 쉬울 것이다. 첫 번째 단계의 공감을 통해 나온 문제 해결안들을 구체적인 소프트웨어로 개발하기 위한 컴퓨터적 관점에서 여러 가지 논리적 절차를 생각하고 실행하는 단계이다.

즉, 문제 해결안을 프로그램과 시스템으로 개발하기 위하여 컴퓨터적 관점에서 논리적 절차를 생각하고 실행하는 단계가 알고리즘씽킹이다.

■ 알고리즘씽킹 문제 예시

- '길을 잘 아는 사람처럼 길을 안내해 주기 위해 시스템을 만들기 위한 절차는?'
- '길을 알려줄 때 최단거리로 알려주기 위한 절차는?'

알고리즘씽킹은 문제를 해결해 나가는 데 있어 필요한 절차에 대한 명확한 정의를 통해 솔루션을 얻는 방법이다.

세 번째 사고는 AI씽킹(Artificial Intelligent Thinking)이다. 컴퓨팅 사고 기반의 알고리즘씽킹과 디자인씽킹의 결합이 AI씽킹이다. 이것은 새로운 관점으로 문제의 본질을 바라보고 다양한 아이디어에 대한 가능성을 열어두는 창의적사고를 기반으로 하되, 알고리즘씽킹에서 고안한 논리적인 해결안들을 결합함으로써 혁신적인 해결책으로 나아가는 확장적 사고이다.

■ AI씽킹 문제 예시

- 두 번째 알고리즘씽킹의 문제 해결의 결과물인 '길 안내 시스템'에서 더 나아가 '신호 위반, 후방 안내 시스템'을 결합하는 새로운 관점의 접근법임
- 신호 위반, 후방 안내를 위해 신호를 자동으로 감지하는 센서 및 정해져 있는 수치 이상이 감지되면 경고음을 올리는 자동화 기술이 포함될 수 있음

AI씽킹은 컴퓨팅 사고를 바탕으로 구현되는 지능화된 기능을 활용하여 새로운 관점의 문제 해결 접근법을 모색해 나가기 위해 필요하다. AI씽킹은 인간의 인지적 모델링과 기계의 지능적 체계의 모델링을 바탕으로 나타나는 특성이며, 인공지능-플랫폼을 기반으로 기계 학습 모델링을 구축하고 그에 따른 추론과정을 거쳐 세상을 인지하는 사고이다.

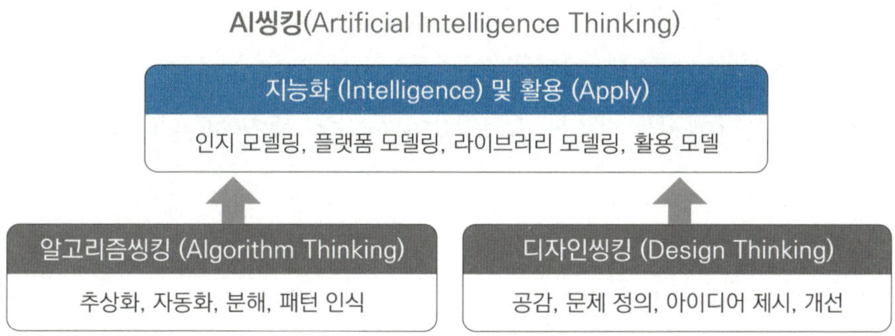

〈그림 2-5〉 DAA씽킹

다음 예를 통해 DAA씽킹의 사고 과정을 살펴보자.

■ 문제 상황

예전에 아이들이 뛰놀 수 있는 다양한 시설들이 있었다. 하지만 실외 놀이터의 위험성 때문에 많은 부모들이 실내 놀이터를 찾게 되었다. 그런데 아이들의 인구가 점차 감소하면서 실내 놀이터 역시 도산 위기에 놓이게 되었다.

좋은 해결 방법이 없을까?

1) 디자인씽킹

사용자의 불편에 공감하고 해결 방안을 모색하는 사고이다.

① (현재 상태) 실내 놀이터에 아이들이 없다.

② (목표 상태) 실내 놀이터를 활성화하도록 한다.

③ (불편 사항) 실내 놀이터는 아이들만 이용하기 때문에 부모나 청소년은 함께 놀 수 없어 불편하다.

실내 놀이터에서는 아이들을 봐줘야 한다는 생각 때문에 피곤함이 몰려온다.

④ **(해결 방안) 연령대에 상관없이 놀 수 있는 공간을 만들면 된다. → 어린아이/청소년/어른이 놀 수 있는 공간 배치**

2) 알고리즘씽킹

컴퓨팅 사고 기반의 문제 해결 절차를 나열하는 것으로 소프트웨어로 수행할 수 있는 최적의 문제 해결 방법과 절차를 고안하는 수렴적 사고이다.

① (현재 상태) 실내 놀이터에 아이들이 없다.

② (목표 상태) 실내 놀이터를 활성화하도록 한다.

③ (문제 원인) 어린아이와 청소년 어른이 다 같이 놀 수 있는 공간을 배치했기 때문에 놀이 공간이 복잡할 수 있다.

④-1 (문제 해결을 위한 조건 제시) 인원수 제한 / 2시간 체험 시간을 주기

④-2 (출력 화면) 입장 인원을 실시간으로 카운팅하여 보여주기

④-3 (해결 방안) 티켓을 판매할 때마다 카운팅할 수 있는 알고리즘을 만들어 프로그램을 개발

3) AI씽킹

디자인씽킹과 컴퓨팅 사고 기반의 알고리즘씽킹을 결합하여 새로운 문제를 발견하고 이를 해결하기 위해 최적의 기술을 융합함으로써 창의적이고 혁신적인 해결책으로 발전시키는 사고이다. 문제 상황의 현재 상태와 목표 상태 간 차이를 가장 효과적으로 좁히기 위한 과정으로 새로운 관점에서 문제를 다시 바라보는 시도와 최적의 알고리즘 및 방법을 찾기 위한 다양한 분야의 지식 및 기술이 요구되기도 한다.

① (현재 상태) 실내 놀이터에 아이들이 없다.
② (목표 상태) 실내 놀이터를 활성화하도록 한다.
③ (해결 방안) 디자인씽킹과 알고리즘씽킹을 결합하고 컴퓨터의 지능화된 기술(AI)

소프트웨어 교육은 궁극적으로 AI씽킹 함양에 목적을 두지만 디자인씽킹과 알고리즘씽킹에 대한 이해와 훈련이 체계적으로 선행되어야 한다. 이에 본 교과목은 우선적으로 DAA씽킹 중 첫 번째 사고인 디자인씽킹(Design Thinking)에 초점을 두고 학습하고자 한다.

2. DAA씽킹 적용 사례

2019년 인텔은 인공지능 사회를 대비한 교육 활동으로 Intel AI 4Youth 프로그램을 제공하였다. 창의적 문제 해결을 위해 문제 발견 과정에서 문제 상황을 충분히 들여다봄으로써 문제의 근본 원인에 초점을 두고자 하였으며 이를 해결하기 위한 해결책을 알고리즘화하고 실제 개발물로 발전시켰다. 다음 '에너지 절약을 돕는 인공지능 스위치' 예는 프로젝트의 한 사례이다. DAA씽킹을 적용하여 우리가 한번쯤 고민해 봤을 법한 일상생활 속 문제를 창의적으로 해결한 사례를 살펴보자.

사례 1

에너지 절약을 돕는 인공지능 스위치 'AI EG(Energy Guard)'

프로젝트 개요: 빈 교실에 쓸모없이 낭비되는 전력 손실을 줄이기 위해 인공지능으로 교실 내부의 사람 수를 확인하여 자동으로 전력을 차단해 주는 인공지능 에너지 절약 시스템을 만든다.

문제 발견: 방과 후에 학교 안을 보면 아무도 없는 교실과 컴퓨터실에 컴퓨터나 에어컨 등 전자기기가 켜져 있는 모습을 자주 볼 수 있다. 아무도 없는 곳에서 필요 없는 전력이 낭비되고 있었고, 특히 에어컨은 온실가스를 계속 배출하여 환경에도 매우 좋지 않다고 생각했다. 그래서 교실 상황을 관찰하고 어떤 경우에 전력을 차단하면 좋을까를 고민하다가 사람수를 기준으로 기기들의 전원을 꺼 주는 방법이 있을까라

는 생각에 이 프로젝트를 하게 되었다.

〈그림 2-6〉 컴퓨터 모니터가 켜져 있는 빈 교실 장면

해결 방법 제안: 1) 인공지능이 실시간으로 사람을 인식하고 사람의 수를 계산하여 사람이 없음을 자동으로 판단한다. 2) 사람이 없음이 판단되면 자동으로 에어컨이나 컴퓨터의 전원을 차단시킨다.

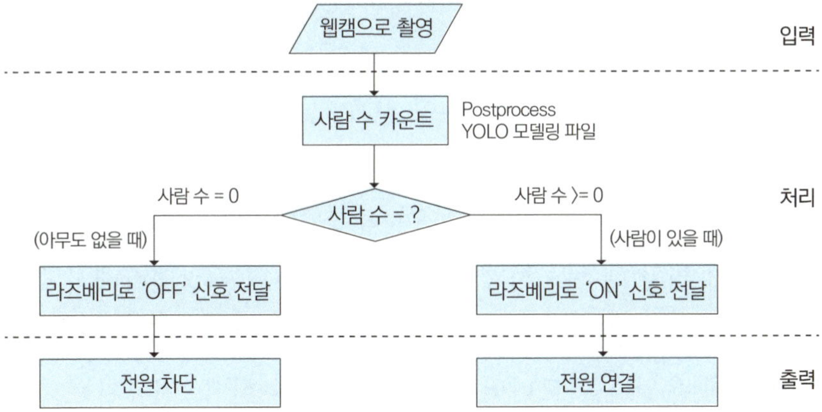

〈그림 2-7〉 컴퓨터 모니터가 켜져 있는 빈 교실 장면

사례 2

졸음 방지 인공지능 시스템 개발 'AI for Road Safety'

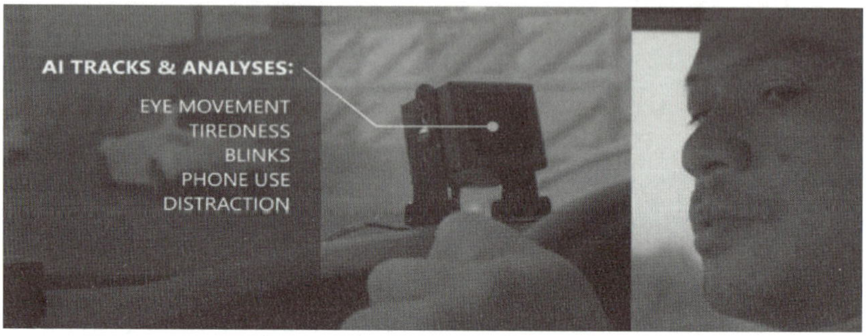

〈그림2-8〉 졸음 방지 인공지능 시스템

태국에서는 매일 66명의 사람들이 교통사고로 사망한다고 하며, 이는 세계에서 가장 높은 사망률이라고 한다. 이러한 교통사고가 나는 이유를 분석하기 위해 운전자들을 오랜 시간 관찰하여 운전자들과 사고가 나는 원인에 대한 통계 결과를 분석 해본 결과 졸음운전이 가장 큰 원인이라는 것을 알 수 있었다. 이러한 교통사고를 줄이기 위해 태국의 한 회사에서 인공지능 기술을 활용하고 있다. 인공지능 기술을 이용하여 운전자의 눈동자 움직임, 눈의 깜빡임, 핸드폰 사용 여부, 피로도, 산만도 등을 분석하고 추적한다. 이상 징후가 있을 때는 1차적으로 차내에서 자동으로 경보가 울리고, 경고가 울리면 차에서 내려서 졸음 등을 해결하기 위한 행동을 하게 된다. 그리고 매니저와 연락해서 확인을 받아야만 한다. 이를 위해 본사 매니저는 운전자 인공지능 시스템을 이용하여 전체 운전자를 모니터링하고 관리해야 한다. 인공지능 기술을 이용하여 이 회사는 4,000명이 넘는 직원의 안전을 확보하고 도로의 교통사고 발생률을 계속해서 줄여 나갈 계획이라고 한다.

*참고 영상: https://www.youtube.com/watch?v=CEv2GkaSDIY

다음은 창의적인 문제 해결을 위해 기술을 효과적으로 활용한 AI씽킹이 적용된 사례이다. 졸음 방지 인공지능 시스템은 혁신적인 기술을 접목시킨 사례로도 주목받았지만, 문제의 근본적인 원인에 접근하고 이를 효과적으로 해결하기 위해 문제를 겪는 사람 중심에서 접근하여 해결했다는 점에서 혁신적인 사례로 꼽히고 있다.

사례 3

COVID-19 응대전화 'AI Call'

COVID-19와 같은 국가적 재난 상황에서 인공지능은 24시간 7일 내내 증상 의심과 관련한 민원 전화를 받았습니다.

〈그림2-9〉 인공지능 민원 전화 처리 서비스

네이버와 성남시가 도입한 코로나19 인공지능(AI) 능동 감시 시스템 '클로바 케어콜'이 3개월 동안 단 한 건 오류만 기록한 것으로 나타났다. AI를 활용한 모니터링, 콘택트센터 운영이 효과적임을 입증했다.

네이버는 성남시와 운영한 '클로바 케어콜 시스템'이 3개월 동안 1만 3,000건 통화를 기록했다고 19일 밝혔다. 네이버에 따르면 클로바 케어콜 시스템을 운영하는 동안 음성 예측 오류는 한 건이었다. 모니터링 대상자가 코로나19 증상을 보고했지만 케어콜이 이를 확인하지 않은 양성 예측 오류(FP) 사례가 한 건 발생했다. 99% 이상 확률로 환자를 걸러 낸 셈이다.

네이버에 따르면 클로바 케어콜 시스템은 성남시에 필요한 코로나19 능동 감시 모니터링 수요 1/3을 담당했다. 통화 중 끊는 비중은 14.6%. 연결 장애는 7.3%로 낮은 수준 유지했다. 인공지능과 사람 간 대화가 대부분 원활하게 이뤄졌다는 뜻이다.

*참고 자료: https://www.etnews.com/20200717000186

활동 2-1

학과		학번		이름	

여러분은 거주하는 지역에서 교통사고가 가장 많이 발생하는 장소(지점)에서 교통사고율을 줄여야 하는 문제를 해결해야 한다. 어떻게 해야 할까? 이것을 DAA씽킹의 단계로 나누어 해결 방안을 찾아내시오.

디자인씽킹(공감으로부터 시작하여 문제 해결)

알고리즘씽킹(논리적인 구체적 절차를 통한 SW 해결)

AI씽킹(새로운 문제 발견하여 해결)하기 위한 최적의 기술 융합

활동 2-2

학과		학번		이름	

요즘 몇몇 우리 대학의 1학년과 2학년 학생들이 불만이 있다고 한다. 선배들이 와서 팀 과제를 수행할 스터디 룸을 사용하지 못하게 하기 때문이다. 선배들은 후배들이 팀 과제를 수행하는 중에 와서 못하게 하고 그 자리에서 선배들의 팀 과제를 한다. 어떻게 이 상황을 해결할 수 있을까?

디자인씽킹(공감으로부터 시작하여 문제 해결)

알고리즘씽킹(논리적인 구체적 절차를 통한 SW 해결)

AI씽킹(새로운 문제 발견하여 해결)하기 위한 최적의 기술 융합

활동 2-3

학과		학번		이름	

여러분이 대학 생활에서 겪었거나 겪게 될 여러 가지 불편한 경험을 생각해서 해결 가능한 다양한 방법을 제시해 보시오.

디자인씽킹(공감으로부터 시작하여 문제 해결)

알고리즘씽킹(논리적인 구체적 절차를 통한 SW 해결)

AI씽킹(새로운 문제 발견하여 해결)하기 위한 최적의 기술 융합

제3장

창의적 사고로 문제 해결하기

-디자인씽킹

시대와 사회 환경의 변화에 따라 4차 산업혁명은 대량 생산에서 사용자 1인을 타깃으로 하는 1:1 맞춤형 생산 방식으로 변하였다. 산업 환경의 변화에 따라 제품이나 서비스에 대한 사용자의 참여와 이들에 대한 이해는 더욱 중요해지고 있다. 만인만색인 사용자의 필요에 맞추고, 사용자의 만족도를 높이기 위해, 기업이 경쟁력을 갖추기 위해서는 다양한 분야의 융합적 지식과 창의적 사고가 필수적이다.

이번 장에서 창의적 사고를 요구하는 시대적 변화에 대하여 살펴보고 창의적 사고법인 디자인씽킹(Design Thinking)을 학습한다. 디자인씽킹 정의, 프로세스, 구성 요소, 사례를 통해 학습자들은 디자인씽킹에 대한 이해도를 높일 수 있다.

학습 목표

- 산업 환경이 대량 맞춤 생산 방식으로, 소비자 중심으로 전환되고 있음을 이해한다.
- 창의적 문제 해결을 위한 디자인씽킹 프로세스를 설명할 수 있다.
- 디자인씽킹의 구성 요소를 설명할 수 있다.
- 디자인씽킹를 통해 문제를 해결하는 과정을 설명할 수 있다.

우리는 일상생활에서 많은 문제와 직면하며 생활한다. 대학 신입생이라면 "어떤 동아리에 가입할까?", "여름방학에 어디로 놀러갈까?", "내일 아침에는 어떤 교통편으로 등교할까?"와 같은 문제를 두고 고민을 하든지, 고민을 하지 않든지 그러한 문제에 대한 답을 내면서 살아가고 있다.

여러분들은 일상에서 직면하는 문제에 대한 답을 어떻게 해결하는가? 모르는 문제라면 어떻게 해결하는가?

문제 해결에는 여러 가지 방법이 있겠지만 다음과 같은 유형으로 나누어볼 수 있다. 첫째로, 무슨 방법을 통해서 찾아보는가? 책을 통해서? 인터넷 검색을 통해? 선배들에게 물어봐서? 둘째로, 아이디어는 어떻게 생각하는가? 나만의 생각으로? 친구와 같이 생각하여?

사실 우리는 그날그날 대부분 생각하는 대로, 문제를 찾는 대로, 자료를 검색하는 대로 그 해결 방안을 즉흥적으로 찾고 있다. 그러므로 우리는 창의적으로 문제를 해결하고 있는지 생각해 볼 필요가 있다. 아마 대부분이 "나는 창의적으로 문제를 해결한다"고 대답하기 쉽지 않을 것이다. 이는 바로, "천재적인 머리", "예술적 감각", "그날의 상태" 등에 따라 우리의 아이디어가 다르게 나타나기 때문이다. 그러므로 이번 장에서는 디자인씽킹(Design Thinking)을 통해 창의적인 사고 방식을 학습할 것이다.

1. 비즈니스 환경 변화

1) 사회 환경-4차 산업혁명의 도래

산업은 산업혁명 과정을 통해서 위기를 극복하고 지속적인 발전을 이루어 왔다. 18세기 증기기관의 탄생과 방적기 발명으로 인한 기계 생산이 가능해졌고, 노동생산성의 향상으로 1차 산업혁명이 시작되었다. 19세기에는 컨베이어 벨트가 자동차 공장에 등장하고, 전기 동력에 의한 대량 생산 체계를 갖추었다. 컨베이어 벨트의 도입은 분업과 자동화 생산의 급속한 확산 효과를 가져왔으며 이를 2차 산업혁명이라 부른다. 19세기 후반에는 IT와 로봇, 컴퓨터가 생산 체계의 핵심 요소가 되어 자동화 대량 생산 체계의 주류를 이루었는데 이를 3차 산업혁명이라고 한다. 그 다음은 4차 산업혁명 또는 인더스트리 4.0(Industry 4.0)이라고 일컬어진다. 4차 산업혁명에는 사이버 물리 시스템에 기반한 유연하고 가벼운 생산 체계

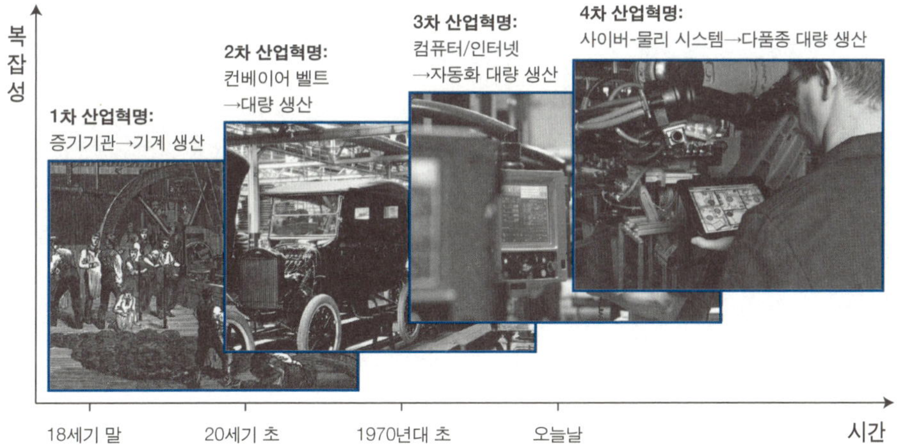

출처: DFKI(독일인공지능연구소), 2011

〈그림 3-1〉 산업의 변화

가 마련될 것이다.*

여기서 사이버 물리 시스템이란 물리적 세계에 속한 사람이 센서와 장치를 인터넷 서비스, 인공지능 시스템, 각종 정보망이 존재하는 사이버 세계와 연결해 주는 시스템을 의미한다. 에너지 효율을 스스로 제어하고 작동하는 스마트홈이나 구글의 무인 자율 주행 자동차가 그 예라고 할 수 있다. 무인 자율 주행 자동차는 카메라, 레이저 센서를 통해 날씨, 교통량, 내비게이션 정보, 즉 물리적 세계의 정보를 수집한다. 수집된 물리적 세계의 정보를 사이버 세계에서 분석하여 최적의 경로와 운행 방법을 결정하고 이를 다시 자동차의 구동 장치, 조향 장치와 같은 물리적 세계에 전달하여 제어를 한다. 이와 같은 사이버 물리 시스템의 개념이 4차 산업혁명의 핵심 개념이다. 제품과 소재가 공장 내 기기들과 소통하여 스스로 생산, 가공 경로를 결정하고 이동하는 유연하고 효율적인 생산 체계를 갖추게 된다. 생산 체계의 변화는 생산 방식 및 생산 물량에서도 효과를 나타낸다.

산업혁명이 진행될수록 대량 생산의 볼륨이 감소하고, 생산하는 제품은 점점 다양해진다. 2차 산업혁명 시기는 소품종 대량 생산이 특징이며, 대

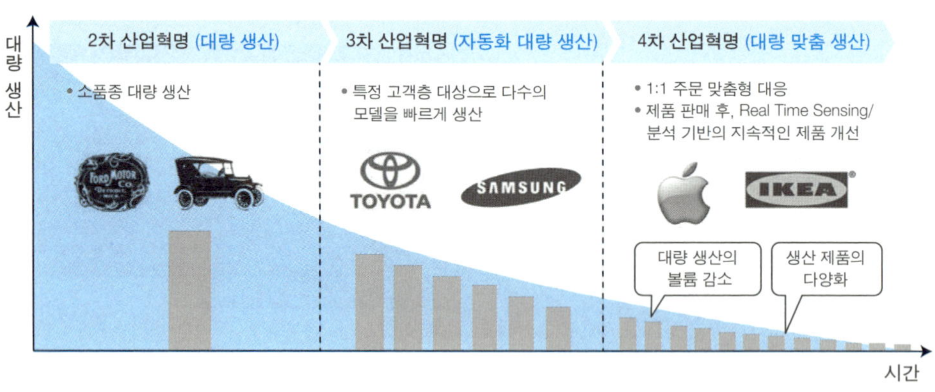

〈그림 3-2〉 산업혁명의 변화

---

* Detlef Zuehlke, *Industry 4.0-The German Vision for Advanced Manufacturing*, DFKI, 2013.12.

표적인 기업으로는 포드자동차가 있다. 3차 산업혁명 시기는 특정 고객층을 고려하여 다수의 모델을 빠르게 생산하는 린방식을 채택하여 효율성을 극대화하였다. 대표적인 기업으로는 토요타자동차, 델컴퓨터, 삼성전자를 들 수 있다. 4차 산업혁명 시기는 특정 고객층이 아닌 개인 1인을 타깃으로 맞춤 생산을 한다. 대표적인 기업으로 애플, IKEA 등이 존재한다.

2) 소비자 변화-소비자의 참여

4차 산업혁명의 대표적인 기업인 IKEA의 사례를 생각해 보자. IKEA는 완성품 가구가 아닌 소비자가 직접 조립할 있는 제품을 판매한다. 완성품 가구와 비교해 볼 때 소비자가 직접 만드는 조립식 가구는 생산자 입장에서는 제조, 유통, 보관 등의 비용을 줄일 수 있다. 소비자 입장에서는 소비자가 구매한 제품에 자신의 노동의 가치를 더한다는 '이케아 효과(IKEA Effect)'의 이점을 얻게된다. 이케아 효과는 미국 듀크 대학교의 댄 애이얼리(Dan Ariely)와 하버드 대학의 마이클 노튼(Mchael I. Norton) 교수의 행태 경제학 실험에서 나타난 결과를 표현한 용어로, 이케아 가구를 직접 조립한 피실험자는 조립한 제품의 완성도와는 상관 없이 그들이 조립한 이케아 가구에 이케아 완성품보다 더 비싼 가격을 지불하려 한다는 현상을 의미한다. 즉, 한 번 이케아 가구를 만들어 소유했던 소비자는 제품 본연의 가치보다 더 높은 가치에 상응하는 만족도를 가지게 된다는 것이다.

Dan Ariely

Mchael Norton

4차 산업혁명 즉 인더스트 4.0에서 소비자들은 제

품을 구매하기 전 이미 다양한 미디어, 인터넷, SNS 등을 통해 제품에 대한 간접경험을 했을 가능성이 높다. 또는 인터넷이나 통신을 통해서 소비자의 경험을 즉석에서 물어보고 해결책을 찾아볼 수도 있다. 기술의 발달, 혁신에 대한 노출, 경험 축적을 통해 소비자들의 요구는 더욱 다양해지고 기대 수준이 높아지고 있다. 다양한 고객의 필요에 맞추기 위해서, 고객의 만족도를 높이기 위해, 기업이 경쟁력을 갖추기 위해서는 다양한 분야의 지식 융합과 창의적 사고가 필수적이다.

(출처: Mochon,, Norton, & Ariely (2012)

〈그림 3-3〉 IKEA의 모습

2. 창의적 문제 해결 방법: 디자인씽킹

4차 산업혁명에서 지속적인 혁신을 위해서 창의적 사고에 접근하는 방법 즉 창의적인 문제 해결 방법론으로 디자인씽킹(Design Thinking)를 제시한다. 혁신적인 사업 방식으로 잘 알려진 IDEO는 작은 회사지만 사용자의 경험에 초점을 두어 좋은 디자인을 정의하고 만들어 감으로써 지속적인 혁신을 주도해온 회사이다. IDEO의 CEO인 팀브라운(Tim Brown)은 "디자인씽킹(Design Thinking)는 사람 중심의 혁신 접근 방법으로써, 사람들의 수요, 기술적 가능성, 비즈니스 성공을 위한 요구를 통합하기 위한 디자이너의 툴킷에서 도출된 것이다." 라고 정의한다.

"**Design Thinking** is a **human-centered** approach to innovation that draws from the **designer's toolkit** to integrate the needs of **people**, the possibilities of **technology**, and the requirements for **business** success."

Tim Brown, CEO of IDEO

"디자인씽킹(Design Thinking)은
사람 중심의 혁신적 접근 방법으로써,
사람들의 수요, 기술적 가능성, 비즈니스 성공을
위한 요구를 통합하기 위한 디자이너의 툴킷에서
도출된 것이다."

Tim Brown, CEO of IDEO

〈그림 3-4〉 디자인씽킹의 개념 정의

즉, 디자인씽킹은 능동적으로 문제를 해결하고 영향력 있는 변화를 극대화하기 위해 고안한 창의적인 문제 해결 방법론이다. 디자인씽킹은 미국 스탠포드 대학교(Stanford University)에 의해 학문적 토대와 많은 연구가 진행되었다. 스탠포드 대학교에는 디자인씽킹를 전담으로 교육하는 기관

인 "d.School"이 있으며 이를 통해 디자인적 사고를 학생들에게 널리 전파하고 있다. 본 교재에서 다루고자하는 디자인씽킹의 개념 및 프로세스들은 스탠포드 대학의 방법론에 근거하여 발전시킨 것이다.

〈그림 3-5〉 스탠포드 대학교 d.School의 모습

3. 디자인씽킹-프로세스 5단계

디자인씽킹 과정은 '모든 사람은 다 디자이너이다.'라는 생각을 바탕으로 공감, 문제 정의, 아이디어 만들기, 모형 제작, 테스트의 과정을 거쳐 진행된다. 각각의 과정은 지속적으로, 상호 간에 피드백을 통해 순환적인 형태로 진행된다.

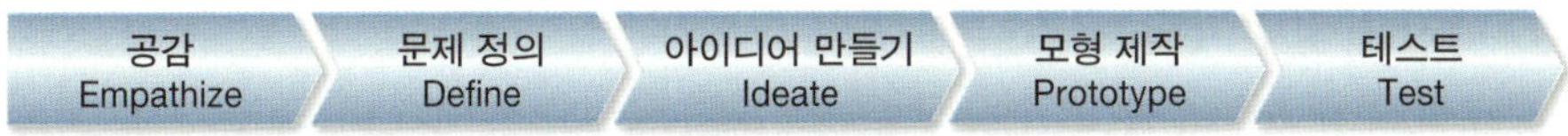

〈그림 3-6〉 디자인씽킹의 5단계 프로세스

디자인씽킹 과정은 '사람 중심'의 창의적 생각과 태도이다. 그렇기 때문에 '나'와 '너'를 이해할 수 있는 공감에서부터 출발한다. 또한 문제의 해답을 찾는 것이 아니라 가장 적합한 답을 찾는 여정이다.

① 디자인씽킹 1단계(공감)

디자인씽킹의 첫 단계는 "공감(Empathize)"에서 시작된다. 문제의 중심을 사람에 두고, 사람에 맞춰서 문제를 바라보는 것이다. 공감이라는 단계는 왜 필요한 것일까? 대상이 지닌 문제를 이해하기 위해서이다. 창의적인 사고의 첫 출발은 창의적인 사고를 하기 위한 대상에 대한 명확한 이해에서부터 출발한다.

② 디자인씽킹 2단계(문제 정의)

디자인씽킹 두 번째 단계는 "문제 정의(Define)"이다. 공감 단계에서 관찰한 결과나 인터뷰 등을 통해 문제의 본질을 정의하는 것이다. 도출된 문제 중에 가장 핵심적이고 본질적인 문제가 무엇인지를 찾아내는 것이다.

③ 디자인씽킹 3단계(아이디어 만들기)

디자인씽킹 세 번째 단계는 "아이디어 만들기(Ideate)"이다. 이 단계는 최적의 해결책을 도출하는 단계로 토론, 브레인스토밍 등 협업을 통해 문제를 해결할 다양한 아이디어를 도출할 수 있다. 다양한 아이디어를 확보하고 이 아이디어들을 연결, 조합, 변형, 수정하여 최적의 아이디어를 선별한다.

④ 디자인씽킹 4단계(프로토타입)

디자인씽킹 네 번째 단계는 "모형(Prototype) 제작"이다. 이 단계는 앞서 도출된 아이디어를 실제로 보고 만질 수 있는 모형으로 제작해 보는 것이다. 만들어진 모형을 통해 아이디어가 머릿속에만 있을 때는 알 수 없었던 문제들을 도출하고 보완하는 과정을 거치게 된다. 모형은 짧은 시간 안에 실체를 만들지만 반복 과정을 통해 최적의 솔루션으로 개선하는 과정이다.

⑤ 디자인씽킹 5단계(테스트)

다섯 번째 단계는 "테스트(Test)"이다. 이 단계에서는 만들어진 제품을 실제 적용해 보는 것이다. 테스트 단계를 통해 제품의 완성도가 있는지, 경제적 관점에서 경제적 타당성을 갖췄는지, 기술적으로 대량 생산이 가능한지 등을 테스트할 수 있다. 관련 동영상 시청을 통해 좀 더 넓은 이해를 갖출 수 있다.

4. 디자인씽킹 문제 해결 사례

아프리카와 개발도상국의 미숙아 살리기 사례

실제 문제 상황

지구에는 매년 2천만 명의 미숙아가 태어난다. 이들 중 96%가 아프리카와 같은 개발도상국에서 태어나는데 이들 가운데 4백만 명의 영아들이 태어난 지 한 달 이내에 사망한다. 여러분은 이를 여러분의 아이디어를 통해 해결해야 하는 상황이다. 어떻게 해결할 것인가?

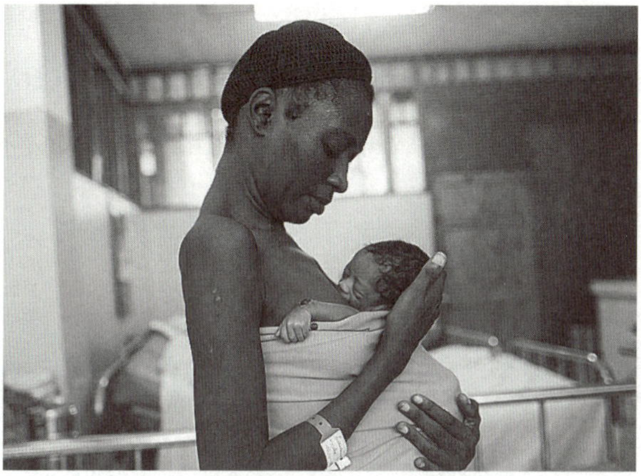

(출처: https://www.youtube.com/watch?v=Q3oWS5xwj4A)

〈그림 3-7〉 아프리카와 개발도상국에서 태어나는 미숙아

① 디자인씽킹 1단계(공감)

4백만 명의 미숙아가 태어난 지 한 달 이내에 사망한다는 것이 얼마나 비극적인 일인가? 디자인씽킹의 시작은 이 사망하는 아기의 부모와 가족이 된 것처럼 느껴 그들의 슬픔을 "공감(Empathize)"하고 그들이 겪게 되는 상황을 몸소 체험하는 것이다. "왜 미숙아가 이렇게 많이 사망하게 되는 것일까?" "어떤 환경에서 이런 일들이 벌어지는 것일까?"에 대한 명확한 답을 얻어야 한다. 언뜻 보면 매우 쉬워 보이지만 우리는 우리만의 관념을 가지거나 잘못된 경험에 사로잡혀 잘못된 사고를 하는 경우가 의외로 많다.

예를 들자면 아프리카에서 미숙아가 많은 이유를 우리는 "영양분이 부족하니까 그런 거겠지"라고 생각하고 그에 따라 행동을 하게 된다면 이미 잘못된 방향으로 문제 해결을 하게 된다는 것이다. 문제의 해결을 위해서 여러분들은 현지의 병원 담당자나, 산모 등 이 문제와 관계된 관계자들을 관찰, 인터뷰를 통해서 문제의 근본을 파악할 수 있다.

② 디자인씽킹 2단계(문제 정의)

실제 연구팀이 다양한 관찰과 인터뷰를 통해 공감 단계를 거친 결과 미숙아의 사망 원인은 대부분 저체온증에 의한 것으로 나타났다. 영양분의 부족이 아닌 열악한 환경, 부모의 무지 등으로 인해 미숙아가 춥게 방치되는 경우가 많았던 것이다.

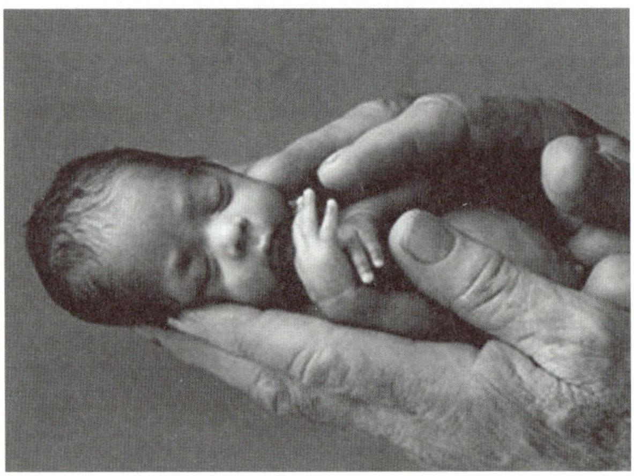

(출처: https://www.youtube.com/watch?v=Q3oWS5xwj4A)

〈그림 3-8〉 정의(Define) 단계: 미숙아의 체온 유지가 안됨 → 저체온증의 극복이 필요

③ 디자인씽킹 3단계(아이디어 만들기)

개발도상국 미숙아의 사망을 줄이기 위해 필요한 것은 인큐베이터라는 해결책이 나왔으나, 인큐베이터 하나가 2,000만 원이라는 비용적인 문제가 있다. 저체온증의 문제를 해결하기 위해서 인큐베이터는 최적의 솔루션일 수는 있겠지만 비용 문제가 해결되지 않으면 실현이 불가능하다. 그렇다면 비슷한 효과가 있으면서 적은 예산으로 해결할 수 있는 방법은 무엇일까? 이에 대한 끊임없는 토론과 아이디어의 결과로 'Heat Wave' 즉

우리에게 익숙한 찜질 팩을 활용하자는 아이디어가 도출되었다.

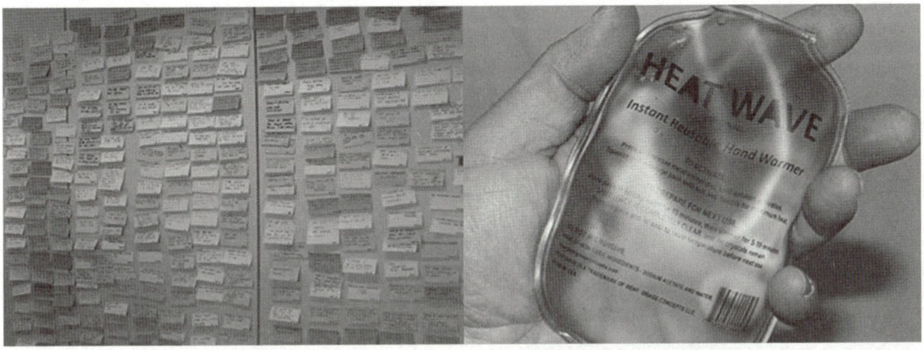

(출처: https://www.youtube.com/watch?v=Q3oWS5xwj4A)

〈그림 3-9〉 아이디어 만들기(Ideate) 단계: Heat Wave의 등장

④ 디자인씽킹 4단계(프로토타입)

앞 단계에서 도출된 Heat Wove(찜질 팩)을 실제로 보고 만질 수 있는 모형으로 제작하였다. 찜질 팩 모형을 제작한 후 보완 의견을 반영하고 다시 제작하였다. 이러한 과정을 거듭하면서 모형을 보완하고 실제 제품을 제작하였다.

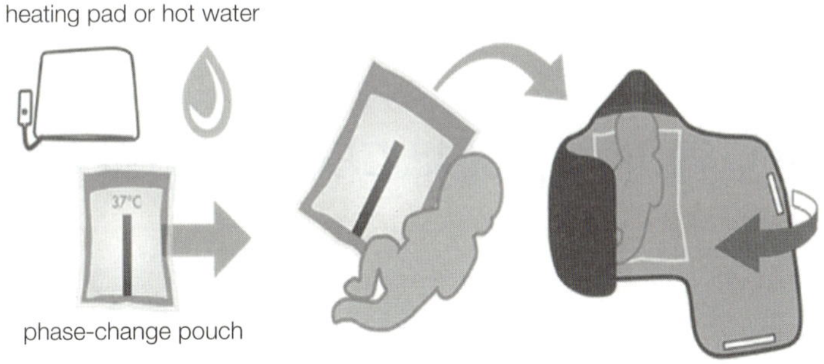

(출처: https://www.youtube.com/watch?v=Q3oWS5xwj4A)

〈그림 3-10〉 프로토타입 만들기 → 보자기에 히트 웨이브를 넣어 체온을 유지함

⑤ 디자인씽킹 5단계(테스트)

만들어진 제품을 실제 사용자인 미숙아와 산모에게 적용해 보았다. 테스트 단계를 통해 제품의 완성도가 높은지, 경제적 관점에서 경제적 타당성을 갖추었는지, 기술적으로 대량 생산이 가능한지 등을 테스트할 수 있다. 위의 사례에 대한 관련 동영상 시청을 통해 디자인씽킹 과정을 이해할 수 있을 것이다.

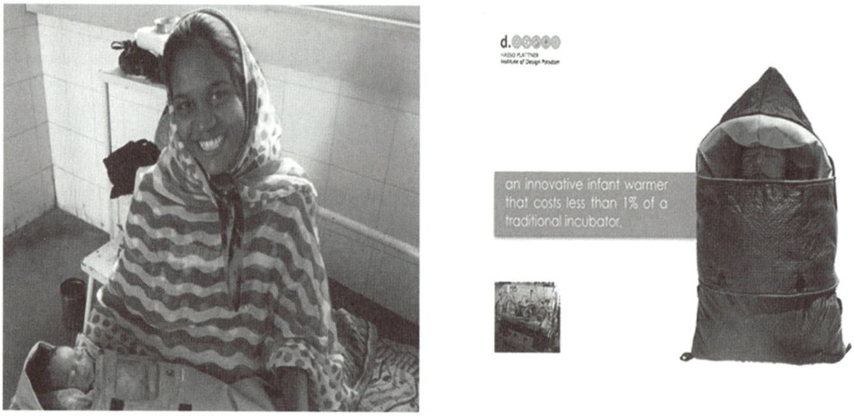

(출처: https://www.youtube.com/watch?v=Q3oWS5xwj4A)

〈그림 3-11〉 테스트 단계 → 실제 제품의 적용

5. 소프트웨어 개발에서 디자인씽킹의 구성 요소

디자인씽킹(Design Thinking)의 요소는 사용자의 희망 사항(Desirability), 기술적 타당성(Feasibility), 경제적 실행 가능성(Viability)으로 이루어진다. 이들 3가지 요소가 균형을 이룰 때 창의적인 문제 해결책, 즉 혁신을 경험할 수 있다. 하지만 우리가 아는 실패한 제품이나 서비스들은 이러한 디자인씽킹의 기본 구성 요소간의 균형을 제대로 이루지 못하였다. 보다 쉬운 이해를 위해 3가지 요소가 균형을 이루지 못할 때 나타나는 오류에 대한 사례를 살펴보자.

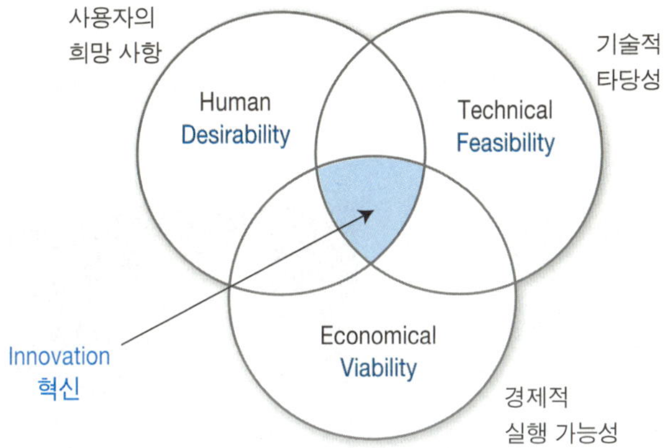

〈그림 3-12〉 디자인씽킹의 요소

사례 1: 과도한 공학적 접근

첫 번째 사례는 경제적 가치와 기술적인 타당성에만 초점을 둔 경우라고 할 수 있다. 그림에서 보는 것과 같은 핸들을 장착한 자동차를 운전해야 한다고 상상해 보자. 운전도 하기 전에 사람들은 당황하게 될 것이며. 이는 운전하는 사람의 요구나 경험을 전혀 고려하지 않은 디자인이라고 할 수 있다.

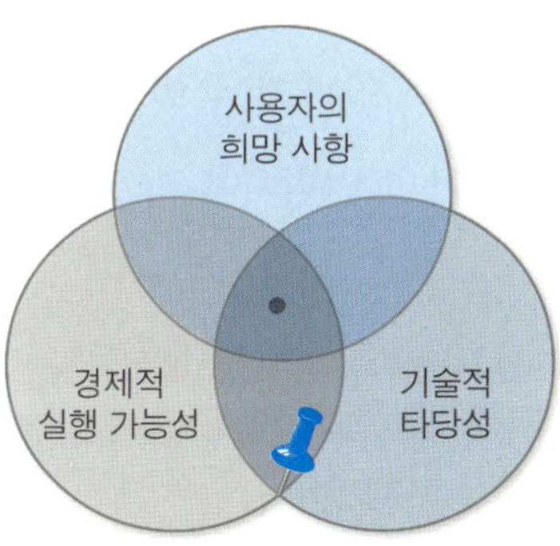

Photo by Francesco Crippa · CCBY2.0

사례 2: 허황된 희망 사항 접근

두 번째 사례는 사람들의 희망 사항과 비즈니스적 가치만을 고려한 경우이다. 이런 경우 디자이너들은 흥미롭고 이상적인 아이디어로 디자인을 한다. 그림에서의 타임머신은 사람들의 희망 사항을 담고 있어 누구나 타보고 싶은 생각이 들게 한다. 하지만 기술적으로 구현 가능한 것인가? 라는 질문에 현재의 기술로 선뜻 답하기는 어려울 것이다.

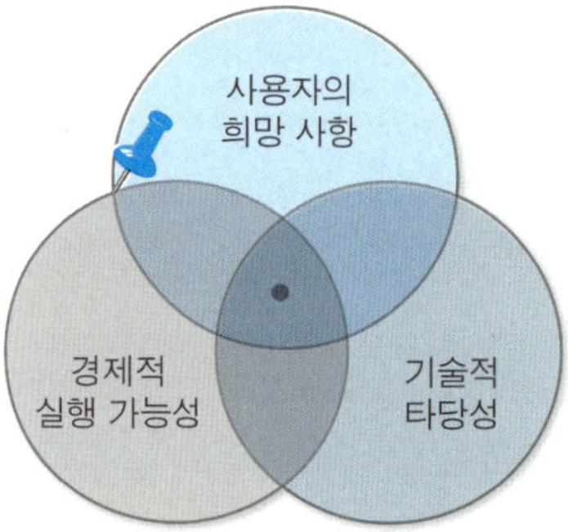

출처: 영화 타임머신 The Time Machine (1960)

사례 3: 트랜드만 고려한 접근

세 번째 사례는 사람들이 원하는 것과 기술적 타당성만을 고려한 사례이다. 요즘 트랜드에 따라서 사람들은 자연 친화적인 키보드를 좋아할 것이다.

또한, 기술적으로도 그림과 같은 키보드를 만드는 것은 가능하다. 그러나 이런 키보드가 시장에서 가치를 인정받을 수 있는지는 의문점이 있다. 경제적인 측면에서의 실행 가능성은 전혀 없어 보인다.

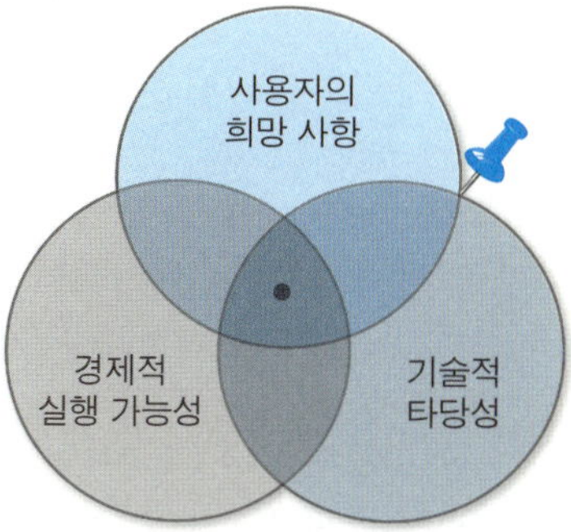

Photo by wetwebwork-CCBY-SA2.0

활동 3-1

학과		학번		이름	

두 개의 스마트 폰을 연결하는 방법에 대한 창의적인 아이디어를 생각해 보자.

- 주소나 사진을 공유할 때와 같이 자신의 스마트폰을 인접한 다른 스마트폰과 물리적으로 연결하려는 경우가 있다.
- 이때 블루투스처럼 근처의 다른 휴대폰을 인식하고 연결할 수 있는 네트워크 기능이 주로 사용된다. 그러나 주변에 수많은 스마트폰이 있기 때문에 사용자는 보안상의 절차를 통해 연결 상대가 맞는지 인증해야 한다.
- 이때 인증 절차는 대화 상자, 암호, 다른 여러 가지 요구 사항으로 채워져 있기 때문에 일반인들에게는 번거롭게 느껴진다.
- 두 개의 모바일 기기를 연결하기 위한 방법으로 무엇이 좋을지 아이디어를 제시해 보자.

두 개의 휴대폰을 연결하는 방법에 대한 아이디어를 생각하고 팀별로 팀의 생각을 파워포인트나 워드로 정리하여 프레젠테이션을 하고 논의할 수 있을 것이다. 강의실의 전체 팀이 발표한 팀의 아이디어에 대한 평가를 함께 진행할 수도 있다. 다음의 "아이디어가 들썩이는 사용자 경험 스케치 워크북" 에서 제시한 방법을 참고하여 다양한 아이디어를 정리해 보자.

아이디어 정리	상세 설명
 두 사람 모두 미리 정한 단어를 입력하기	두 사람이 하나의 단어를 입력해야 '인증' 프로그램을 실행함. 약속한 단어를 입력하여 각각의 휴대폰이 인증이 되고 연결시킴

수업 자료 및 참고 문헌

1. Embrace warmer 동영상 : https://www.youtube.com/watch?v=Q3oWS5xwj4A
2. Hinckley, K. (2003, November). Synchronous gestures for multiple persons and computers. In Proceedings of the 16th annual ACM symposium on User interface software and technology (pp.149-158), ACM.
3. 벅스턴 외, 『아이디어가 들썩이는 사용자 경험 스케치 워크북』, 이재희·양해륜·조경숙 역, 인사이트, 2013.
4. 조성봉, 『이것이 UX디자인이다』, 위키북스, 2013.
5. 다음커뮤니케이션 UX랩 & 마켓인사이트팀, 『스토리로 이해하는 UX디자인 프로세스』, 로드북, 2012.
6. 이광훈, 『(사용자 경험을 창조하는) 모바일 UX/UI 가이드북』, 프리렉, 2013.

제4장

창의적 사고로 코딩하기

– 사용자 경험 중심 어플리케이션 개발

1:1 맞춤 형태의 생산 방식의 변화 등 사회 환경이 변화함에 따라 사용자의 참여가 증가하고, 사용자 경험(User eXperience:UX)의 중요성이 부각되고 있다. 이번 장에서는 사용자 경험 중심, 즉 사용자들이 제품이나 서비스와 상호작용하는 경험에 초점을 두고 있다. 특히 어플리케이션의 사용자 경험을 관찰하고 사용자의 특징을 정의하고, 이들이 경험을 분석하는 단계, 모형을 제작하고 시험을 하는 단계, 공급하는 단계를 학습한다. 이번 장에서 학습자들은 사용자 경험 중심 어플리케이션 개발 단계와 메뉴 구조도, 화면 흐름도 등 단계별 산출물을 개괄적으로 이해한다.

학습 목표

- 사용자 중심으로 비즈니스 환경이 변화함에 따라 사용자 경험이 중요해짐을 이해한다.
- 사용자 중심의 어플리케이션을 개발하는 단계에 대해 설명할 수 있다.

1. 사용자 중심의 변화

1) 사회 환경 변화

4차 산업혁명 즉 인더스트리 4.0에서 1:1 개인 맞춤형을 제품을 생산하며 이케아 효과처럼 사용자들의 참여는 확대되고, 사용자들의 요구는 더욱 다양해지고 기대 수준이 높아지고 있다. 따라서 인더스트리 4.0에서 다양하고 복잡한 소비자들의 경험을 1:1로 맞추기 위해서는 소비자 즉 사용자들이 어떤 것을 경험하는지 분석이 필요하며, 그들에게 만족스러운 경험을 제공해야 한다.

2) 사용자 경험이란?

사용자 경험(User eXperience: UX)은 학문적으로 실용 인지과학 분야인 인간 컴퓨터 인터페이스(Human Computer Interface: HCI)에 뿌리를 두고 있다.

인지과학은 사용자의 뇌, 마인드, 몸이나 신경이 어떻게 인공물과 상호작용하는지를 과학적으로 연구하는 분야이다. 사람과 컴퓨터가 서로 상호작용한다는 원칙을 인지과학적으로 해석하고 이해해야 한다는 철학에서 출발하였다.

사용자 경험이란 사용자가 제품을 사용할 때의 시각, 청각, 촉각 등 구체적인 감각 경험을 의미하는 것으로 사용자가 어떤 시스템, 제품, 서비스를 직·간접적으로 이용하면서 느끼고 생각하는 총체적인 경험을 말한다. Forlizzi와 Ford(2000)는 ACM 컨퍼런스에서 사용자 경험의 주요 요소를 다음과 같이 제시하였다.

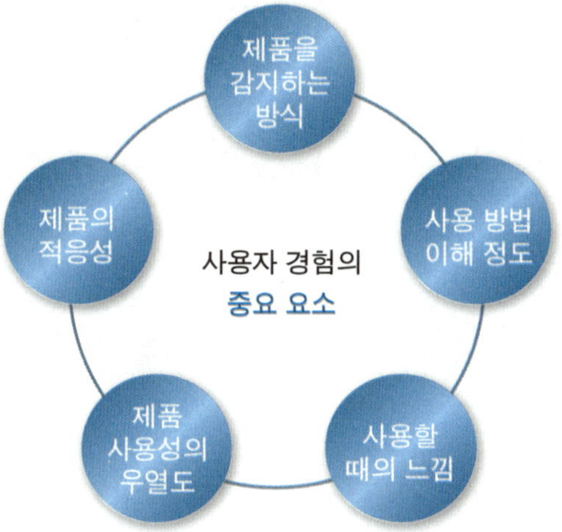

(출처: Forlizzi, Jodi, and Shannon Ford. "The building blocks of experience: an early framework for interaction designers." ACM, 2000)

〈그림 4-1〉 사용자 경험의 주요 요소

사용자 경험을 설계한다는 것은 사용자의 인지, 느낌, 이해, 적응성 등 사용자에 대한 이해를 바탕으로 사용자의 경험을 총체적으로 계획하고 구현하는 일련의 창조 행위를 의미한다. 이를 통해 사용자의 편의성을 제고할 뿐 아니라 상품, 기계와 소통하는 사용자에게 만족감과 가치를 제공하고자 하는 것이다.

사용자 경험 설계를 하기 위해서 다음의 질문들을 염두에 두어야 한다.

① 제품이나 서비스를 사용하는 사람은 누구인가?

누가 사용자인지는 하나의 대상으로 생각할 수도 있고, 여러 계층, 유형으로 구분하여 생각할 수도 있다.

② 사용자들은 무엇을 원하는가?

사용자들의 니즈를 알아내야 한다. 설문 조사나 상식 등을 넘어서서 사용자들의 숨겨진 니즈를 알아내는 것이 필요하다.

③ 사용자들은 어떻게 제품이나 서비스를 사용하는가?

각 사람이 각각 다른 이용 행태를 갖기 때문에 사용자는 자신의 경험에 기반하여 유추할 수밖에 없다. 사람들을 관찰하여 보이는 패턴을 정의하고 그 패턴을 기반으로 사용 방식에 따라 사용자들 유형을 구분할 수도 있다.

④ 사용자들이 제품이나 서비스를 좀 더 편리하게 쓸 수 있게 하려면 어떻게 해야 할까?

사용성(usability)은 사용자의 제품에 대한 만족도를 높인다. 어떻게하면 사용자들이 쉽고 편리하게 제품을 사용할 수 있는지 새로운 방법을 생각해 본다.

⑤ 사용자들이 제품이나 서비스를 쓰도록 하려면 어떻게 해야 할까?

좋은 제품도 사용하지 않으면 소용이 없다. 사용자들이 제품을 사용할 수 있도록 동기 부여하는 것이 필요하다.

아래의 그래프는 미국 Design Management Institute(DMI)에서 발간한 보고서의 내용이다. DMI는 보스턴에 본부를 두고 1975년에 설립되었으며, 비즈니스 전략의 필수 요소로써의 디자인에 대한 인식을 강조하는 비영리 조직이다. 디자인 경영에 관한 국제적인 권위와 자원을 선도하는 조직으로 매년 디자인 중심 기업들을 평가하고 순위를 발표한다. 디자인에 초점을 두어 비즈니스를 하는 회사를 선별하여 DMI는 디자인 지수를 산출한다. 그래프에서 보여주는 2가지 지수는 S&P와 디자인 지수이다. S&P 500지수가 회사의 규모나 지속성을 보여 준다면 디자인 지수는 사용자 경험과 디자인에 초점을 두고 비즈니스를 하는 회사들을 나타내는 지수이다. 디자인 지수에 해당되는 회사에는 Whirlpool, Ford, Nike, Apple, Coca-Cola, Starbucks, Disney, P&G 등의 회사가 포함되어 있다.

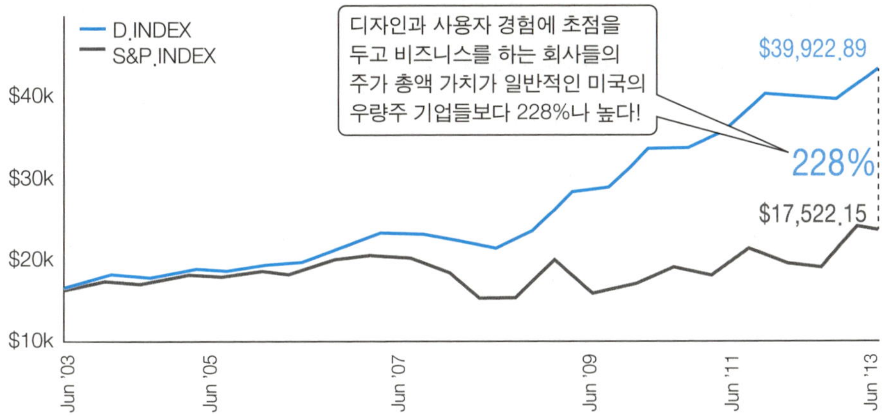

(출처: Design Management Institute, 2013: http://www.dmi.org/?page=DesignDrivesValue)

〈그림 4-2〉 D.Index versus S&P Index

그래프를 보면 2003년부터 2013년까지 추세선에서 S&P지수 대비 디자인 지수는 228%의 성과를 보이고 있다. 이와 같이 디자인에 초점을 두고 비즈니스를 하는 회사들이 상당한 성과를 거두고 있다는 것을 통해 실제 비즈니스 세계에서 사용자 경험의 가치가 얼마나 중요한지를 알 수 있다.

2. 사용자 경험 중심 어플리케이션 개발

1) 디자인씽킹과 사용자 경험

디자인씽킹은 문제 영역과 이를 해결하는 해결 영역으로 나눠진다. 이 두 영역에서 확대와 수렴의 과정을 반복적으로 수행함으로써 창조적으로 문제를 해결한다. 평소에 생각하고 있거나 반드시 풀어야 하는 문제를 식별하고 중요한 이해 관계자들과의 인터뷰 등을 통해 문제를 정의하는 것이 디자인씽킹의 첫 단계이다. 사용자 경험을 중요하게 생각하는 어플리케이션 개발을 위해서도 디자인씽킹의 접근이 필요하다. 사용자들이 경험하는 문제가 무엇인지를 발견하고 어떤 부분이 문제인지를 정의하는 것이 사용자 중심 어플리케이션을 개발하는 첫 단계라고 할 수 있다.

디자인씽킹에 기반하여 사용자 중심의 어플리케이션을 개발한다는 것은 사용자의 특징, 행동, 감정, 인지 등을 살펴봄으로써 문제를 정의한다는 것을 의미한다. 이는 디자인씽킹의 발견 단계에 해당된다. 발견 단계에는 사용자 스토리, 사용자별 특징 정의, 사용자 경험 분석이 포함된다.

디자인씽킹의 해결 영역은 다시 설계 단계와 공급 단계로 구분된다. 설계 단계에서는 정의된 문제를 해결하기 위하여 어플리케이션을 설계한다. 화면을 포함하여 어떤 정보를 담을 것인가, 어떤 흐름으로 화면을 전개할 것인가를 설계하는 단계라고 할 수 있다. 공급 단계에서는 설계된 내용을 코딩으로 구현하고 실행하고 사용자에게 전달하는 것이다. 사용자 중심으로 문제에 접근하여 사용자가 가장 불편해하거나 중요하게 생각하는 문제를 해결함으로써 만족스러운 경험을 제시하고자 하는 것이다. 발견 단계, 설계 단계, 공급 단계는 디자인씽킹의 프로세스 특징에 따라 반복적인 과정을 거치며, 상호 피드백을 통해 보완할 수 있다.

2) 사용자 경험 중심 어플리케이션 개발

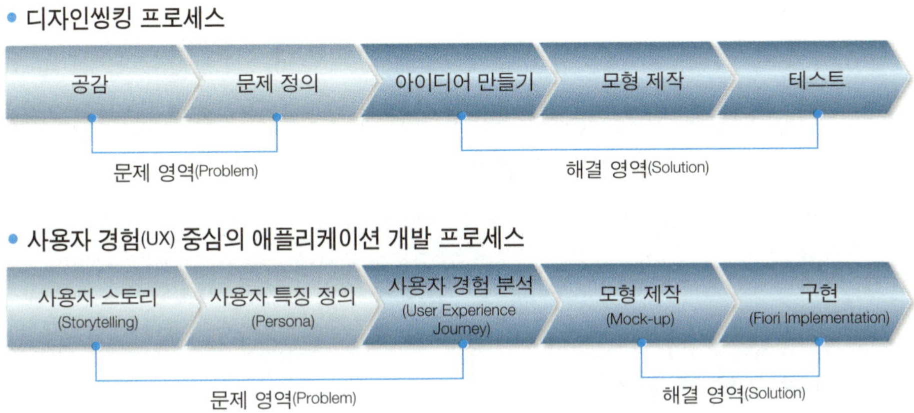

〈그림 4-3〉 디자인씽킹 프로세스와 사용자 경험 중심의 어플리케이션 개발 프로스세스

사용자 경험을 중심으로 어플리케이션을 개발하기 위해서는 5개의 단계를 거치게 된다.

① 1단계 사용자 스토리(Storytelling)

사용자의 경험을 알기 위해서 우선 사용자의 이야기를 들어볼 필요가 있다. 사용자 어떤 필요를 가지고 있는지 어떤 목적을 가지고 있는지를 정의하는 단계이다.

② 2단계 사용자별 특징 정의(Persona)

페르소나는 그리스어로 가면을 나타내는 말로 '외적 인격'을 뜻한다. 연극배우가 쓰는 탈을 가리키는 말이었으나, 점차 인생을 연기하는 배우인 인간 개인을 의미하게 되었다. 사용자 경험에서 페르소나 기법은 가상의 표본적인 사용자를 만들고 '이 사용자라면 이렇게 했을 것이다.'라는 가정에 따라 사용자와 서비스를 분석하는 것이다. 앞의 이야기의 주인공인 사용자별 특징을 정의하고, 사용자가 어떤 사람인지, 어떤 업무를 수행하는지, 무엇을 원하는지를 알아야 한다.

③ 3단계 사용자 경험 분석(User Experience Journey)

사용자들의 어떤 경험을 하고 있는지를 정의한다. 사용자는 어떤 요구가 있는지, 어떤 활동을 하는지, 이때 사용자가 느끼는 불편한 점은 무엇인지, 획득하는 것은 무엇인지 등을 정의한다. 이때, 어떤 접촉점(터치 포인트)이 있는지 확인하게 되는데, 예를 들면 어떤 디바이스를 이용하는지, 누구와 대화를 나누는지, 어떤 툴을 이용하는지 확인할 수 있다.

④ 4단계 모형 제작(Mock-Up)

이야기의 주인공이 사용하게 될 어플리케이션의 모형을 제작한다. 이때 모형 제작을 위한 도구를 활용하여 모듈 조합으로 어플리케이션 모형을 제작할 수 있다. 또한, 각 화면의 흐름이 어떻게 되어야 하는지, 어떤 정보들이 담겨야 하는지 생각해 본다.

⑤ 5단계 구현(Implementation)

제작한 모형에 대한 주변의 피드백을 수렴하고 나면 실제 어플리케이션을 구현한다. 피드백은 개발하는 어플리케이션의 주인공이 될 가능성이 있는 사용자가 될 수도 있고, 전문가가 될 수도 있다.

3) 사용자 경험 중심 어플리케이션 개발 관련 산출물

다음에 설명하는 내용은 앞서 본 사용자 경험(User eXperience) 중심의 어플리케이션 개발 5단계 프로세스에 따라 개발을 할 때에 실제 수행해야 할 내용 및 그에 따르는 산출물에 대한 설명이다. 하나씩 살펴보도록 하자.

① 사용자 스토리

ⓐ 이용 흐름형

사용자의 이용 흐름을 정의하고 각 흐름별 행동이나 요구사항 또는 문제점을 시점별로 명시한다.

실시간 요금 조회 기능이 월별 요금 조회에서도 쉽게 찾을 수 있길 원하며, 월별로 동일하게 부과되는 월정액은 전체 금액을 그대로 보여주고 초과되는 금액만 추가되어 나오길 원한다.

탐색 순서	Olleh.com 메인	요금 확인 메뉴 조회	요금 확인	실시간 요금 조회	요금 조회 완료
상세 탐색 내역			· 5월 요금 확인을 원했으나 4월 요금이 나옴 · 5월로 변경하였으나 요금 내역 확인 되지 않음 · 실시간 요금 조회를 찾기 위해 좌측 메뉴바에 관련 메뉴 탐색	· 최종 결제 금액을 파악하고 싶으나 864원으로 나와 상세 내역 확인 · 상세 내역 확인 시에도 얼마를 더 내야하는 것인지 파악이 어려움 · 총 사용량을 볼 수 있는 메뉴 탐색 · 초과 통화 시간, 이용량 등을 확인하여 유추함	· 우편 명세서 메뉴를 통해 상세 요금 내역 확인
Needs			· 월별 요금 조회에서 실시간 요금 검색 기능이 같이 있었으면 함	· 월정액, 할부금, 보험료 등 월별로 동일하게 부과되는 금액은 미리 보여주고 초과되거나 부가 서비스에 대한 것만 따로 보여주었으면 함	

〈그림 4-4〉 이용 흐름형

ⓑ 서술형

사용자가 제품이나 서비스를 이용할 때 겪게 되는 전체적인 경험을 자유롭게 서술한다.

■ 서술형 예

> 나은이의 이야기
>
> 나은이는 커피를 좋아해서 하루 3잔 이상 마신다.
>
> 그녀가 이용하는 커피숍은 항상 주문을 할 때 줄이 너무 길어 10분 이상 기다려야 한다.
>
> 쿠폰은 커피 한 잔에 도장 하나씩 찍어 준다. ……

② 페르소나

페르소나는 사용자별 특징을 정의하는 것으로 분석하고자 하는 서비스의 속성에 따라 다를 수 있다. 일반적으로 포함되는 속성으로는, 이름/별명, 간단한 프로필, 제품(서비스)에 대한 태도, 사용자 콘텍스트, 사용자 요구사항, 동기 등이 포함된다.

③ 사용자 경험 여정

시간의 흐름에 따라 발생하는 이벤트(활동)를 나열하고 이에 따른 사용자의 감정 변화(마인드세트) 등을 표현한다. 경험에 대한 평가(긍정적, 부정적) 또는 만족도 등을 정리하고 이슈 및 개선 사항을 기록한다.

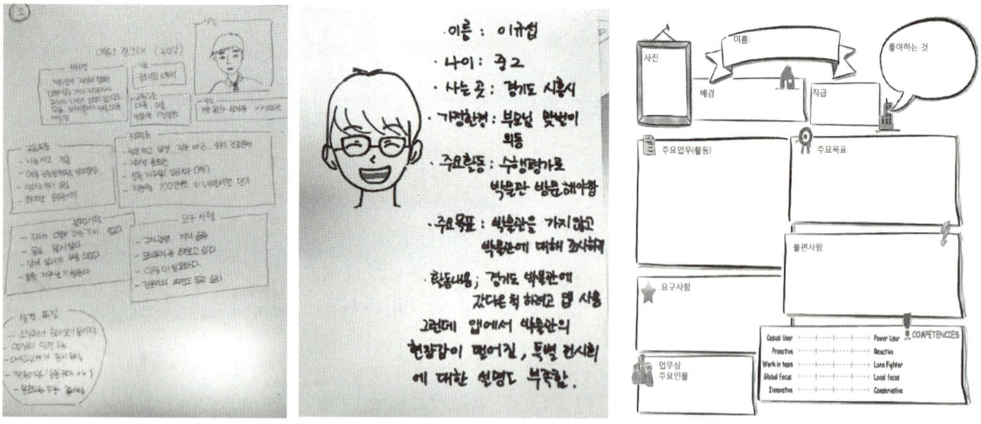

〈그림 4-5〉 페르소나

〈그림 4-6〉 사용자 경험 여정

④ 메뉴 구조도

메뉴 구조도는 어플리케이션의 전체 구성과 기능을 표현하는 것으로 2~3개의 하위(Depth) 메뉴까지 표현하는 것이 이상적이다.

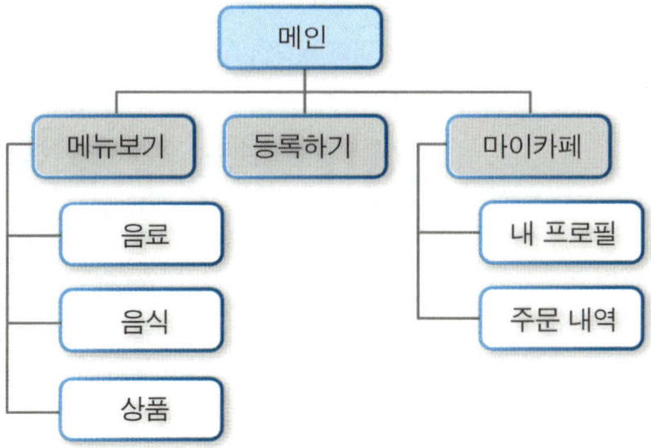

〈그림 4-7〉 메뉴 구조도 예

⑤ 정보 구조도

정보 구조도는 어떤 정보들이 주로 사용되는지를 파악하기 위한 것으로 어플리케이션에서 필요로 하는 정보가 무엇인지 설계한다.

코드	카테고리	Depth 1	Depth 2	Depth 3
A0001	Main	Login	My Zone	내프로필
A0001				구매 내역
A0001				재생 목록
A0001				이전 보기
A0001		Register		
A0001		New Update	날짜순	
A0001			타이틀 순	
		···		
		···		

(출처 : 이광훈, 모바일 UX/UI 가이드북, 프리렉, 2013)

〈그림 4-8〉 정보 구조도예

⑥ 화면 흐름도

화면 흐름도는 서비스나 어플리케이션의 흐름을 설계하는 것으로 문서 작성 도구를 활용하거나 수기로 작성할 수 있다

⑦ 화면 모형도

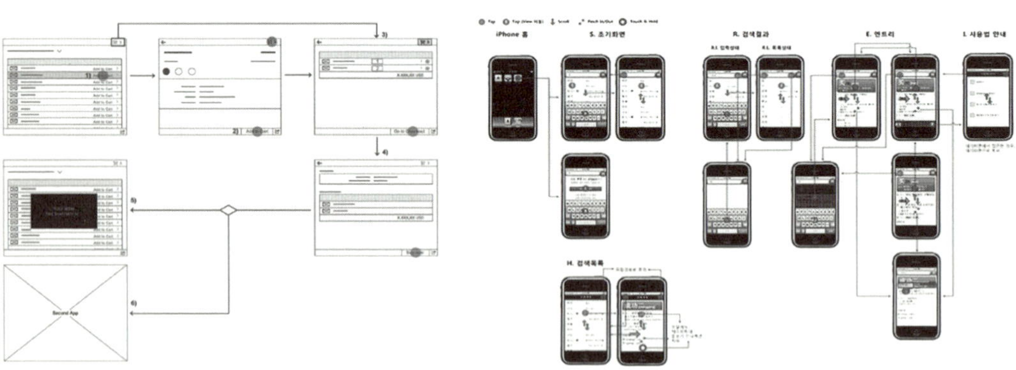

(출처: http://www.codeproject.com/KB/books/iPhone-User-Experience/07DiPUE02.jpg)

〈그림 4-9〉 화면 흐름도

화면 모형도는 실제 제작하는 화면의 모형을 설계한 것으로 제공하는 템플릿을 활용하거나 문서 작성 도구를 활용해서 작성할 수 있다.

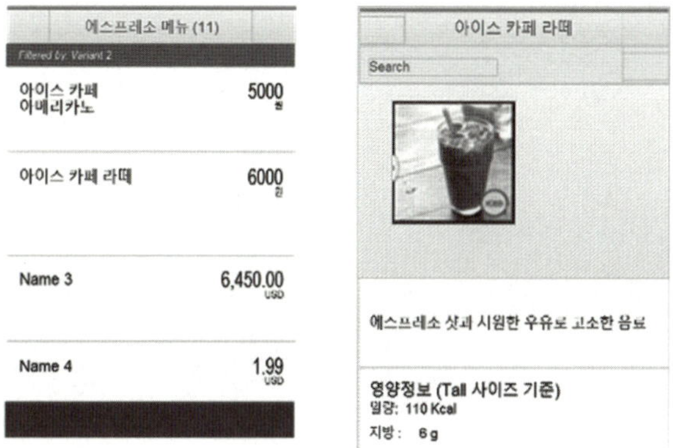

〈그림 4-10〉 화면 모형도

⑧ 어플리케이션

설계 내용을 기반으로 앱인벤터(App Inventor)를 활용해서 코딩한다.

활동 4-1

학과		학번		이름	

스마트 카트(Smart Cart)

디자인 회사 IDEO의 스마트 카트(Smart Cart)를 소개한다. 대형 마트에서의 불편함을 어떻게 해결하는지에 대한 과정의 예로 소개한다. 앞서 제시한 디자인씽킹과 함께 정보 기술을 활용한 문제 해결의 좋은 사례이다. 학습자들은 본 사례를 통해 일상의 문제 해결에 대한 접근 방법에 대해서 생각해 볼 수 있다. 아래의 동영상을 시청한 후 팀별로 느낀 바를 토론 및 정리해 보자.(관련 동영상: https://www.youtube.com/watch?v=M66ZU2PCIcM)

활동 4-2

학과		학번		이름	

화면 흐름 및 정보 구조도 만들어보기

사용자 중심 어플리케이션 개발 시에 제작하게 되는 산출물에 대해 이해하고 습득할 수 있도록 대표적인 산출물을 선정한 후 각각의 설명을 참고하여 간단한 메뉴 구조도, 정보 구조도, 화면 흐름도를 작성해보자.

화면 흐름 및 정보 구조 만들기

- 팀별로 평소에 잘 활용하는 모바일 어플리케이션(전공 혹은 학습과 관련된)을 1개 선택한다.
- 앱의 메뉴를 구조도로 작성하고 메뉴에 해당하는 정보를 구조화하여 작성한다.
- 앱의 화면 흐름(서비스 흐름)을 작성한다.

산출물	설 명
메 뉴 구조도	메뉴 구조도는 어플리케이션의 전체 구성이 어떻게 되어 있는지를 한 눈에 볼 수 있도록 한다. 메뉴 구조도를 그려봄으로써 평소에 사용하는 어플리케이션의 전체 기능을 숙지하고 향후 제작하게 되는 어플리케이션에 대한 기능에 대한 아이디어도 얻을 수 있다. 2~3개의 하위 단위의 메뉴까지를 작성할 수 있다.

산출물	설 명
정 보 구조도	메뉴 구조도가 기능에 초점을 두었다면, 정보 구조도는 어떤 정보들이 주로 사용되는지를 파악하기 위한 것이다. 정보 구조도를 작성함으로써 향후 자신이 기획하는 어플리케이션에 필요한 정보가 무엇인지 생각해 볼 수 있다. 작성 방식 메뉴 구조도의 가장 하위 단계, 즉 화면을 선택한다. 화면에 포함된 정보를 나열한다. 예 1) 로그인 화면 - 사용자 아이디, 비밀번호 예 2) 주소 - 도/시, 군/구, 도로, 번호, 우편번호

산출물	설 명
화 면 흐름도	화면 흐름도는 서비스나 어플리케이션의 흐름을 파악하는 데 사용된다. 화면 흐름도는 한 화면에서 다양한 버튼이나 링크가 어떻게 분기하는지, 어떤 조건에서 분기되는지도 파악할 수 있다. 작성 방식 주요 화면 2~3개를 선택한다. 선택한 화면의 흐름을 그림과 같이 수기로 그리거나, 문서 작성 도구를 이용하여 그린다.

수업 자료 및 참고 문헌

1. Forlizzi, Jodi, and Shannon Ford (2000). The building blocks of experience: an early framework for interaction designers, ACM, 2000
2. Hinckley, K. (2003, November). Synchronous gestures for multiple persons and computers. In Proceedings of the 16th annual ACM symposium on User interface software and technology (pp.149-158), ACM.
3. 조성봉, 『이것이 UX디자인이다』, 위키북스, 2013.
4. 다음커뮤니케이션 UX랩 & 마켓인사이트팀, 『스토리로 이해하는 UX디자인 프로세스』, 로드북, 2012.
5. 이광훈, 『(사용자 경험을 창조하는) 모바일 UX/UI 가이드북』, 프리렉, 2013.

제2부

창의적 사고의 발현과 소프트웨어 설계

제5장

생활 속 이야기로 문제 정의 I

– 공감

4장에서 학습한 사용자 경험 중심의 어플리케이션을 바탕으로 상세 내용을 학습하게 된다. 디자인 사고에 기반하여 사용자 중심의 어플리케이션을 개발한다는 것은 사용자 중심, 즉 사용자의 특징, 행동, 감정 등을 살펴봄으로써 문제를 정의하고 해결책을 제시한다는 것을 의미한다. 사용자가 불편해하거나 중요하다고 생각하는 부분에 초점을 두어 문제를 해결함으로써 사용자에게 만족스러운 경험을 제공할 수 있다. 사용자 경험(UX) 중심의 어플리케이션 개발 프로세스의 문제 영역은 디자인씽킹의 공감 단계의 활동으로 사용자 스토리, 사용자별 특징 정의, 사용자 경험 분석을 하고 해결 영역은 모형을 제작한 후 구현하게 된다.

해당하는 사용자 스토리, 사용자별 특징 정의, 사용자 경험 분석 단계에 대한 설명과 사례들을 학습할 것이다. 학습 후 학습한 내용을 기반으로 설계 결과물을 작성해 보도록 하자.

학습 목표

- 사용자 경험 중심의 어플리케이션을 개발하는 과정 중 문제 영역에 대해 이해한다.
- 사용자 스토리, 사용자별 특징 정의, 사용자 경험 분석 단계를 이해한다.
- 학습자 자신의 주변에서 발견한 문제점을 문제 영역에 맞추어 정의할 수 있다.

4장에서 다루었던 디자인 사고에 기반한 사용자 중심의 어플리케이션 개발 프로세스에 대해 다시 한 번 정리해 보자. 디자인 사고에 기반하여 사용자 중심의 어플리케이션을 개발한다는 것은 사용자 중심, 즉 사용자의 특징, 행동, 감정, 인지 등을 살펴봄으로써 문제를 정의하고 해결책을 제시한다는 것을 의미한다. 사용자가 불편해하거나 중요하다고 생각하는 부분에 초점을 두어 문제를 해결함으로써 사용자에게 만족스러운 경험을 제공할 수 있다. 사용자 경험(UX) 중심의 어플리케이션 개발 프로세스의 문제 영역은 아래의 그림과 같이 개선이나 변화에 대한 요구가 있는지, 요구가 무엇인지를 인터뷰 등의 활동을 통해 파악하고 이를 정의하는 공감지도, 사용자 스토리, 사용자별 특징 정의, 사용자 경험 분석을 하고 해결 영역은 모형을 제작한 후 구현하게 된다. 이번 장에서는 문제 영역에 대해 집중적으로 살펴보도록 하자.

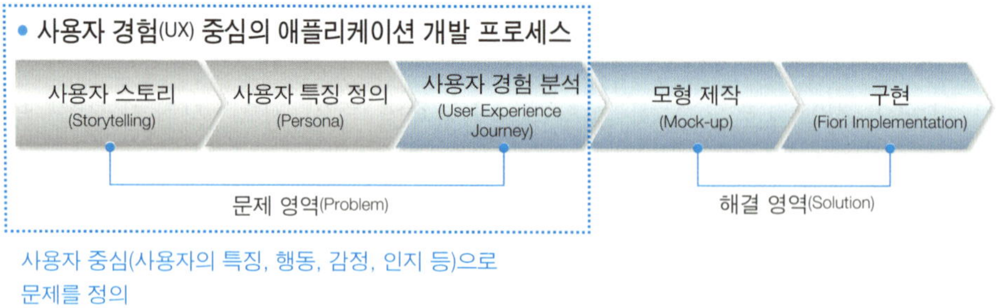

〈그림 5-1〉 사용자 경험 중심의 어플리케이션 프로세스 - 문제 영역

1. 인터뷰

인터뷰를 할 때는 자기를 내려놓고 상대방의 말에 귀를 기울여 호기심 어린 마음으로 상대방의 세상을 받아들이고 느끼는 연습을 해야 한다. 상대방에 대해 알아보기 위해 생활 속에서 느끼는 불편한 점, 소망 등에 물어보고, 상대방의 이야기에 질문하고, 상대방 말을 들으며 궁금한 내용은 물어보면서 인터뷰를 하도록 한다. 특히 인터뷰를 할 때는 문제에 직면할 수 있도록 질문하는 것이 중요하다. 인터뷰를 수행하는 데 있어 좋은 질문을 하기 위해 다음의 요소들을 기억해 두자.

■ 좋은 질문이란?

- '예', '아니오' 중심의 폐쇄형 질문보다는 답변자의 의도를 파악할 수 있는 개방형 질문을 던지자.
- 구체적으로 질문하자.
- 조금 말하고 많이 듣자.
- 말하는 이가 어떠한 의도, 감정, 맥락에서 이야기하는지 경청하자.

2. 공감지도

공감지도는 인터뷰를 통해 수집한 정보들을 구조화하고 더 잘 이해함으로써 시사점을 얻기 위한 활동이다. 이를 통해 대상이 가진 물리적인, 정서적인 요구를 구체화할 수 있고, 앞으로의 문제 해결 과정에서 주목해야 할 요소와 그것의 의미를 검토할 수 있다.

공감지도는 다음과 같은 다섯 개의 영역으로 구성되고 크게 세 부분으로 나누어 채워볼 수 있다. 첫째, 관찰 및 인터뷰 과정에서 얻게 된 객관적인 정보를 중심으로 SAY와 DO 영역을 채우는 단계로 주로 고객이 한 말과 행동을 구분하여 상세하게 정리한다. 둘째, THINK와 FEEL 영역을 통해 고객의 마음속 생각과 불만, 심리적인 장애와 위험 요소 등이 무엇인지 채워본다. THINK와 FEEL 영역을 채울 때에는 객관적인 정보에 대한 해석이 포함될 것이다. 최종적으로 네 영역에 대한 정리를 마친 후 INSIGHT 영역에 우리가 주목해야 할 중요한 사안과 그것이 주는 시사점을 간단히 정리해볼 수 있다. INSIGHT는 나머지 네 가지 영역의 정보를 정리해봄으로써 도출된 '아하!(A-Ha!)'에 해당하는 통찰을 얻은 점을 정리해볼 수 있다. INSIGHT 영역은 우리가 주목해야 할 중요한 사안과 공감으로 통해 얻은 시사점을 간단히 정리해볼 수 있다.

<table>
<tr><td>SAY</td><td>DO</td></tr>
<tr><td>THINK</td><td>FEEL</td></tr>
<tr><td colspan="2">INSIGHT</td></tr>
</table>

〈그림 5-2〉 공감지도

3. 사용자 스토리(Storytelling)

사용자 경험 중심의 어플리케이션 개발에서는 사용자가 가장 중요하다. 인터뷰, 공감지도를 통해 사용자의 문제를 공감했다면, 이제 본격적으로 사용자가 겪는 문제와 요구사항을 구체적으로 파악해 보는 단계가 필요하다. 이 단계에서는 사용자의 스토리를 작성하게 되는데, 사용자의 구체적인 경험을 이야기 형태로 정의하여 사용자의 요구 사항을 파악한다.

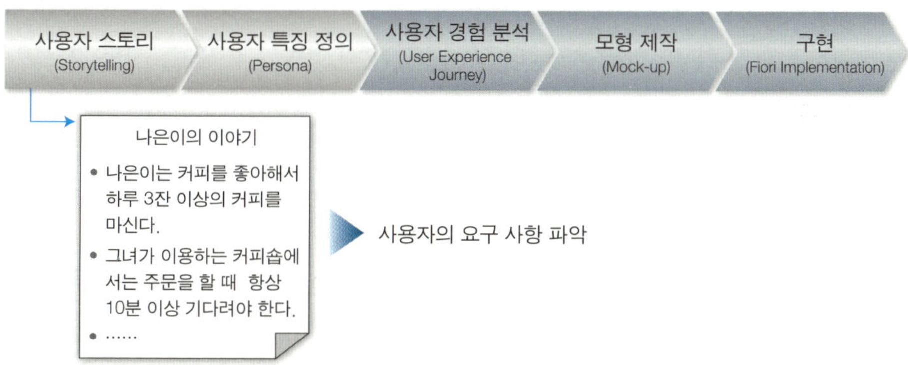

〈그림 5-3〉 문제 영역의 사용자 스토리 단계 예시

다음 그림은 사용자 스토리에 담겨야 할 주요 내용을 표현한 것이다.

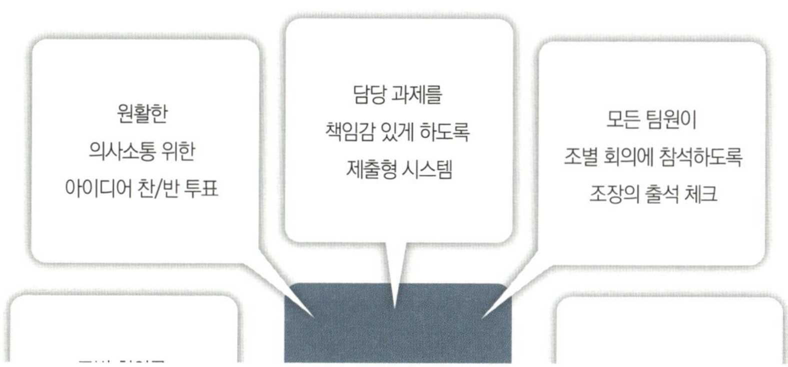

〈그림 5-4〉 사용자 스토리의 주요 내용

사용자의 요구 파악은 사용자의 정확한 요구 사항에 대한 이해를 기반으로 무엇을 만들지, 어플리케이션의 콘셉트와 화면 구성을 어떻게 할 것인지 등을 위해 꼭 필요하다. 사용자의 요구 파악을 위해 직접 묻기, 설문이나 트랜드 분석 등 다양한 방법을 활용할 수 있다. 인터뷰나 설문 조사로 사용자의 요구 사항을 직접 수집하거나, 인터넷 자료 검색이나 통계 자료 분석으로 확보한 간접 자료에서 통해 사용자 요구 사항을 도출할 수 있다.

사용자 스토리에는 제품이나 서비스에 대한 사용 환경과 맥락을 이해하는 것도 포함되어야 한다. 같은 기능이나 서비스를 사용하더라도 환경 요인에 따라 사용자의 경험은 달라질 수 있기 때문이다. 또한 사용자 스토리에는 사용자들의 불편한 점이 명시적으로 기술되어야 한다. 기존의 유사 서비스 또는 어플리케이션이 가졌던 문제점을 토대로 사용자의 불편 사항을 기술할 수 있다.

사용자 스토리 작성은 조사 대상 선정, 조사 정보 수집, 조사 결과 분석의 순으로 이루어진다.

〈그림 5-5〉 사용자 스토리 작성 순서

조사 대상을 선정하는 것은 어떤 서비스를 할 것인지를 생각하는 과정이다. 예를 들어 트랜드를 생각해 보자. 환경보호를 위한 소비 문화 관련 서비스는 식음료, 의류, 인테리어, 생활용품 등이 관련 분야가 될 것이며, 똑똑한 소비 관련 서비스로는 온라인 중고장터, 온라인 리뷰사이트와 유사한 서비스 등을 생각해 볼 수 있다. 생활 방식의 변화에 따른 싱글족을 위한 서비스로 1인분의 음식을 제공하는 음식점 또는 배달 서비스를 생각해 볼 수도 있다.

조사 정보 수집은 인터뷰, 설문 조사처럼 사용자에게 직접 정보를 얻을 수도 있고, 인터넷이나 통계 자료를 이용하여 간접적으로 정보를 습득할 수도 있다.

조사 대상을 선정하고 조사 정보를 수집했다면 사용자 스토리를 작성한다. 이때 서비스나 어플리케이션의 사용자를 대표 캐릭터로 설정하고 이야기를 전개한다. 이야기를 전개하는 방식은 이용 흐름형과 서술형으로 구분된다

① 이용 흐름형

이용 흐름형에서는 사용자의 이용 흐름을 정의하고 각 흐름별 행동이나 요구 사항 또는 문제점을 시점별로 명시한다. 아래의 그림에 제시된 예는 통신사 요금 조회를 이용 흐름형으로 나타낸 것이다. 사용자가 특정 통신 회사의 웹사이트에 로그인해서 요금 확인 메뉴를 조회하고 요금을 확인한다. 그리고 실시간 요금 조회를 한 후, 요금 조회를 완료한다. 각각의 상세 탐색 내역을 알아보면, 요금 확인에서는 5월, 12월, 1월에 요금을 확인한다거나, 원하는 해당월에 요금을 조회할 수 있다. 실시간 요금 조회에서는 최종 결제 금액이 얼마로 나와있는지 확인할 수 있고, 총사용량, 통화량, 데이터 이용량 등을 추정해 볼 수 있다. 이렇게 상세 탐색 내역을 작성할 수 있다. 감추어진 사용자의 요구 사항이 무엇인지 니즈라는 형태로 메모를 한다. 요금 확인 부분에서는 요금 조회에서 실시간 요금 검색 기능이 있으면 좋겠다는 사용자의 마음을 담아서 메모처럼 남겨 놓는 형태이다.

탐색 순서	통신사 홈페이지 메인 메뉴	요금 확인 메뉴 조회	요금 확인	실시간 요금 조회	요금 조회 완료
상세 탐색 내역			· 5월 요금 확인을 원했으나 4월 요금이 나옴 · 5월로 변경하였으나 요금 내역 확인되지 않음 · 실시간 요금 조회를 찾기 위해 좌측 메뉴바에 관련 메뉴 탐색	· 최종 결제 금액을 파악하고 싶으나 864원으로 나와 상세 내역 확인 · 상세 내역 확인 시에도 얼마를 더 내야하는 것인지 파악이 어려움 · 총 사용량을 볼 수 있는 메뉴 탐색 · 초과 통화시간, 이용량 등을 확인하여 유추함	· 우편 명세서 메뉴를 통해 상세 요금 내역 확인
Needs			· 월별 요금 조회에서 실시간 요금 검색 기능이 같이 있었으면 함	· 월정액, 할부금, 보험료 등 월별로 동일하게 부과되는 금액은 미리 보여주고 초과되거나 부가 서비스에 대한 것만 따로 보여주었으면 함	

요금 조회 서비스의 활동 흐름

니즈라는 형태로 메모

〈그림 5-6〉 통신사 요금 조회의 이용 흐름형 사용자 스토리 (출처: 다음커뮤니케이션, 2012)

탐색 순서	통신사 홈페이지 메인 메뉴	요금 확인 메뉴 조회	요금 확인	실시간 요금 조회	요금 조회 완료
상세 탐색 내역			5월 요금 확인을 원했으나 4월 요금이 나옴	최종 결제 금액을 파악하고 싶으나 500원으로 나와 상세 내역 확인 총사용량, 통화량, 데이터 이용량 등을 추정	우편 명세서 메뉴를 통해 상세 요금 내역 확인
Needs			월별 요금 조회에서 실시간 요금 검색 기능 추가	월별로 동일하게 부과되는 금액 확인 기능 추가	

〈그림 5-7〉 사용자 스토리-이용 흐름형 예시 (출처: 다음커뮤니케이션, 2012)

② 서술형

서술형은 사용자들의 이용 경험을 주로 담아내는 것으로, 사용자가 제품이나 서비스를 이용할 때 겪게 되는 전체적인 경험을 나타낸다. 서술형에서는 사용자의 현재 불만과 관심사, 요구 사항, 문제점 등이 잘 나타난다는 장점이 있는 반면, 서술이 잘못된 경우에는 디자인 시사점은 도출하기 어렵고 장황한 이야기만 나열될 수도 있다는 단점이 있다. 다음은 45세 결혼 15년차 주부의 마트 이용기를 서술한 예시이다.

■ 사용자 스토리-서술형 예시

> 45세의 결혼 15년차 주부인 이미숙 씨는 집에서 10분 거리인 R마트를 일주일에 2~3번 정도 걸어서 다닌다. 남편 직장 때문에 R도시로 이사 오면서 새로운 집을 선택한 기준에는 R마트가 가깝다는 이유도 한몫했다. 아파트 상가에도 슈퍼마켓이 있지만, 물건도 별로 없고 세일 상품이 적다는 이유로 이미숙 씨는 항상 R마트로 다니고 있다. 남편이나 아이들과 함께 장을 보러 올 때는 차를 가지고 온다. 하지만 혼자서 장을 보러 나올 때 차를 가져오는 것은 왠지 부담스럽다. 주차도 자신 없고... 가족들이랑 장을 보러 올 때는 마트 구석구석을 다 돌아다니지만, (심지어 마트 1층의 푸드코트에서 그날의 점심까지 해결하는 편이지만) 혼자 올 때는 식료품 코너만 들른다. 평균적인 정보는 시간은 30분을 넘지 않는다. 그러나 간장이나 식용류 같이 당장 급한 것을 살 때는 굳이 마트까지 오지 않고 아파트 상가 슈퍼마켓에서 살 때도 간혹 있다. 배달 서비스를 딱 한 번 이용해 본 적은 있지만 공산품이 아닌 채소나 고기 같은 것은 물건을 일일히 확인도 하지 않고 주문하기가 그래서 지금은 이용하지 않는다. 이미숙 씨가 오전에 장을 보러 나오는 이유는 평일 오전에 할인하는 상품이 많고, 물건이 조금이라도 신선할 때 사기 위해서다.

(출처: 다음커뮤니케이션, 2012)

앞에서 다루었던 “커피 마니아 나은이 예시”를 확장하여 적용해 보자. 가상의 인물이긴 하지만 나은이로 대표되는 사람들을 선정하여 조사하고, 커피 매장 서비스, 온라인 서비스를 분석하여 사용자 스토리를 작성한다

조사 대상 선정	조사 정보 수집	조사 결과 분석
• 20-30대 커피마니아 (많은 커피 브랜드, 카페가 생기는 것을 보고 정함)	• 커피 마니아 친구 2-3명의 친구들과 인터뷰 진행 • A, B, S사의 모바일 주문 서비스 기능 및 디자인 검토 • A, B, S사의 모바일 주문 서비스에 대한 피드백	• 커피 마니아의 대표 사용자로 나은이라는 대표 사용자 설정 • 나은이의 일상 생활을 담은 일기 형식으로 사용자 스토리 작성

〈그림 5-8〉 사용자 스토리 제작을 위한 조사 방법

4. 사용자 특징 정의(Persona)

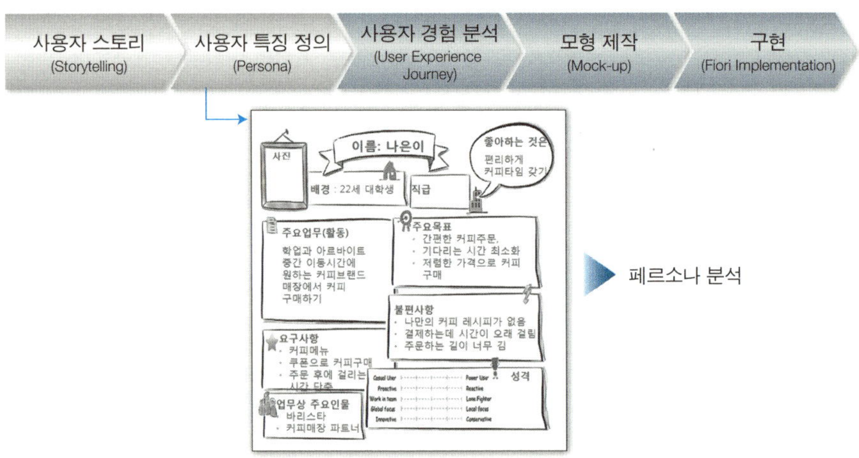

〈그림 5-9〉 문제 영역의 페르소나 단계 예시

앞에서 배운 공감 활동을 토대로 페르소나 기법을 활용하여 사용자의 특징을 분석해 보자. 페르소나(Persona)는 그리스어로 가면을 나타내는 말로, 연극배우가 쓰는 가면을 의미하며, 페르소나 분석은 가상의 표본 사용자를 만들고 가상의 사용자를 중심으로 서비스를 분석하는 것이다.

■ 페르소나의 어원

페르소나는 앨런 쿠퍼(Alan Cooper)의 저서 *Inmates Are Running the Asylum* (1988)에서 처음 소개된 개념이다. 앨런은 1983년경에 시작한 프로젝트 지원 프로그램 개발 프로젝트에서 당시 프로젝트 관리 업무를 맡고 있던 캐시라는 여성과 일하였다. 앨런은 캐시의 역할과 행동을 고려하여 기능과 인터렉션 디자인 개발 과정에서 이용하였다. 결과는 긍정적인 반응이었다. 이후 1995년에 세이전트의 고객들을 위한 인터렉션 디자인을 하면서 "척", "신시아" 그리고 "랍" 이라는 특정 목적을 위한 페르소나를 만들어 다양한 사용자들을 패턴화하고 이를 설명하는 데 사용하였다.

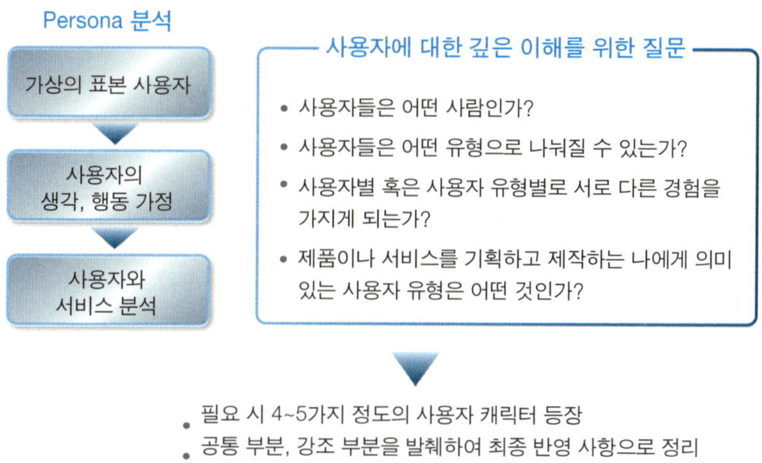

〈그림 5-10〉 페르소나 분석을 위한 주요 질문

페르소나 분석을 하면서 상기의 질문들에 대해 답해봄으로써 사용자들에 대해 더 깊은 이해를 하게 된다. 필요 시에는 4~5가지 정도의 사용자 캐릭터가 나올 수 있으며 구체화 과정을 통해 공통 부분, 강조할 부분을 발췌하여 최종 반영 사항으로 정리한다.

페르소나는 분석하고자 하는 서비스의 속성에 따라 다를 수 있지만, 일반적으로 다음과 같은 공통적인 정보를 담고 있다. 먼저 임의의 사용자에게 이름을 부여함으로써 구체성을 준다. 앞서 본 커피 마니아인 경우 '나은'이라는 구체적인 이름을 부여하였다. 별명은 제품이나 서비스를 사용하는 페르소나의 가치, 이용 목표, 경험 특성을 반영한 별명을 달아준다. 간단한 프로필은 사진, 나이, 출신 지역, 직업, 경력, 취미 등을 기술하여, 페르소나에게 좀더 생동감을 부여하고, 실제 인물인 것처럼 작성한다.

페르소나 분석에 사용되는 템플릿이 다양하지만 필수적으로 기술되어야 하는 사항은 사용자의 제품에 대한 태도, 사용자 요구 사항, 사용자 콘텍스트, 사용 동기를 포함한다.

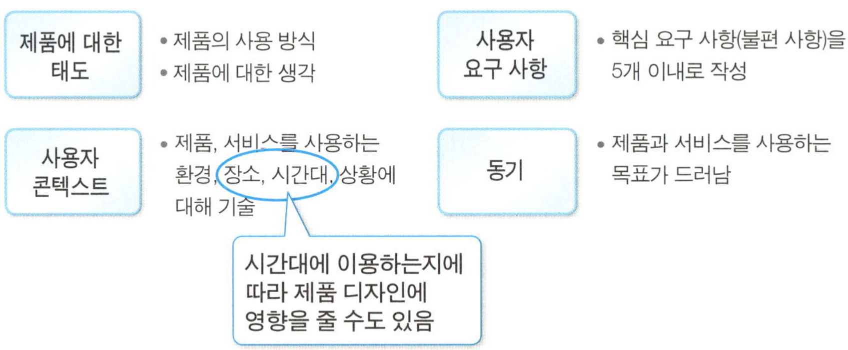

〈그림 5-11〉 페르소나 분석을 위한 주요 질문

제품(서비스)에 대한 태도는 사용자가 제품을 어떻게 사용하고 있는지, 어떻게 생각하고 있는지는 사용 경험에 영향을 미치므로, 사용자의 태도를 기술하도록 한다. 사용자 콘텍스트는 제품이나 서비스를 사용하는 환경, 장소, 시간대, 상황에 대해 기술하며, 페르소나가 어떤 장소, 시간대에서 이용하는지에 따라 제품 디자인에 영향을 줄 수 있다. 사용자 요구 사항은 페르소나가 갖고 있는 다양한 요구 사항 중에 핵심적인 5개 이내로 정리한다. 요구 사항에는 페르소나가 느끼는 불편 사항을 포함하는 경우도 있다. 동기는 페르소나가 실제로 왜, 어떤 목표를 가지고 이 제품이나 서비스를 사용하는지가 드러나게 된다. 따라서 페르소나 정의에서 가장 중요한 내용이기도 하다. 다음의 그림은 본 교재에서 사용하는 사례인 나은이의 페르소나 분석 내용이다

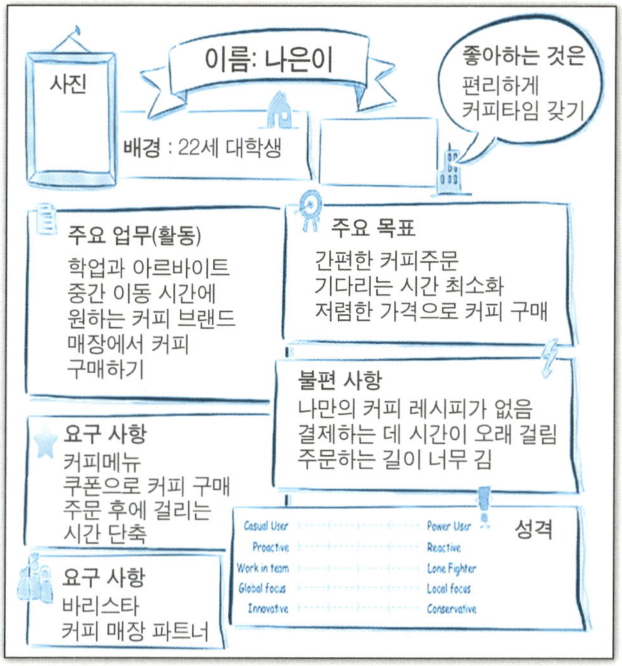

〈그림 5-12〉 커피마니아 나은이의 페르소나 분석

다음은 페르소나 작성의 예시이다. 나은이의 사례이며, 나은이의 배경은 22세 대학생이며, 나은이가 원하는 것은 편리하게 커피 타임 갖기이다. 주요 활동은 학업과 아르바이트를 하기 위해 이동하는 시간에 원하는 커피 브랜드 매장에서 커피 구매하는 것이다. 주요 목표는 간편한 커피 주문, 기다리는 시간 최소화, 저렴한 가격으로 커피를 구매하는 것이다. 요구 사항은 앱으로 주문 시 옵션 설정에 대한 안내가 필요하다는 점, 충전 잔액 확인이나 기준 잔액 미만 시 알람이 울려 주문 전 잔액을 미리 확인하는 것이다. 불편 사항은 신제품을 먹을 때 옵션 설정이 너무 많아서 선택이 어렵거나 나만의 커피 레시피를 사용하고 싶은 점, 주문 전 충전 잔액을 편리하게 확인하고 싶은 점이다. 업무상 주요 인물은 바리스타, 커피 매장 파트너이다.

활동 5-1

학과		학번		이름	

문제 발견하기

우리 주변에서 불편함을 겪고 있거나 더 나은 생활에 대한 소망을 가지고 있는 사람들을 찾아보자.

- 학교 안: 도서관, 학생식당, 스터디룸, 강의실 등등
- 학교 밖: 교통수단, 카페 등등

불편함을 겪고 있는 사람	가지고 있는 불편함 또는 소망

활동 5-2

학과		학번		이름	

인터뷰

문제를 겪고 있는 사용자 한 명을 정하여 심층 인터뷰를 해 보자. (개방형 인터뷰 질문 예시를 참고하여 질문해 보자)

문제			
인터뷰 대상	이름		선정 이유
인터뷰 질문과 답변		질문	답변
	1		
	2		
	3		
	4		
	5		
	6		
	7		
	8		
	9		
	10		
인터뷰 핵심 내용			

활동 5-3

학과		학번		이름	

공감지도

인터뷰를 통해 수집한 정보를 공감지도를 활용해 정리해 보자.

SAY	DO
THINK	FEEL
INSIGHT	

활동 5-4

학과		학번		이름	

사용자 스토리

사용자의 스토리를 이용 흐름형 혹은 서술형으로 작성해 보자.

활동 5-5

학과		학번		이름	

페르소나

공감 활동을 통해 사용자의 문제가 무엇인지, 무슨 불편함, 고민, 소망이 있는지, 왜 그러한 불편한고민이나 소망이 발생했는지에 대해 알 수 있었을 것이다. 이를 토대로 해당 문제를 겪고 있는 사용자들(군)을 대표할 수 있는 가상의 인물인 '페르소나'를 만들어 보자.

사용자 정보(페르소나)	
이름	
나이	
성별	
성격	
목표/야망	
행동/버릇	
두려움/도전	
영향 받은 사람/취미	

수업 자료 및 참고 문헌

1. Cooper, A. (1999). The inmates are running the asylum:[Why high-tech products drive us crazy and how to restore the sanity] (Vol. 261), Indianapolis: Sams.ux2
2. 조성봉, 『이것이 UX디자인이다』, 위키북스, 2013.
3. 다음커뮤니케이션 UX랩 & 마켓인사이트팀, 『스토리로 이해하는 UX디자인 프로세스』, 로드북, 2012.

제6장

생활 속 이야기로 문제 정의 II

– 문제 정의 및 아이데이션

5장에서 살펴본 것처럼 디자인 사고에 기반하여 사용자 중심의 어플리케이션을 개발한다는 것은 사용자 중심에서 문제를 공감하여 문제의 근본 원인에 접근하여 사용자의 문제에 대한 근본적이면서 실질적인 해결책을 제시한다는 것을 의미한다. 이번 장에서는 4장에서 사용자의 문제를 공감한 내용을 토대로 문제의 근본에 접근하기 위한 활동 방법을 알아보고, 문제를 해결하기 위한 아이디어 만들기 활동 방법과 사례를 통해 다양한 해결책을 도출해 보자.

1. 사용자 경험 분석

사용자 경험 분석은 User Experience Journey 라고도 하는데 이 단계에서는 사용자들이 시간의 흐름에 따라 제품이나 서비스를 어떻게 이용하는지를 여정으로 표현한다. 시간의 흐름에 따라 사용자의 변화 추이를 분석하는 단계이다.

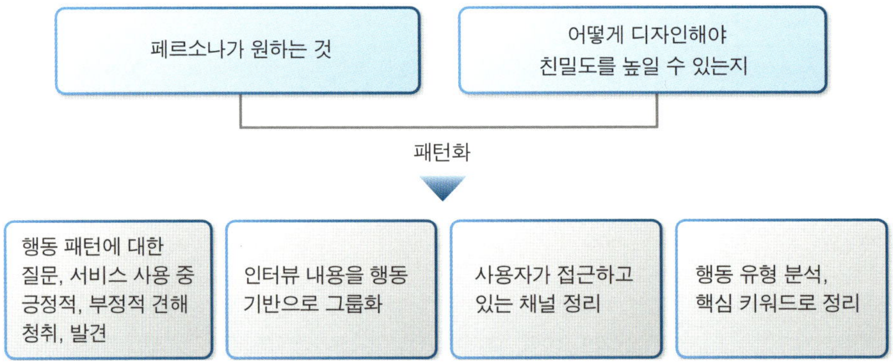

〈그림 6-1〉 사용자 경험 분석

사용자 경험 분석 단계에서는 사용자, 즉 페르소나가 무엇을 원하는지, 어떻게 디자인해야 친화도를 높일 수 있는지에 대한 패턴을 만드는 데 초점을 둔다. 이것을 위해서 사용자와의 인터뷰에서 행동 패턴에 대한 질문, 서비스 사용 중 긍정적, 부정적 견해를 청취하거나 발견하고, 인터뷰 내용을 행동 기반으로 그룹화한다. 그리고 인터뷰 내용에서 사용자가 접근하고 있는 채널을 정리한다. 마지막으로 행동 유형을 분석하여 핵심 키워드로 정리한다.

〈표 6-1〉 사용자 경험 분석 구성 요소

구성 요소	설 명
마인드세트 (Mindset)	·사용자의 느낌이나 생각 ·사용자의 이야기가 전개되면서 페르소나의 사용자의 마인드는 어떤가? ·각 스텝에서 어떤 감정을 갖게 되는가?
활 동 (Actions)	·사용자가 취하게 되는 활동 ·사용자의 이야기가 전개되면서 페르소나는 어떤 활동을 하게 되는가? ·사용자가 달성하고자 하는 목표는 무엇인가?
접촉점 (Touchpoints)	·사용자가 취하는 다양한 활동에 참여하는 도구, 채널, 디바이스, 사람 ·전개되는 이야기에서 페르소나의 접촉점에는 무엇이 존재하는가? ·툴, 대화 상대, 디바이스, 채널 등

아래의 그림은 커피 매장에서의 나은이의 사용자 경험 분석을 표현한 것으로 나은이의 마인드세트, 활동, 접촉점을 시간 흐름에 따라 구분하였다.

〈그림 6-2〉 커피 마니아 나은이 사용자 경험 분석 예시

나은이의 예시를 자세히 살펴보자. 마인드세트는 나은이의 느낌이나 생각을 표현한 것이다. 커피를 좋아하는 사용자 나은이를 생각해 보면,

'아.. 커피가 필요해', '커피를 마셔야겠어', '아.. 줄이 너무 길다', '옵션이 너무 많고 원하는 옵션은 없네', '충전 잔액 보려면 뒤로 가야해서 귀찮네' 등이 나은이의 마음속, 머릿속에 떠오르게 된다. 나은이가 취하게 되는 행동으로는 "커피 숍에 간다", "줄을 선 사람들을 본다", "주문하기를 클릭한다" 등의 활동을 하게 된다. 접촉점은 나은이가 접촉하는 도구, 채널, 디바이스 등을 의미한다. 나은이는 커피를 주문하기 전부터 커피를 손에 쥐게 되는 순간까지 "줄을 선 손님들"을 보며, "앱 화면"을 통해 주문을 하고, "지불하기" 버튼 클릭 후 "주문 완료 팝업창" 등의 접촉점을 거친다.

●으로 표시한 것은 나은이가 곤란하거나 불편하게 느끼는 부분을 체크한 것으로 문제 해결이 필요하거나 개선이 요구되는 부분이다. ○은 중점 사항으로 주요 기능이 될 수 있다. 또한, ●와 ○에 참여하고 있는 접촉점을 파악함으로써 어플리케이션이 구현될 기기나 범위를 확인할 수 있다. 사용자 경험 분석은 전체 사용자 경험을 일목요연하게 조망할 수 있다는 장점이 있다. 또한, 전체 이용 흐름 중에 어디에 문제가 있는지 알 수 있으며, 제품이나 서비스의 사용자 경험을 시뮬레이션하는 데 활용할 수 있다.

사용자 경험 분석은 다양한 형식으로 할 수 있다. 사용자의 감정 변화를 중심으로 분석한 사례는 세로축을 긍정적, 부정적 감정으로 구분하고, 가로축은 시간의 흐름을 기준으로 하여 사용자의 감정 변화를 보여 준다. 사용자 경험 분석의 마인드세트 내용을 토대로 사용자의 감정을 축에 나타낸 후 불평이 생기는 부분(pain point)을 표시한다.

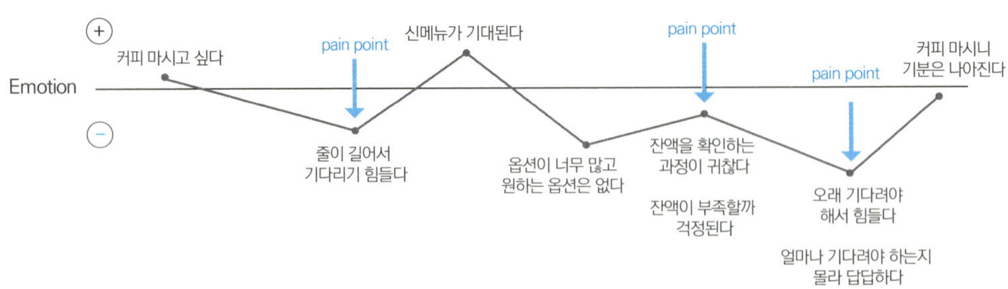

〈그림 6-3〉 사용자 경험 분석 방법 예 (1)

다소 복잡해 보이긴 하지만 감정적인 만족도를 중심으로 분석할 수 있다. 가로축에는 시간의 의미로 조사, 비교, 구매, 설치의 단계를 두고, 세로축에는 생각과 느낌, 각 단계에 대한 감정적 경험을 만족도로 나타내는 그래프이다. 단계 진행에 따른 만족도와 공급자에 대한 만족도로 구분하여 표현하였으며 하단에 단계별로 진행되는 내용에 대한 설명과 함께 개선점을 제시하고 있다.

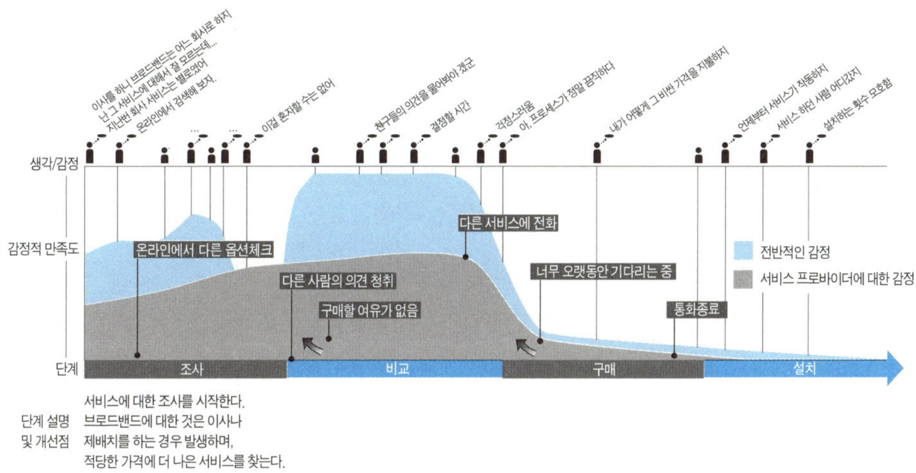

〈그림 6-4〉 사용자 경험분석 방법 예 (2)

2. 문제 정의

문제를 정의하는 것은 '변하지 않은 통찰'을 발견하는 것이다. 공감하기 단계에서 수집한 정보를 해석하고 종합하여 주요한 고객의 요구와 문제점을 발견하고, 간결한 문장으로 정해보자. 해결해야 할 고객의 핵심 이슈에 집중함으로써 Ideate 단계에서 좀 더 실질적이고 효과적인 대안을 발굴할 수 있을 것이다.

■ Define _ POV (Point-of-View)

- 고객의 핵심 needs를 한 문장으로 간결하게 정리함(사용자 + needs + surprising Insights!)
- 사용자를 주어로 사용자의 요구/문제를 한 문장으로 정리함으로써 명확한 해결책 발굴을 용이하게 함

문제 정의 체크리스트

a good point of view (POV) is one that:

- 고객의 생각과 마음을 잘 잡아내었는가?
- 문제의 근본 원인을 잘 담아내고 있는가?
- 사람들에게 영감을 주는가?
- 의사 결정에 도움을 주는가?
- 우리가 해야 할 일에 대한 명확한 방향성을 제시하는가?

문제 정의 예시

- 청소년들에게 비타민 섭취가 중요하므로, 비타민을 포함한 좋은 식단을 제공해야 한다.
- 청소년들에게 건강한 음식과 더불어 사회적 지지를 느끼도록 하는 것은 매우 중요하다. 그들이 느끼는 사회적 고립감은 그들의 건강 문제보다 더욱 큰 문제가 될 수 있기 때문이다.

3. 아이디어 만들기

1) 브레인스토밍

먼저 브레인스토밍(Brainstorming)을 하도록 한다. 이때 많은 아이디어들이 나올 수 있도록 도와주고 1개의 아이디어를 생각해 내는 데 30초 이상이 걸리지 않도록 한다. 또한 다소 엉뚱하다 해도 비판하거나 판단을 해서는 안 된다. (질보다 양을 소중히 생각하는 기법이다.)

■ 브레인스토밍 7가지 규칙

- 어떤 아이디어도 무시하지 말라
- 질보다 양을 추구하라
- 시각화하여 설명하라
- 주제에 집중하라
- 한 번에 한 가지씩 한 명씩 말하라
- 엉뚱한 아이디어도 환영하라
- 다른 아이디어에 편승하라

2) 스캠퍼

스캠퍼(SCAMPER)는 브레인스토밍과 비슷한 아이디어를 만드는 데 도움을 주는 도구로, "생각할 수 있는 영역을 일정하게 제시해 줌으로써 구체적인 아이디어가 나올 수 있도록 유도하는 아이디어 창출 기법"이다. 스캠퍼란 S(대체: Substitute), C(결합: Combine), A(응용: Adapt), M(확대/축소: Modify), P(다른 용도로 사용: Put to another use), E(제거: Eliminate), R(재구성: Reverse) 같은 개선 방향을 제시하는 아이디어 발상법이다. 예를 들어 '가방'을 주제로 선정한다면 - 가방 대신 무엇을 사용할 수 있을까?(S) - 가방을 다른 용도로 사용할 수 있을까?(P) - 가방의 어떤 부분을 바꾸어 사용할 수 있을까?(A) 로 작성할 수 있다.

〈표 6-2〉 SCAMPER 예시 (1)

SCAMPER	질 문	아이디어
대체 Substitute	기존 것을 다른 것으로 바꾼다면?	젓가락 나무젓가락
결합 Combine	A와 B를 합치면?	복사 + 프린터기 = 복합기
응용 Adapt	A에서 사용한 원리를 B에도 적용해 볼까?	찍찍이 원리는 우엉 씨가 옷에 붙는 원리 응용
변형·확대·축소 Modify·Magnify·Minify	A의 크기를 변형할 수 있을까?	태블릿 PC
다른 용도로 사용 Put to other uses	A를 다른 용도로 사용해 볼까?	라면 → 뿌셔뿌셔
제거 Eliminate	A의 구성 요소의 일부분을 없애 볼까?	오픈카, 무선 이어폰
재구성 Reverse·Rearrange	A에 대한 전제를 거꾸로 뒤집어볼까?	콜택시, 재택근무 트레드밀 (러닝머신)

〈표 6-3〉 SCAMPER 예시 (2) : 맥도날드 사례

맥도널드의 창업자 레이먼드 크록(Raymond Albert Kroc)

"끊임없이 고민하고 다양한 시도들을 통해
혁신적인 사례를 다수 개발하게 됨"

- SUBSTITUTE: 감자 칩에서 감자 튀김으로의 작은 변화
- COMBINE: 해피밀, 빅맥, 애플파이, 밀크쉐이크같이 심플한 제품
- ADAPT: 1975 년 애리조나에서 첫 번째 드라이브쓰루
- MODIFY / MAGNIFY: 메뉴 수정 및 프랜차이즈 시도

- PURPOSE: 올림픽 서포트, 맥도날드 하우스 자선재단, 단지 햄버거만 팔지 않고 점포와 부동산을 동시에 판매하는 용도 바꾸기
- ELIMINATE: 서빙하는 종업원을 없애고 손님이 직접 가져다 먹는 식으로 기존의 것에서 불필요한 부분 제거하기, "car-hopping"
- REVERSE/REARANGE: 먹기 전에 돈을 먼저 지불하는 순서로 기존 패턴을 재정리(R)

아이디어 중 가장 적합한 것 7가지를 판단 기준에 의해 순서대로 나열해 봄으로써 아이디어를 도출하도록 한다.

3) 브레인라이팅

브레인라이팅(Brain Writing)은 1968년 독일의 베른트 로르바흐(Bernd Rohrbach) 교수가 독일 마케팅 잡지인 『*Absatzwirtschaft*』에 기고하면서 알려지게 되었다. 로르바흐 교수는 기존의 브레인스토밍 기법이 사람들의 성격적 차이에 의하여 결과가 달라질 수 있는 문제를 개선하기 위하여 브레인라이팅 방법을 제시하였다. 브레인라이팅 방법은 6-3-5 기법이라고도 하는데 6명의 사람이 각자 3개의 아이디어를 5분 내에 기록하고 옆 사람에게 돌려 30분 내에 108개의 아이디어를 얻는 것을 목표로 한다.

구체적으로는 아래와 같이 종이에 표를 그리고 하나씩 아이디어를 6장의 종이를 채우면 된다. 모은 아이디어들은 참석자들이 하나씩 검토하면서 창의적이거나 활용 가능한 것들로 우선적으로 선정하고 우선순위를 정하는 과정을 반복하여 아이디어를 정리해 나가면 된다.

〈표 6-4〉 브레인라이팅을 시행하기 위한 아이디어 기록장 예시

〈첫 번째 장〉

1	아이디어1	아이디어2	아이디어3
참여자 1	→	→	→
참여자 2	→	→	→
참여자 3	→	→	→
참여자 4	→	→	→
참여자 5	→	→	→
참여자 6	→	→	→

⋮

〈여섯 번째 장〉

6	아이디어1	아이디어2	아이디어3
참여자 1	→	→	→
참여자 2	→	→	→
참여자 3	→	→	→
참여자 4	→	→	→
참여자 5	→	→	→
참여자 6	→	→	→

4. 아이디어 선정

1) 우선순위 지도

우선순위 지도는 평가 기준을 토대로 최선의 아이디어를 찾는 활동이다. 다양하게 도출된 아이디어들을 X좌표, Y좌표의 기준에 따라 위치를 설정해 보자.

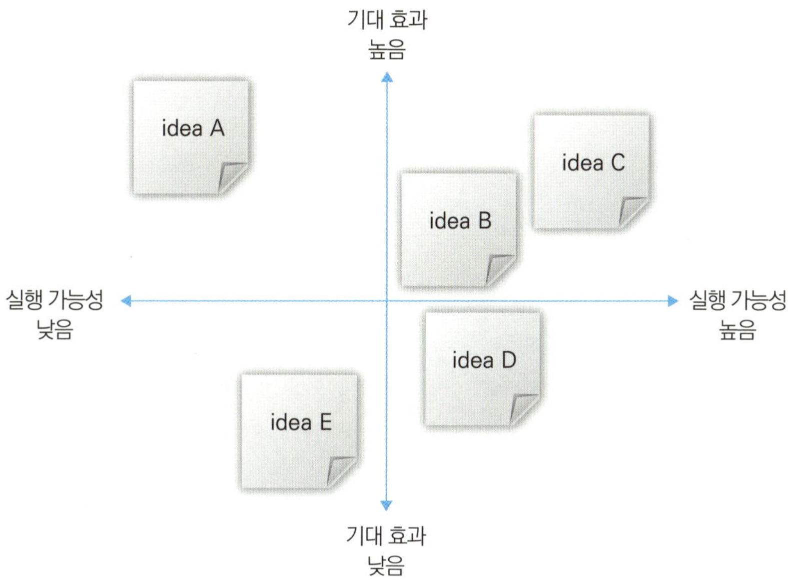

〈그림 6-5〉 우선순위 지도

2) 아이디어 평가표

평가 기준을 토대로 최선의 아이디어를 찾는 활동으로, 다양하게 도출된 아이디어들을 각 하위 평가 요인에 따라 점수를 매겨보자. (예: 5: 매우 적합, 4: 적합, 3: 보통, 2: 미흡, 1: 매우 미흡)

	Idea A	Idea B	Idea C	Idea D
사용자 요구				
창의성				
실행 가능성				
기대 효과				
기 타				
합 계				

활동 6-1

학과		학번		이름	

사용자 경험 여정 맵

사용자들이 시간의 흐름에 따라 제품이나 서비스를 어떻게 이용하는지를 여정으로 표현해 보고 변화 추이를 분석해 보자.

Emotion	Touchpoints	Actions	Mindset

시간(Time)

활동 6-2

학과		학번		이름	

문제 재정의하기

5장과 6장에서 얻은 결론을 토대로 "사용자 + needs + surprising Insights" 가 포함된 형태로 문제를 재정의해 보자.

사용자의 이름/특징	사용자의 소망(동사로 표현)	사용자가 소망을 이루고 싶은 이유
문제 정의:		

활동 6-3

학과		학번		이름	

아이디어 만들기(브레인스토밍)

브레인스토밍을 통해 다양한 아이디어를 탐색하여 적어 보자. 만약 브레인스토밍이 어렵다면 브레인라이팅(Brain Writing)을 해도 상관없다.

문제 정의 :
해결 방안 :

활동 6-4

학과		학번		이름	

아이디어 만들기(스캠퍼)

스캠퍼(SCAMPER)를 이용해 구체적인 아이디어가 나올 수 있도록 탐색해 보자.

문제 정의:
해결 방안 탐색

SCAMPER	질 문	아이디어
대체 S	기존 것을 다른 것으로 바꾼다면?	
결합 C	A와 B를 합치면?	
응용 A	A에서 사용한 원리를 B에도 적용해 볼까?	
변형·확대·축소 M	A의 크기를 변형할 수 있을까?	
다른 용도로 사용 P	A를 다른 용도로 사용해 볼까?	
제거 E	A의 구성 요소의 일부분을 없애 볼까?	
재구성 R	A에 대한 전제를 거꾸로 뒤집어볼까?	

활동 6-5

학과		학번		이름	

우선순위 지도

팀에서 나온 아이디어를 나열 후 분류해 보자.
다음 예시 기준들 중 2개를 선택하여 x, y좌표로 지정하고 우선순위 지도에 아이디어들을 분류해 보자. (기준 예시: 실행 가능성, 기대 효과, 사용자 요구, 창의성 등)

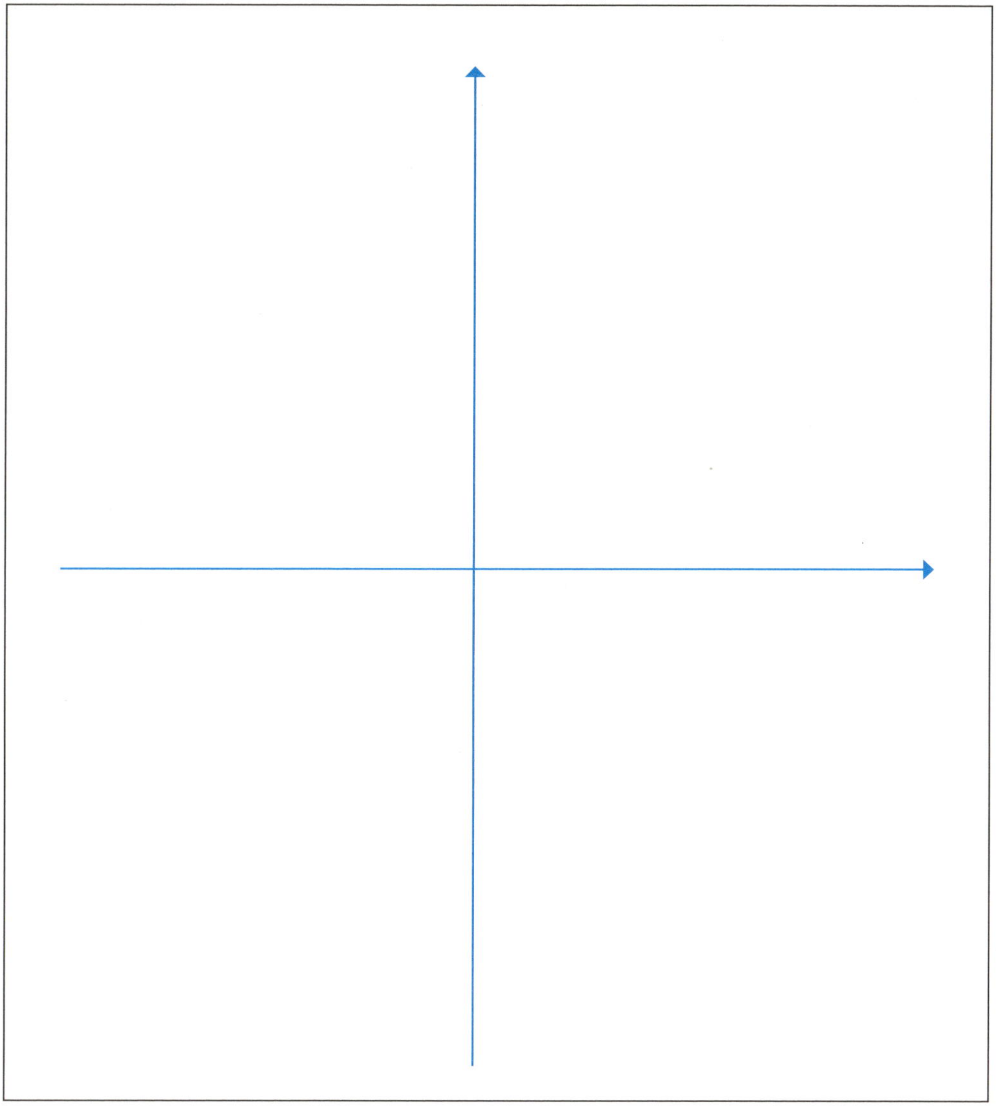

활동 6-6

학과		학번		이름	

우선순위

지도에 분류된 아이디어들 중 해결책으로 발전시키고 싶은 아이디어들은 어떤 것들이 있는가? '어플리케이션(소프트웨어)으로 개발' 한다고 가정할 때 발전시키고 싶은 아이디어를 선정 후 하나의 해결책으로 구체화해 보자.

제7장

생활 속 이야기로 문제 해결

4장에서 학습한 사용자 경험 중심의 어플리케이션의 상세 내용에 대한 연장 학습이다. 해결 영역에 해당하는 모형 단계에 대한 설명과 사례들을 학습한다. 학습 내용을 기반으로 학습자들은 정보 구조도, 메뉴 구조도, 화면 흐름도, 화면 모형을 제작하고 어플리케이션 구현을 준비한다.

학습 목표

- 사용자 경험 중심의 어플리케이션을 개발하는 과정 중 해결 영역에 대해 이해한다.
- 사용자 경험 중심의 어플리케이션 모형 제작 단계를 이해한다.
- 학습자가 발견한 문제를 어플리케이션 서비스로 해결할 때 설계하는 과정을 이해한다.

〈그림 7-1〉 사용자 경험 중심의 어플리케이션 프로세스 - 해결 영역

사용자 경험 중심으로 어플리케이션을 개발하기 위해서 해결 영역은 이미 4장에서 개괄적으로 다룬 내용으로, 절차에 따라 산출물을 제작한다. 앞서 5장, 6장에서 제작한 사용자 스토리, 페르소나, 사용자 경험 분석을 기반으로 모형 제작과 어플리케이션을 구현한다. 해결 영역 중에서 이번 장에서는 모형 제작 방법을 학습하고 정보 구조 설계, 화면 흐름도, 화면 모형을 제작한다.

1. 정보 구조 설계

정보 구조 설계란 무엇일까? 정보 구조 설계는 다양하고 복잡한 정보들을 사용자 경험을 고려하여 분류하고 구조화하는 것으로 'Information Architecture'라고도 한다. 정보 구조의 목적은 사용자가 원하는 목적을 잘 수행할 수 있도록 목적물의 구조를 설계하는 것이다.

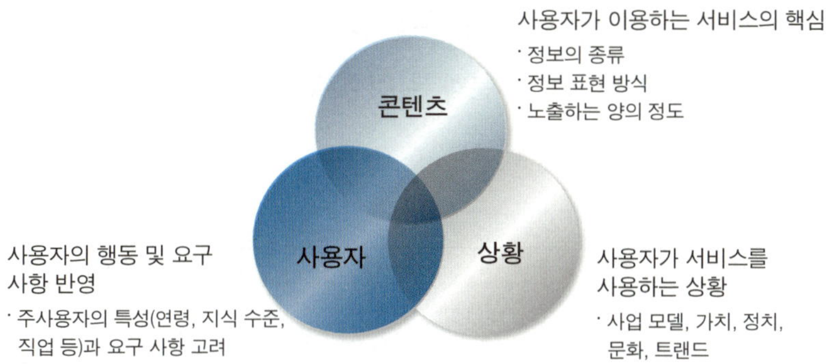

〈그림 7-2〉 정보 구조 설계 시 고려 사항

정보 구조 설계 시에 고려해야 하는 사항은 크게 사용자, 콘텐츠, 상황으로 나누어진다. 첫 번째, 사용자의 행동과 요구 사항을 반영해야 한다. 주사용자의 연령, 지식 수준, 직업 등의 특성과 요구 사항을 고려하여 정보를 잘 탐색할 수 있도록 설계해야 한다. 만약 사용자의 연령이 높다면 젊은 사람들과 정보를 탐색하는 부분이 달라질 수 있기 때문에 그러한 사용자의 특성을 고려해서 정보 구조를 설계할 필요가 있다. 두 번째, 콘텐츠는 사용자가 이용하는 서비스의 핵심이 될 정보의 종류, 정보 표현 방식, 노출하는 양의 정도를 고려하여 설계해야 한다. 사용자나 서비스의 종류에 따라서 대량의 정보를 한꺼번에 보여주는 방법도 있고, 작은 정보를 나누어서 제공하는 방법도 있기 때문이다. 세 번째 고려 사항은 상황으로, 사용자가 서비스를 사용하는 상황이 어떤지, 즉 사업 모델, 가치관, 정치, 문화 트랜드 등을 고려하여 설계한다.

정보 구조 설계의 기본적인 요소에는 메뉴 구조, 페이지수, 객체, 권한, 설명 등이 있다. 메뉴 구조는 메뉴의 구조를 표현하는 방법이고, 페이지는 메뉴별 페이지 수를 나타낸다. 객체는 해당 페이지에 삽입하고자 하는 객체, 즉 이미지, 동영상, 플래시 등이다. 권한은 특정 페이지에 대한 접근 권한에 대해 정의한 것이며, 설명은 메뉴나 페이지에 대한 설명으로, 이 메뉴가 무엇을 하는 것이고 어떤 서비스를 제공하는 것인지에 대한 부분이다. 아래의 그림은 잡지 뷰어 어플리케이션의 정보 구조 설계 예시를 정보 구조 설계 구성 요소로 구분해본 것이다.

카테고리	Depth 1	Depth 2	내용 구성	구현 방식
Main Stac			My list에 있는 Tile 중 선별	사용자가 보지 않은, 인기있는 것을 Flow 형태로 나타냄
	추천			
	My List 편집			
K(icon)	설정	푸시 알림	On/Off	
		새로고침 주기	미리 정의된 시간을 선택하는 구조	5분, 10분, 30분, 1시간, 2시간, 3시간, 1일
	계정	로그인	트위터, 페이스북 계정 연결	
		회원 등록	트위터, 페이스북 계정으로 등록	
My list	K Pick	Photo		facebook, twitter, youtube, flickr
		M/V		youtube
		MUSIC		youtube
		Photo	인기순	
		M/V	youtube	
		MUSIC		youtube

메뉴 구조 / 객체 / 설명 / 페이지 / 권한

〈그림 7-3〉 정보 구조 설계 구성 요소와 예시

〈표 7-1〉 정보 구조 설계의 요소

요 소	내 용
메뉴 구조	메뉴 구조를 표현하는 방법으로 메뉴의 하위 수준을 의미
페이지	메뉴별 페이지 수
객 체	해당 페이지에 삽입하고자 하는 객체 (이미지, 동영상, 플래시, 문서, 첨부 파일 등)
권 한	페이지 접근에 대한 권한 정의
설 명	메뉴나 페이지에 대한 설명, 개발과 디자인 주의 사항

메뉴 구조도는 화면 단위로 서비스의 구성을 정의하는 것으로, 어플리케이션 서비스의 큰 그림을 구조적으로 확인할 수 있도록 한다.

■ 메뉴 구조도 작성 시 고려해야 할 사항

① 제공할 정보의 폭과 깊이는 균형 있게 하며 일반적으로 메뉴는 7±2(즉, 5~9개)로 구성함
② 메뉴의 깊이는 3단계 정도가 적절함
③ 서비스의 향후 발전 방향을 고려하여 기능이나 메뉴 추가, 삭제 시에도 사용자가 익숙한 환경을 유지할 수 있도록 함
④ 설계는 일관된 기준을 가져야 하므로 같은 정보나 기능에 대해서는 직관적이며 동일한 메타포, 레이블을 사용함

메뉴 구조란 정보 구조를 설계하는 부분에서 가장 대표적인 것으로, 사용자가 원하는 정보를 어떻게 찾아갈 지에 대한 주요 정보를 분류한 것이다. 어플리케이션 서비스에서의 메뉴 구조에는 계층 구조, 계열 구조, 그리드 구조, 네트워크 구조가 있다.

〈표 7-2〉 메뉴 구조도 종류

종 류	설 명
계층 구조	·상위 메뉴를 선택하면, 하위 메뉴로 이동하는 네비게이션 제공 ·계층적으로 연결되어 있어 논리적인 관계를 유지함 ·효율적으로 정보를 탐색할 수 있어서 가장 일반적으로 사용하는 방식
계열 구조	·일련의 정보를 차례대로 하나씩 보여주는 방식 ·주로 신문이나 잡지 등 전통적인 미디어에서 보여주는 방식 ·제품 매뉴얼, 결제 절차와 같이 정보의 안정성이 중요하거나 서비스 사용에 익숙하지 않은 어린이를 타깃으로 하는 서비스에 자주 사용함
그리드 구조	·수평, 수직으로 연결된 구조 ·교육 사이트나 대량의 정보를 가지고 있는 사이트에 적합한 구조
네트워크 구조	·비선형 구조로 특정한 구조가 없이 많은 페이지들이 연결되어 있는 방식 ·사용자가 자유롭게 탐색할 수 있는 장점이 있음 ·복잡하고 혼란스러울 수 있음

계층 구조의 대표적인 예는 단국대학교 웹사이트에서 볼 수 있다. 상위 메뉴를 선택하면, 하위 메뉴로 이동하는 네비게이션을 제공하고 있다. 계층적으로 연결되어 있어 논리적인 관계를 유지하며, 효율적으로 정보를 탐색할 수 있어서 가장 일반적으로 사용하는 방식이다.

〈그림 7-4〉 계층 구조 메뉴 구조도의 예시

계열 구조는 일련의 정보를 차례대로 하나씩 보여주는 방식으로 주로 신문이나 잡지 등 전통적인 미디어의 웹사이트에서 볼 수 있다. 제품 매뉴얼, 결제 절차와 같이 정보의 안정성이 중요하거나 서비스 사용에 익숙하지 않은 어린이를 타깃으로 하는 서비스에 자주 사용하는 방식이다.

〈그림 7-5〉 계열 구조 메뉴 구조도의 예시

그리드 구조는 수평, 수직으로 연결된 구조로써 교육 사이트나 대량의 정보를 가지고 있는 사이트에 적합한 구조다. 네트워크 구조는 비선형 구조로 특정한 구조가 없이 많은 페이지들이 연결되어 있는 방식이며, 사용자가 자유롭게 탐색할 수 있는 장점이 있으나 계층 구조처럼 논리화되어 있지 않기 때문에 복잡하고 혼란스러울 수 있는 단점이 있다.

다음 〈그림 7-6〉은 모바일 만화 뷰어 어플리케이션의 메뉴 구조도의 작성 예시이다, 메인에서 로그인, 로그인에서 다시 최초 사용자, 자동 로그인, 등록 메뉴를 구성하여 메뉴 깊이를 3depth 로 유지하고 있다. 메뉴 구조도에서 최상위 메뉴는 Main, View 로 되어 있고, 메인 하위 구조의 로그인, 업데이트, 순위, 기획 이벤트, 무료, 다섯 가지 선택의 폭을 제공하고 있다. 개인 정보의 경우 옆에 월정액 쿠폰 보유 여부와 같이 별도로 구별을 해두었는데, 서비스의 정책에 따라 다르게 결정이 된다는 것을 구분해서 보여 준다.

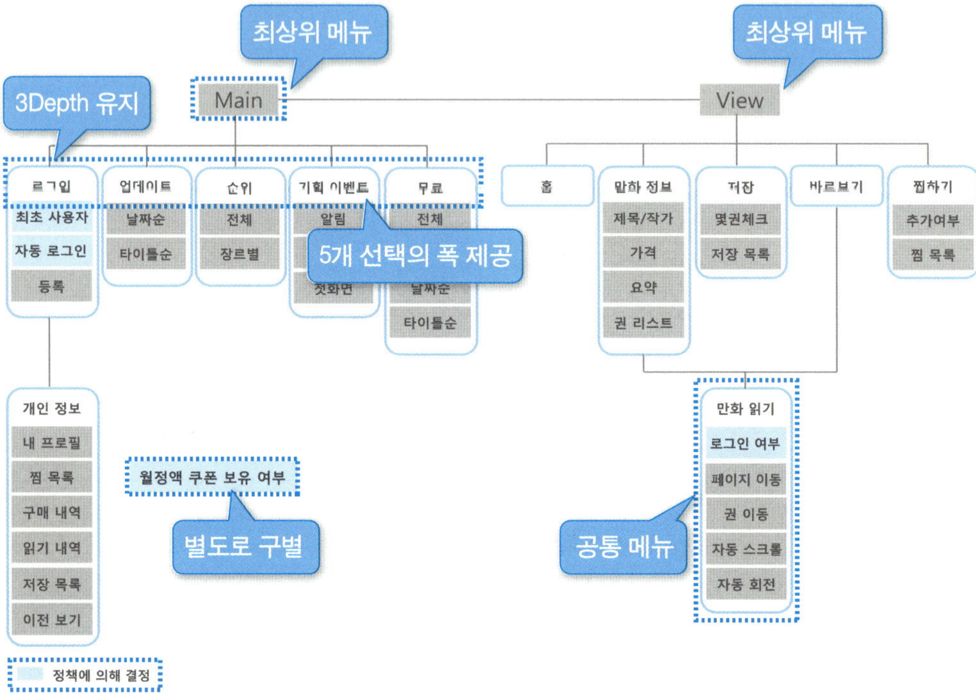

〈그림 7-6〉 모바일 만화 뷰어 어플리케이션 메뉴 구조도 예시

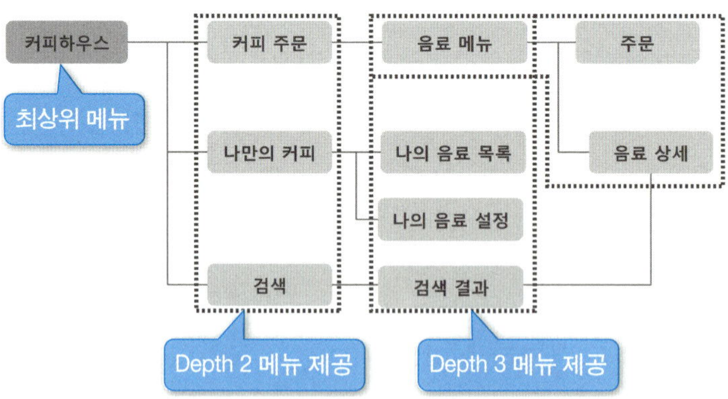

〈그림 7-7〉 나은이의 커피하우스 메뉴 구조도 예시

다음 〈그림 7-8〉은 정보 구조 설계에 대한 학습 내용을 기반으로 나은이를 위한 커피 주문 어플리케이션의 정보 구조도를 작성한 것이다.

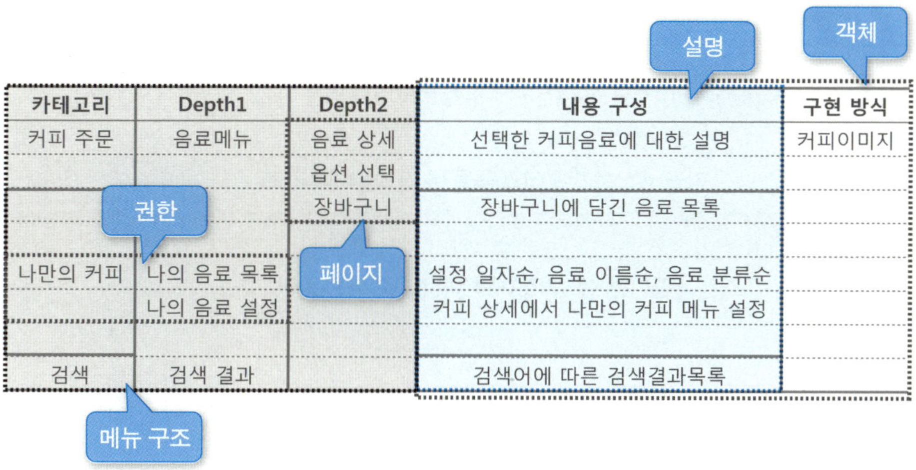

카테고리	Depth1	Depth2	내용 구성	구현 방식
커피 주문	음료메뉴	음료 상세	선택한 커피음료에 대한 설명	커피이미지
		옵션 선택		
		장바구니	장바구니에 담긴 음료 목록	
나만의 커피	나의 음료 목록		설정 일자순, 음료 이름순, 음료 분류순	
	나의 음료 설정		커피 상세에서 나만의 커피 메뉴 설정	
검색	검색 결과		검색어에 따른 검색결과목록	

〈그림 7-8〉 나은이의 커피하우스 정보 구조도 예시

2. 화면 흐름도

화면 흐름도란 정보 구조 설계를 통해 사용자가 원하는 어플리케이션 서비스의 전체 설계도를 확인할 수 있는 것으로, 서비스가 어떤 흐름으로 전개되는지를 설계하며, 플로우 차트 기법을 활용해서 보여 준다. 플로우 차트는 어떤 일의 처리나 문제를 해결할 때, 그 처리 과정이나 해결 절차를 나타낸 것으로 한 눈에 흐름을 파악할 수 있다. 플로우 차트를 그릴 때는 약속된 기호를 사용한다. 시작과 끝은 긴 동그라미로 나타내고, 일련의 행위는 네모 박스로 표현하며, 마름모는 '~하면' 이라는 조건을 의미한다. 다음은 일반적으로 플로우 차트에서 사용되는 기호들을 나타낸 것이다.

기 호	기호의 설명	보 기
	순서도의 시작이나 끝을 나타내는 기호	시작(끝)
	값을 계산하거나 대입 등을 나타내는 처리 기호	A = B + C
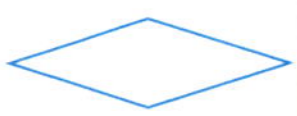	조건이 참이면 '예', 거짓이면 '아니오'로 가는 판단 기호	A > C, 예, 아니오
	서류로 인쇄할 것을 나타내는 인쇄 기호	인쇄 A
	일반적인 입 · 출력을 나타내는 입 · 출력 기호	입력(출력)
	기호를 연결하여 처리의 흐름을 나타내는 흐름선	시작 → A, B 입력

〈그림 7-9〉 플로우 차트의 기호

다음은 학생들의 플로우 차트 이해를 돕기 위해 전화를 걸어 업무를 처리하는 예시를 가지고 간단한 플로우 차트를 만든 것이다. 예를 들어 홍길동이 사임당에게 집전화를 걸어 어떤 일을 상의하는 경우, 홍길동이 해야 할 일과 그 순서로 먼저 다이얼을 누르고, 사임당이 통화 중인지 주의한다. 통화 중일 경우에는 기다리고, 전화가 연결되면 사임당을 찾는다. 사임당이 응답을 하면 용건을 말하면 되고, 집에 없으면 전할 내용을 가족에게 말하면 된다. 마지막으로 전화기를 놓고 전화를 끝내면 된다.

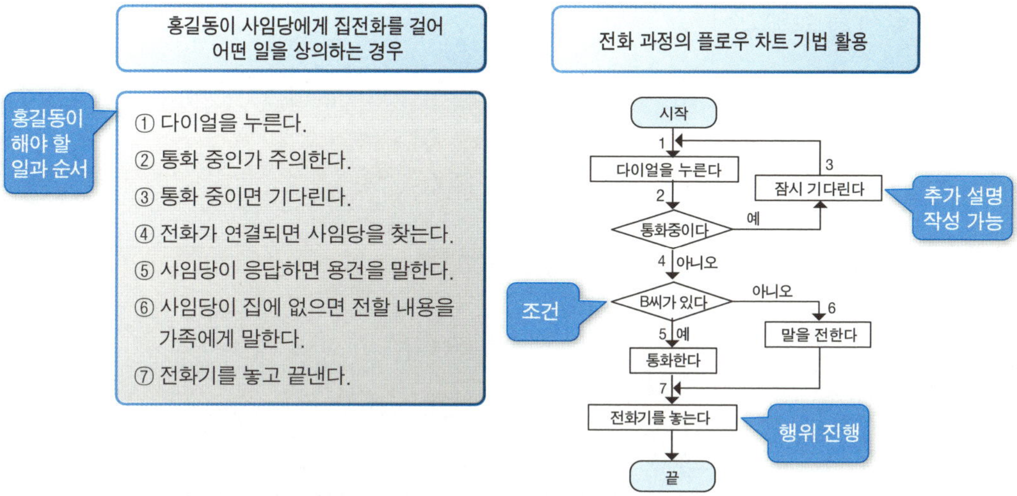

〈그림 7-10〉 플로우 차트 예시

화면 흐름도를 작성 유형은 첫째, 단순한 도형으로 화면 흐름을 작성할 수도 있고, 와이어프레임, 화면 캡쳐를 활용할 수도 있다. 둘째, 세부적인 묘사의 정도에 따라 선택적으로 사용할 수 있다. 셋째, 서비스 흐름을 나타내기 위한 화살표는 필수 요소이다. 넷째, 서비스 흐름에 중요한 정보를 화살표 위에 표시할 수 있다.

화면 흐름도에서 화면의 세부적인 묘사는 어느 정도가 적절한지 결정한다.

서비스 흐름을 나타내기 위한 화살표를 사용하며, 서비스 흐름에 중요한 정보를 화살표 위에 표시할 수 있다.

커피하우스에 대한 화면 흐름을 플로우 차트 기법을 이용해서 작성해 보자. 시작은 어플리케이션 실행이고, 인트로 화면에서 주문하기를 선택해서, 음료 메뉴 목록, 나만의 커피, 음료 검색을 하는 화면으로 간다. 음료 검색 화면에서 음료를 검색한 후, 음료 목록에서 원하는 음료를 선택을 하면, 그 선택한 음료의 상세 내용을 보게 된다. 주문할 때 옵션을 선택할 수 있게 한다. 옵션이 있는 경우 에스프레소를 추가한 후 장바구니에 담고, 옵션이 없는 경우에는 바로 장바구니에 담는다. 그런 다음 주문 후

결제를 진행한다.

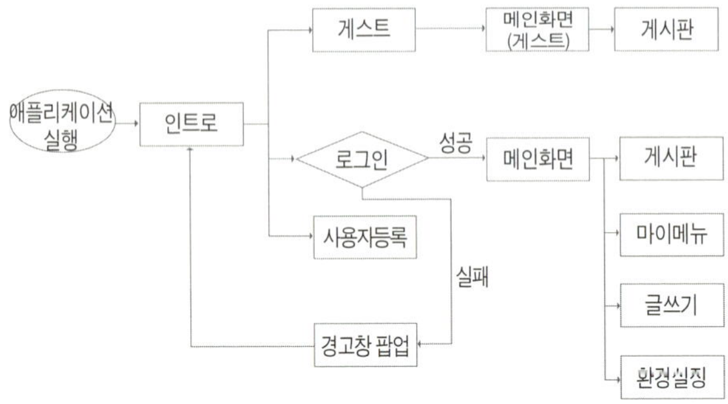

단순 도형

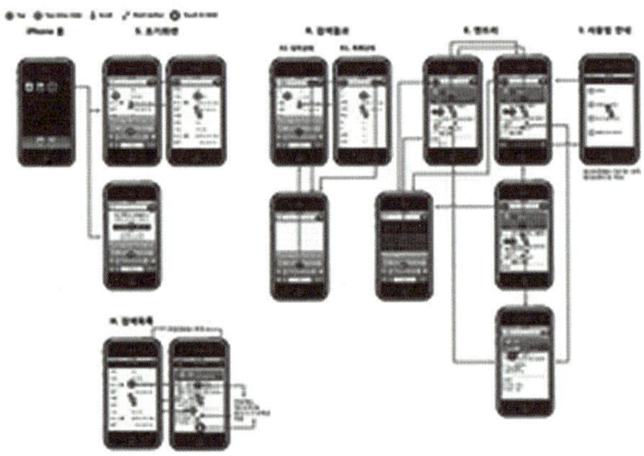

와이어 프레임

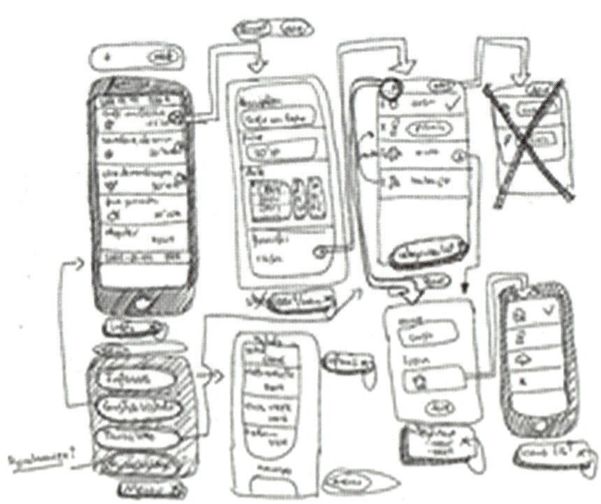

핸드 드로잉

〈그림 7-11〉 화면 흐름도 유형

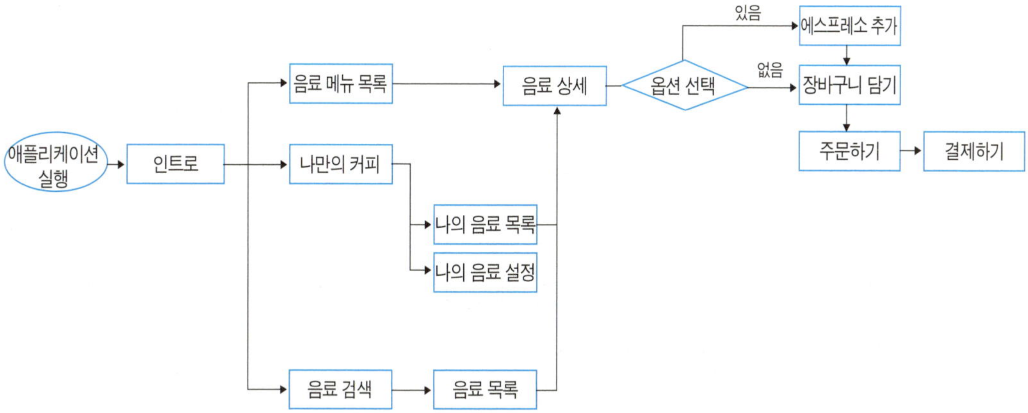

〈그림 7-12〉 나은이의 커피하우스 화면 흐름도

3. 화면 모형

화면 모형이란 어플리케이션 서비스 화면의 구성과 기능을 실제처럼 설계하는 것으로, 어플리케이션 서비스를 도식으로 표현함으로써 사용자들과 코딩하는 사람들이 직관적으로 이해하도록 한다. 화면 모형에는 화면 이름, 화면 구성, 항목에 대한 설명, 기능 정의, 구동 방식 등을 기술하며, 화면 모형 설계를 위해서는 화면 와이어 프레임 도식법을 사용한다. 와이어 프레임 도식법은 대략적인 스크린 디자인을 의미하는 것으로, 어플리케이션 서비스의 각 페이지와 기능 간의 관계와 구조를 제안하고 시각화하는 것으로 사용자 인터페이스의 기본 요소를 담은 레이아웃을 그림으로 표현한 것이다. 와이어 프레임 도식법에는 방식에 따라 펜과 연필로 그리는 스케치 패드 드로잉, 와이어 프레임 키트와 편집 도구 즉 파워포인트, 포토샵 등을 활용하는 방법, 다이어그램이나 백터그래픽 전용 프로그램을 사용하는 방법이 있다.

1) 스케치 패드 드로잉

아이디어 표현의 초기 단계에 사용하는 방식으로, 풍부한 아이디어를 손실 없이 구현하기에 적합한 방식이다. 펜드로잉은 간단하게 펜과 스케치북만 있으면 되고, 스케치 패드와 전용 펜, 전용 자를 사용하여 정교한 화면 디자인이 가능하다. 운영 체제별 구성 요소를 손쉽게 그릴 수 있는 전용 자와 펜을 사용할 수 있다.

2) 와이어 프레임 키트

와이어 프레임 키트는 어플리케이션 서비스에 주로 사용하는 템플릿이나 스텐실, 아이콘을 파워포인트나 일러스트레이터, 포토샵과 같은 형식으로 배포하는 것이다. 어플리케이션 개발 초기에서부터 모형 설계까지 빠르고 유연하게 할 수 있도록 한다.

3) 다이어그램, 백터그래픽 전용 프로그램

다이어그램이나 백터그래픽 전용 프로그램을 활용해서 애플케이션 서비스의 화면을 설계한다. Cacoo라는 프로그램은 기본적인 기능이 무료로 제공되는 프로그램이며, DroidDraw은 구글이 개발한 안드로이드 전용 UI 설계프로그램이다. Visio iPhone Stencil은 마이크로소프트 비지오 소프트웨어에서 사용할 수 있는 스텐실 파일이다. Cacoo 등의 프로그램에 관심이 있는 학습자들은 직접 다운로드 받아 사용해 볼 수 있다.

활동 7-1

학과		학번		이름	

어플리케이션 분석해 보기

팀을 구성해 팀별로 요즘 가장 자주 사용하는 전공 관련 어플리케이션 하나를 선택하자.

> 예시: · 인문학 전공(영단어 암기 어플리케이션, 번역 어플리케이션, 박물관 플리케이션 등)
> · 사회과학 전공(변호사 소개 어플리케이션, 심리상담 어플리케이션, 부동산 어플리케이션 등)
> · 예체능 전공(미술관 어플리케이션, 음원 판매 어플리케이션, 운동 경기 소개 어플리케이션 등)

해당 어플리케이션에 대하여 1) 메뉴 구조도 2) 정보 구조도 3) 화면 흐름도 4) 화면 모형을 제작해 보자. 특히 화면 모형을 제작할 때에는 제공되는 와이어프레임 키트 파워포인트를 활용하여 어플리케이션 서비스를 설계해 보자.

산출물	설 명
메 뉴 구조도	

산출물	설 명
정 보 구조도	

산출물	설 명
화 면 흐름도	

산출물	설 명
화 면 모 형	

수업 자료 및 참고 문헌

1. SAP (2016). Build Your Own SAP Fiori App in the Cloud - 2016 Edition, https://open.sap.com/courses/fiux2
2. SAP, UI Elements, https://experience.sap.com/fiori-design/explore/
3. 조성봉, 『이것이 UX디자인이다』, 위키북스, 2013.
4. 다음커뮤니케이션 UX랩 & 마켓인사이트팀, 『스토리로 이해하는 UX디자인 프로세스』, 로드북, 2012.

제8장

나만의 아이디어로 문제 해결하기

이번 장에서는 팀이나 개인이 선정한 주제를 토대로 앞에서 수행한 디자인씽킹 활동들을 하나의 결과물로 정리해 보고자 한다. 공감, 문제 정의, 아이디어 만들기, 모형 제작 단계에서 수행한 각 활동을 구체화해 보고 완성도를 높여 보자.

학습 목표

- 팀이나 개인이 해결하고자하는 문제 상황과 해결책에 대해 설명할 수 있다.
- 어플리케이션을 개발하기 위한 일정을 계획하여 제시할 수 있다.

창의적 사고라는 것은 다양한 관점에서 새로운 질문을 던져보는 것이다. 코딩이란 어떤 문제를 해결하기 위한 절차나 방법을 가르치기 위한 컴퓨터 사이언스이다. 본 과정을 통해 두 가지를 함께 생각하고, 기획하고, 프로토타입 제작 단계까지 실습도 해 보았다.

문제를 해결하기 위한 절차와 방법에 대해서도 학습했다. 디자인씽킹에 기반하여 사람의 요구, 기술의 타당성, 비즈니스의 실행 가능성 관점에서 문제 해결을 생각해 보았다. 이것이 조화를 이루었을 때 문제를 혁신적으로 해결할 수 있다. 사람에 중심을 맞추어 사용자 중심의 어플리케이션을 개발하는 것에 대해 학습했다. 사용자를 중심으로 그 사용자의 필요를 파악하고, 그것을 분석하여 사용자가 어떤 부분에서 불편해하는지, 또는 구현이 필요한지 생각해 보았으며, 사용자 이야기, 페르소나 분석, 화면 모형을 통해 사용자의 필요를 담아내고 설계했다.

활동 8-1

학과		학번		이름	

어플리케이션의 개요

지금까지 학습한 내용을 토대로 나만의 아이디어로 일상생활 혹은 전공과 관련된 문제를 해결하기 위한 문제를 찾아보고, 이를 해결하기 위한 아이디어 및 프로토타입을 제작해 보자.

어플리케이션 이름	
문제 상황	
문제를 겪는 대상	
해결 아이디어	

활동 8-2

학과		학번		이름	

프로젝트 수행 계획 및 팀 역할 분담

지금까지 수행한 디자인씽킹의 공감, 문제 정의, 아이디어 만들기, 모형 제작 활동들을 정리해보자. 중간 프로젝트 제출을 위해 결과물의 완성도를 높이기 위해 해야 할 일들을 정리해 보고 일정 및 팀별 역할 분담해 보자.

중간 프로젝트 평가 준거

다음은 중간 프로젝트를 평가하기 위한 평가 준거이다. 평가 준거를 고려하여 프로젝트 결과물을 검토해 보고 완성도를 높여 보자.

구분	평가 준거
결과물 (40)	• Desirability (문제의 근본에 접근하기 위한 노력 및 결과) • Feasibility (해결 아이디어의 구현 가능성) • Viability(해결 아이디어의 효율성 및 효과성)
프리젠테이션 (30)	• 발표 자료의 간명성 • 발표자의 전달력 • 청중의 호응 • 질의에 대한 응답 적절성
팀워크 및 수행 과정 (30)	• 팀원 간 협업 능력 • 팀원 간 갈등 해결 능력 • 역할 분담의 적절성

공감-서면 인터뷰

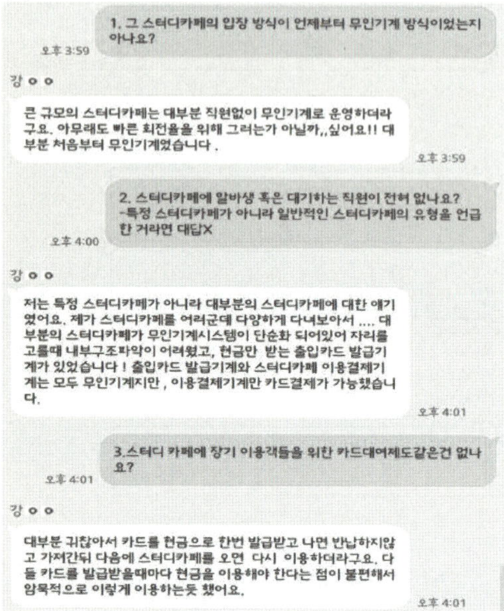

1. 그 스터디카페의 입장 방식이 언제부터 무인기계 방식이었는지 아나요?

오후 3:59

강 ○ ○

큰 규모의 스터디카페는 대부분 직원없이 무인기계로 운영하더라구요. 아무래도 빠른 회전율을 위해 그러는가 아닐까,,싶어요!! 대부분 처음부터 무인기계였습니다 .

오후 3:59

2. 스터디카페에 알바생 혹은 대기하는 직원이 전혀 없나요?
-특정 스터디카페가 아니라 일반적인 스터디카페의 유형을 언급한 거라면 대답X

오후 4:00

강 ○ ○

저는 특정 스터디카페가 아니라 대부분의 스터디카페에 대한 얘기였어요. 제가 스터디카페를 여러군데 다양하게 다녀보아서 .... 대부분의 스터디카페가 무인기계시스템이 단순화 되어있어 자리를 고를때 내부구조파악이 어려웠고, 현금만 받는 출입카드 발급기계가 있었습니다 ! 출입카드 발급기계와 스터디카페 이용결제기계는 모두 무인기계지만 , 이용결제기계만 카드결제가 가능했습니다.

오후 4:01

3.스터디 카페에 장기 이용객들을 위한 카드대여제도같은건 없나요?

오후 4:01

강 ○ ○

대부분 귀찮아서 카드를 현금으로 한번 발급받고 나면 반납하지않고 가져간뒤 다음에 스터디카페를 오면 다시 이용하더라구요. 다들 카드를 발급받을때마다 현금을 이용해야 한다는 점이 불편해서 암묵적으로 이렇게 이용하는듯 했어요.

오후 4:01

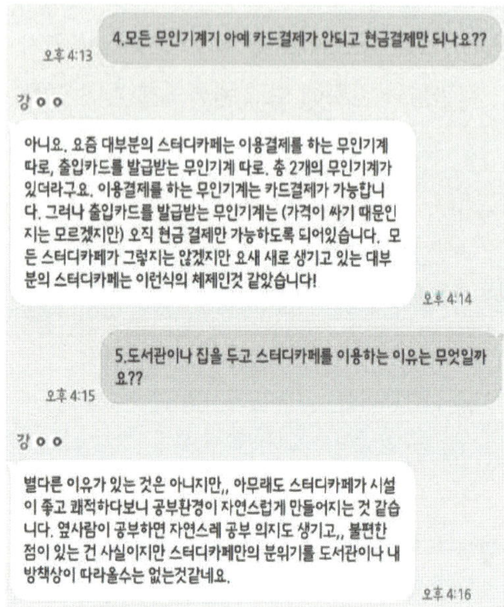

4.모든 무인기계기 아예 카드결제가 안되고 현금결제만 되나요??

오후 4:13

강 ○ ○

아니요. 요즘 대부분의 스터디카페는 이용결제를 하는 무인기계 따로, 출입카드를 발급받는 무인기계 따로. 총 2개의 무인기계가 있더라구요. 이용결제를 하는 무인기계는 카드결제가 가능합니다. 그러나 출입카드를 발급받는 무인기계는 (가격이 싸기 때문인지는 모르겠지만) 오직 현금 결제만 가능하도록 되어있습니다. 모든 스터디카페가 그렇지는 않겠지만 요새 새로 생기고 있는 대부분의 스터디카페는 이런식의 체제인것 같았습니다!

오후 4:14

5.도서관이나 집을 두고 스터디카페를 이용하는 이유는 무엇일까요??

오후 4:15

강 ○ ○

별다른 이유가 있는 것은 아니지만,, 아무래도 스터디카페가 시설이 좋고 쾌적하다보니 공부환경이 자연스럽게 만들어지는 것 같습니다. 옆사람이 공부하면 자연스레 공부 의지도 생기고,, 불편한 점이 있는 건 사실이지만 스터디카페만의 분위기를 도서관이나 내 방책상이 따라올수는 없는것같네요.

오후 4:16

공감-기존 어플 사용자 만족도 조사

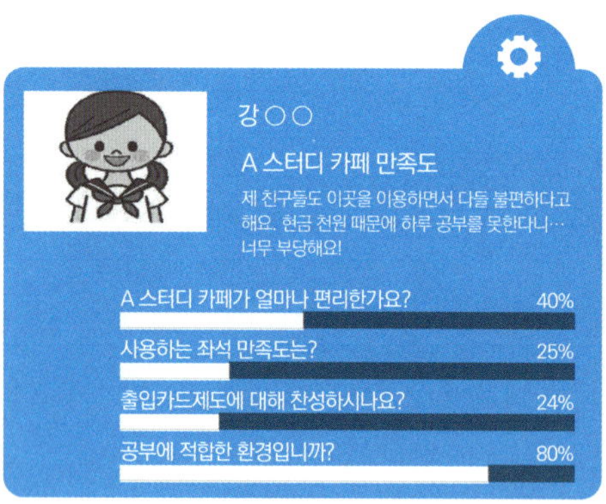

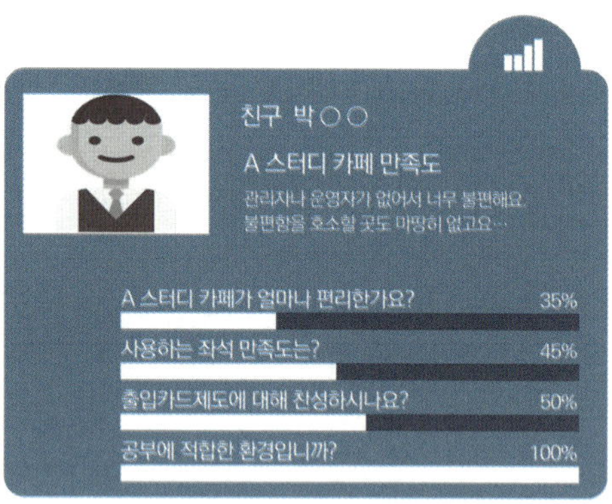

공감-사용자 스토리(이용 흐름형)

탐색 순서	회원 가입	주거지 등록	관심사 등록	건강 사항 체크	원하는 기능 선택
상세 탐색 내역	·간단한 선택을 통한 회원 가입	·주변의 친구를 찾기 위해 ·도움 요청 시 빠른 대응을 위해	·관심사가 잘 맞고 원활한 대화가 가능한 친구를 사귀기 위해	·설문을 통해 건강 사항 체크 ·우울도 및 관련 친구 추천	·복지 기능 ·친구 찾기 ·도움 요청 (사회복지사와 연결)
Needs	·글씨의 크기가 커야함 ·요구 사항을 쉽게 이해할 수 있도록 그림으로 설명 ·문맹인을 위한 음성 인식 기능 탑재				
	·간단한 절차 친구 찾기 기능과 사회복지사의 도움 요청 기능 분리	·GPS인식을 통한 '내위치' 기능	·그룹이 나누어져야 하기 때문에 연령대별 추천 항목 제시	·보건소에서 공인된 건강증을 발급받아 앱 내에서 사진을 찍어 등록하면 자동 정리되어 보건증처럼 이용	·안전성이 파악될 수 있어야 함 ·도움 요청에 대한 접근성이 좋아야 함

공감-사용자 스토리(서술형)

49세의 미혼 16년 차 수도권 광역 대리 기사인 정병운 씨는 오후 9시부터 회사 뒤풀이나 유흥업소 등 밤늦게 인파가 많이 몰리는 장소에서 주로 대리운전 업무를 시작한다. 직업 특성상 주차장에 차가 가장 많은 시간대에 주차를 해야 해서 주차 가능한 자리와 차주가 원하는 특정 주차 위치를 빠르게 파악하기 위해 주차 앱을 이용해 주차를 한다. 하지만 기존의 주차 앱을 사용할 때마다 해당 주차장에 불법 주차가 돼있는 경우가 빈번했다. 그럴 때마다 정병운 씨는 새로운 주차 공간을 계속 다시 찾아야 하는 불편함이 있었다. 이러한 이유로 정병운 씨는 앱에서 제공한 정보에 따라 주차하러 갈 때마다 주차를 못하는 경우가 많았다. 그때마다 정병운 씨는 "무인 드론에 GPS 기능을 연동하여 주차장에 대한 정보 질을 향상시키게 함으로써 주차장 정보 오차 범위를 축소하면 좋을 텐데..", "불법 주차 차량을 사진 찍어서 신고할 수 있는 기능이 앱에 있었으면 좋겠다.", "불법 주차 차량 사태 방지를 위한 각 주차장에 대한 실시간 단속 녹화 기능(블랙박스 기능 수행)이 앱에 있었으면 좋겠다."라는 생각을 한다. 이런 불편한 점들로 인해 결국 정병운 씨는 주차 앱을 스마트 기기에 설치한지 한 달도 안돼서 삭제했다. 이용자들의 탈퇴를 막기 위해 개선이 시급하다.

→ 사용 배경
→ 사용 과정
→ 불편 사항
→ 요구 사항

공감- 페르소나

PROFILE

문딘비

나이: 21 / 성별: 여 / 직업: 대학생

- **주거지**: 죽전역 근처
- **배경**: 어릴 적 교통사고를 당해 양쪽 다리가 크게 다친 이후 휠체어를 타고 다님
- **성격**
  - 눈치를 많이 봄
  - 내향적
  - 자립심이 강해서 홀로 무엇이든 하려는 편
- **주변 사람**: 부모님, 중고등학교 친구들, 도우미 학생,
- **자주 사용하는 어플**: 인스타그램, 페이스북, 카카오톡, 카카오버스
- **주요 활동**
  - 전공 및 교양 수업을 들으러 가기 위해 셔틀버스로 통학
  - 동아리에서 장애인 인권 개선 프로그램을 추진 중
  - 문화체육관광부에서 지원하는 장애인스포츠강좌 이용권으로 배드민턴을 치러 다님
- **불편 사항**
  - 리프트가 마련되어 있지 않아 셔틀버스에 탑승할 때 불편함
  - 셔틀버스에 대한 정보를 찾는 과정이 매우 복잡함
  - 휠체어를 이용하다 보니 탑승 장소까지 가는 시간이 남들에 비해 조금 오래 걸려 탑승 선착순에서 밀리는 경우가 발생함
  - 버스 위치를 자세히 알지 못해 언제부터 셔틀버스를 기다려야 하는지 애매함

문제 정의 – 문제 재정의하기

사용자의 이름, 특징	사용자의 소망 (동사로 표현)	사용자가 소망을 이루고 싶은 이유
안보영 씨, 25세, 시각장애를 가지고 있다.	자신이 직접 상품을 골라 구매하고 싶다.	자신이 어떤 상품을 소비할 것인지, 원하는 상품이 어떤 할인 행사를 하는지, 가격은 얼마인지 등의 정보를 통해 합리적인 소비를 하고 싶기 때문이다.
문제 정의 : 시각장애를 가진 안보영 씨는 상품의 선택권이 넓어지길 원하며 상품의 정보를 제공받고 스스로 구매하고 싶다.		

아이디어 만들기-브레인스토밍

아이들의 소음을 녹음하여 자신의 소음에 대해 인식할 수 있도록 한다	아이들이 소음을 발생시킬 때마다 지속적인 교육을 한다.	아파트 자체적으로 아이들을 위한 실내 놀이 공간을 제작한다. 예) 실내 놀이방 or 소음이 발생되어도 괜찮은 공간	소음에 대한 경고를 주는 어플을 통해 스스로의 행동을 정화할 수 있도록 한다.
정적인 놀이를 집에서 해서 아이들의 소음을 감소시킨다. 예) 밀가루 점토 놀이	독서하는 즐거움을 알려주며 습관을 기를 수 있게 한다.	층간 소음 방지 매트를 설치해 밑의 집에 소음이 강하지 않게 만든다.	1층으로의 이사를 고려해본다.

아이디어 만들기 – 브레인라이팅

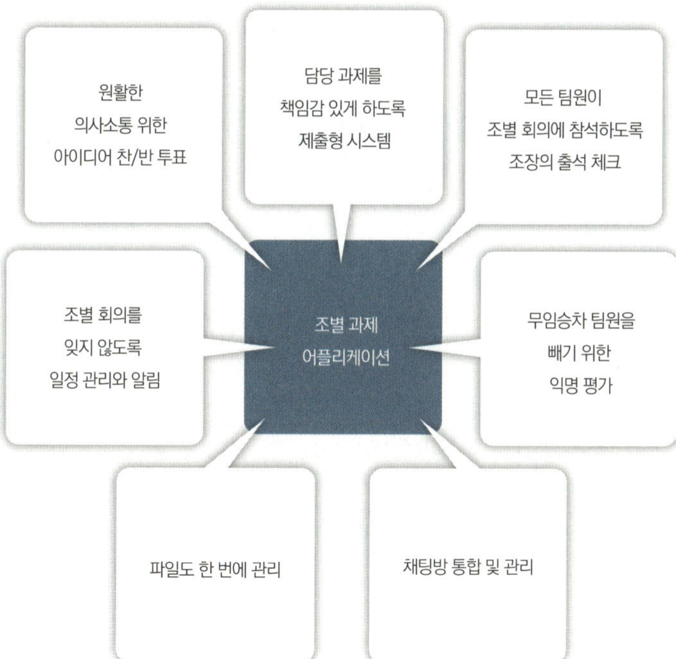

아이디어 만들기-스캠퍼

프로토타입- 메뉴 구조도

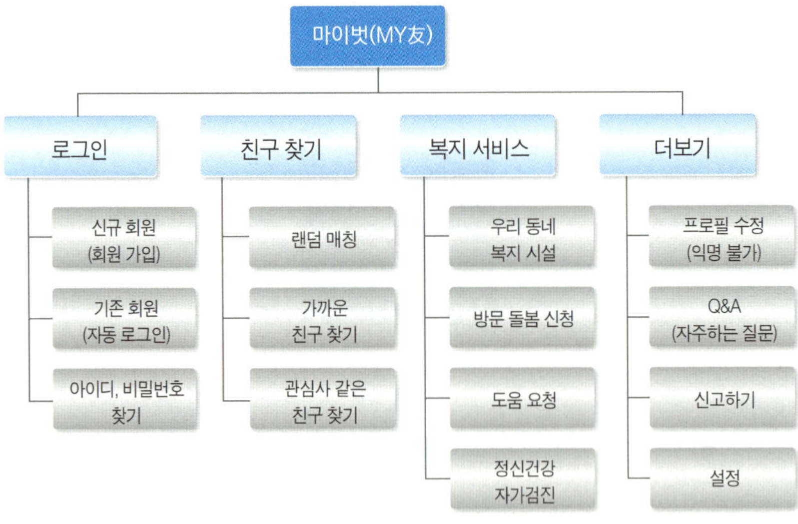

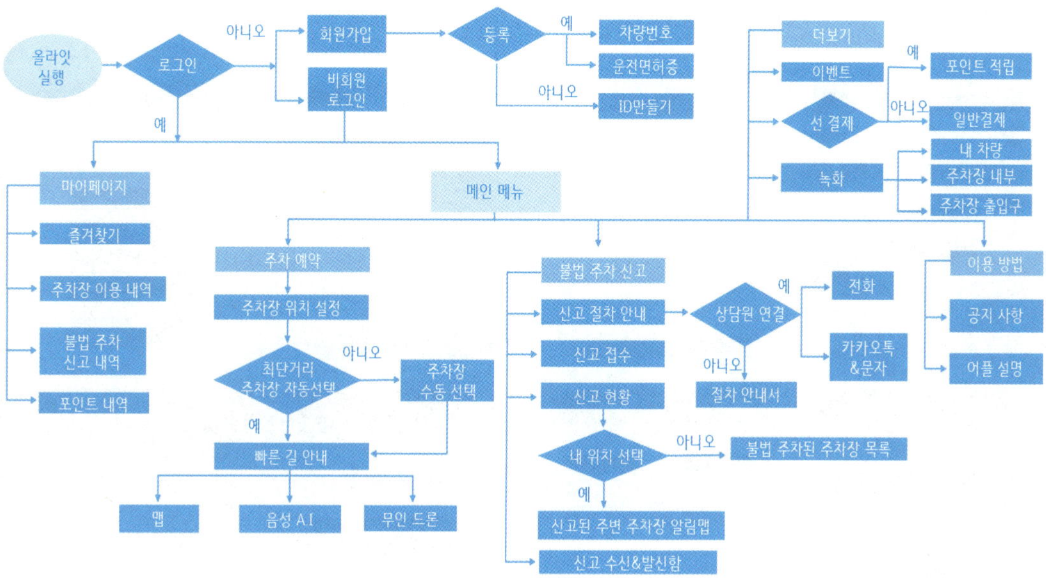
올라잇 실행
로그인
아니오
예
회원가입
비회원 로그인
등록
예
아니오
차량번호
운전면허증
ID만들기
더보기
이벤트
선 결제
예
아니오
포인트 적립
일반결제
녹화
내 차량
주차장 내부
주차장 출입구
마이페이지
즐겨찾기
주차장 이용 내역
불법 주차 신고 내역
포인트 내역
메인 메뉴
주차 예약
주차장 위치 설정
최단거리 주차장 자동선택
아니오
주차장 수동 선택
예
빠른 길 안내
맵
음성 A.I
무인 드론
불법 주차 신고
신고 절차 안내
신고 접수
신고 현황
상담원 연결
예
전화
카카오톡 &문자
아니오
절차 안내서
내 위치 선택
아니오
불법 주차된 주차장 목록
예
신고된 주변 주차장 알림맵
신고 수신&발신함
이용 방법
공지 사항
어플 설명

프로토타입- 화면 흐름도

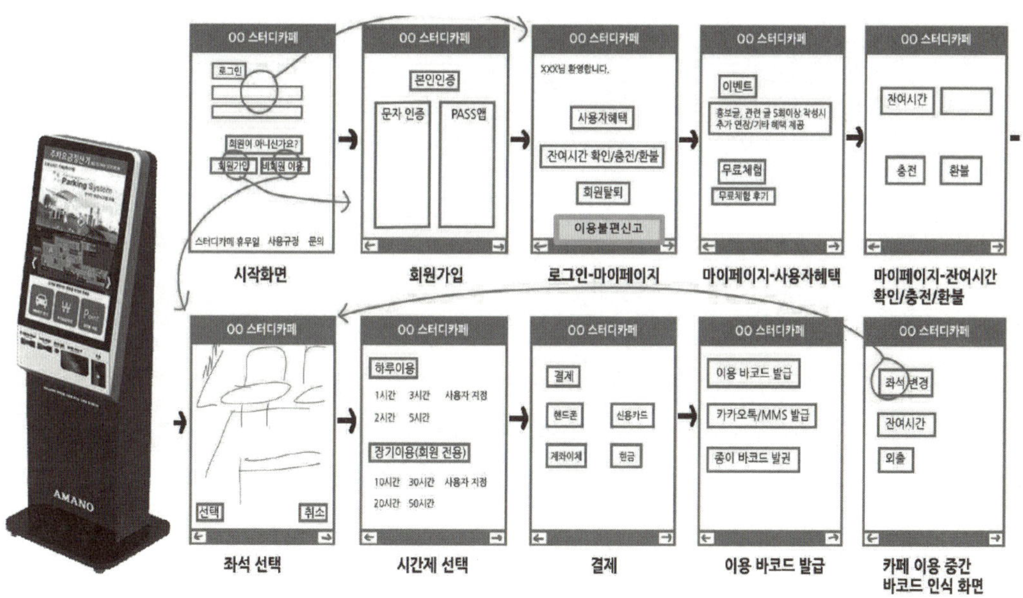
OO 스터디카페
로그인
회원이 아니신가요?
회원가입
비회원 이용
스터디카페 후우일 사용규정 문의
시작화면
본인인증
문자 인증
PASS앱
회원가입
XXX님 환영합니다.
사용자혜택
잔여시간 확인/충전/환불
회원탈퇴
이용불편신고
로그인-마이페이지
이벤트
무료체험
무료체험 후기
마이페이지-사용자혜택
잔여시간
충전
환불
마이페이지-잔여시간 확인/충전/환불
선택
취소
좌석 선택
하루이용
1시간 3시간 사용자 지정
2시간 5시간
장기이용(회원 전용)
10시간 30시간 사용자 지정
20시간 50시간
시간제 선택
결제
핸드폰
신용카드
계좌이체
현금
결제
이용 바코드 발급
카카오톡/MMS 발급
종이 바코드 발권
이용 바코드 발급
좌석 변경
잔여시간
외출
카페 이용 중간 바코드 인식 화면
AMANO
Parking System

프로토타입- 화면 모형

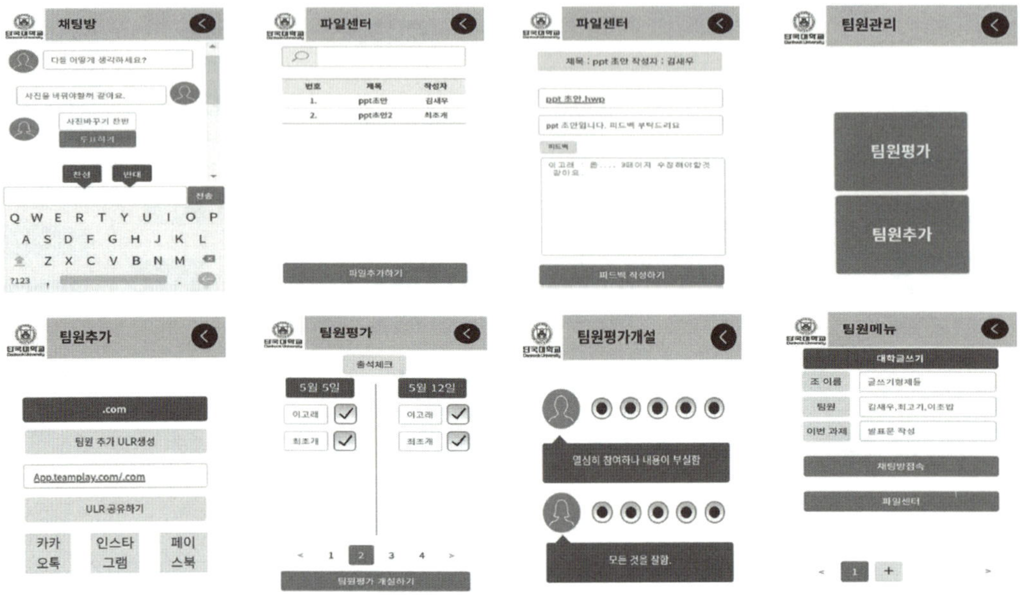

채팅방
찬성
반대
전송
Q W E R T Y U I O P
A S D F G H J K L
Z X C V B N M
?123
파일센터
번호
제목
작성자
1.
ppt초안
김새우
2.
ppt초안2
최초게
파일추가하기
파일센터
제목 : ppt 초안 작성자 : 김새우
ppt 초안.hwp
피드백 작성하기
팀원관리
팀원평가
팀원추가
팀원추가
.com
팀원 추가 ULR생성
App.teamplay.com/.com
ULR공유하기
카카오톡
인스타그램
페이스북
팀원평가
출석체크
5월 5일
5월 12일
이고래
최조개
1
2
3
4
팀원평가 개설하기
팀원평가개설
열심히 참여하나 내용이 부실함
모든 것을 잘함.
팀원메뉴
대학글쓰기
조 이름
팀원
이번 과제
채팅방접속
파일센터
1
+

제3부

소프트웨어를 통한 창의적 사고의 구현

제9장

창의적 프로그래밍을 위한 코딩 I

창의적사고와 코딩 교과목은 창의적 문제 해결력 함양에 목적을 둔다. 그러므로 창의적 문제를 해결하는 과정에서 대학생에게 요구되는 21세기 핵심 역량인 비판적 사고력, 논리력, 협업 능력을 함양하기 위한 디자인 씽킹 방법론을 기반으로 창의적인 프로그래밍을 위한 코딩 단계를 구성하였다.

따라서 일상생활에서 문제를 발견하고 아이디어를 도출하여 소프트웨어로 해결할 수 있는 영역을 찾아 구체적인 프로토타입을 만든 후 블록 코딩을 통해 이를 구현해 보자. 블록 코딩의 대표적 언어 중 하나인 앱 인벤터는 컴퓨터 프로그래밍을 처음 접하는 학습자도 드래그 앤 드롭을 통해 쉽게 응용 소프트웨어를 만들 수 있도록 해 준다.

학습 목표

- 아이디어를 앱 인벤터로 구현할 준비가 되어 있다.
- 앱 인벤터 시작을 위한 환경 설정을 할 수 있다.
- 앱 인벤터로 새 프로젝트를 만들어 간단한 예제를 작성할 수 있다.

코딩의 기본적인 개념과 다양한 문제 해결을 위한 구현 도구인 앱 인벤터의 개발 환경과 기본기능 및 문법에 대해 학습한다. 학습자들은 프로그램 개발을 위한 앱 인벤터 화면이 어떻게 구성되어 있는지 살펴보고, 제시한 예제를 통해 코드를 작성해 봄으로써 프로그래밍과 앱 인벤터에 대해 기본적인 이해를 갖추도록 한다. 또한, 문제 해결에 필요한 여러 가지 앱 인벤터 블록을 선택 및 조작하여 원하는 결과를 얻을 수 있도록 과제를 수행한다.

앱 인벤터를 통해 우리의 아이디어를 소프트웨어적으로 구현할 수 있는 창의적인 프로그래밍 능력을 키워 보자.

1. 디자인씽킹과 코딩

디자인씽킹을 통해 우리는 공감과 문제 정의 그리고 아이디어를 도출할 수 있었다. 도출한 아이디어들 중 컴퓨팅으로 구현할 수 있는 해결안을 선택하여 모형을 제작하고 테스트할 때 비로소 디자인씽킹을 반영한 실제 애플리케이션이 나올 수 있다.

코딩은 프로그래밍을 하는 데 필요한 부분이라고 볼 수 있다. 코딩은 설계한 알고리즘(문제 해결을 위한 절차)을 컴퓨터가 이해할 수 있는 프로그래밍 언어를 통해 입력하는 것이다. 즉, 어떤 기능을 가진 프로그램을 만들지 입력해 주는 부분으로 프로그래밍에서 가장 기초적이면서 필수적인 작업이다.

이러한 코딩이 요즘 전 세계적으로 열풍이다. 코딩의 중요성이 주목받고 있는 가장 큰 이유는 단순히 기술을 배우는 교육이 아니라 생각하는 방법을 습득할 수 있는 교육이기 때문이다. 학습자는 코딩을 통해 자기 생각을 좀 더 쉽고 구체적이며 논리적으로 말하는 능력을 기를 수 있다. 이는 창의성과 논리적인 사고력 향상에도 긍정적인 영향을 끼친다. 스스로 문제를 해결하고 수정하는 과정에서 자연스럽게 논리와 창의성, 생각하는 힘이 길러지는 것이다.

디자인씽킹 활동에서 문서로 표현했던 아이디어를 코딩을 통해 실제 동작하는 기능으로 구현하는 과정은 논리적 사고의 함양과 더불어 구현하고자 했던 아이디어의 정교화를 도울 것이다.

앞으로 우리는 코딩을 통해 디자인씽킹으로 도출한 아이디어를 기반으로 구체적인 애플리케이션으로 구현해 볼 것이다.

2. 앱 인벤터 이해하기

일상생활 중에 "어떤 기능을 가진 프로그램 혹은 앱이 있으면 좋겠다" 혹은 "이 앱에 이러한 기능이 더 있었으면 좋겠다"라는 생각을 한 번쯤은 해보았을 것이다. 그러나 프로그래머가 아닌 이들은 이 아이디어를 실현해 볼 엄두도 내지 못한 채 포기하는 경우가 다반사였을 것이다. 프로그래밍을 전공자로서 혹은 몇 년 동안의 공부 없이도 내 아이디어를 구현해 볼 수 있다면 어떨까? 프로그래머를 고용하지 않아도 내 아이디어를 프로토타입으로 구현할 수 있다면 어떨까? 이전보다 조금은 쉽게 도전해 볼 수 있을 것이다. MIT와 구글이 함께 만든 안드로이드용 앱 개발 도구인 앱 인벤터(App Inventor)는 우리의 도전을 쉽게 시작할 수 있도록 도와줄 수 있다. 앱 인벤터는 지금까지 프로그래밍을 접해보지 않았더라도 레고 블록을 조립하듯 블록을 끌어다 놓고 쌓아 조립하는 과정을 통해 개발 프로세스를 이해하고 프로그래밍을 학습할 수 있는 교육용 프로그램이다.

- 한국인 재학생과 외국인 학생이 함께 언어 교류를 하며 서로 공부에 도움을 줄 수 있는 앱을 만들어 볼까?
- 신입생을 위해 학교의 다양한 정보를 제공해 주는 캠퍼스맵 앱을 만들어 볼까?
- 쉽고 빠르게 직접 찾아볼 수 있는 법률 상담 앱을 만들어 볼까?
- 나에게 딱 맞는 룸메이트를 구하는 앱을 만들어 볼까?
- 내 화장법 노하우를 공유하는 앱을 만들어 볼까?
- 교내 봉사자와 장애인 학우를 매칭 해주는 앱을 만들어 볼까?

만약 프로그래밍 언어를 사용하기 위한 환경 설정이나 도구 설치가 복잡하다거나, 코드를 작성하고 컴파일하여 실행하는 과정이 어렵고 복잡하다면 시작과 함께 또 다른 어려움을 안겨 주게 된다. 이런 면에서 앱인벤터는 초보자에게 적합한 언어라 할 수 있다. 앱 인벤터를 사용하기 위해서는 별도의 복잡한 설치 과정이 불필요하고, 구매 비용 없이 누구나 무료로 사용할 수 있으며, 블록 형태로 쉽게 코딩을 시작할 수 있기 때문이다.

앱 인벤터 사이트인 'http://appinventor.mit.edu'에서 직접 화면을 디자인하고 코딩을 완성하는 구조로, 구현이 완료된 모든 프로그램은 기본적으로 앱 인벤터 서버에 프로젝트 형식으로 저장되는 클라우드 방식을 적용하고 있다. 물론 내 컴퓨터에 파일로 따로 저장하여 보관도 가능하다.

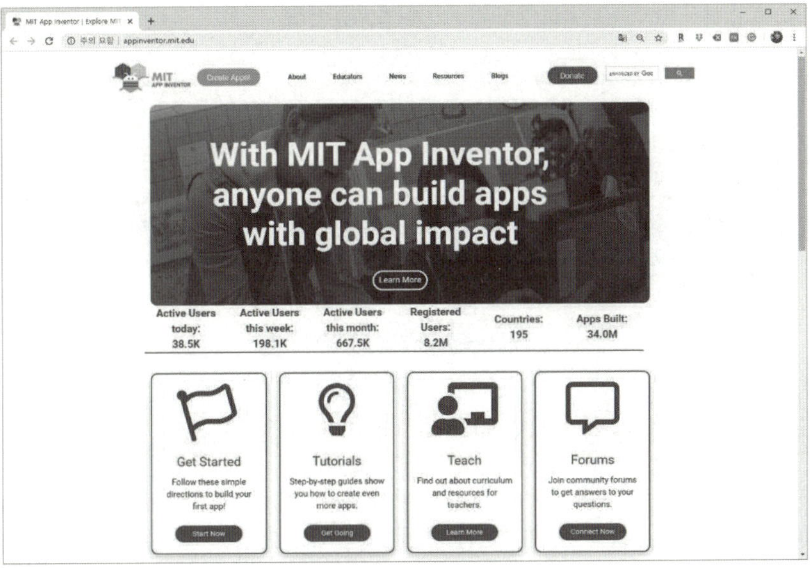

〈그림 9-1〉 앱 인벤터 웹 사이트

1) 앱 인벤터의 특징

앱 인벤터의 가장 큰 특징은 드래그 앤 드롭(Drag and Drop) 방식의 비주얼 프로그래밍 언어라는 것이다. C언어나 자바와 같은 텍스트 기반의 언어와는 다르게 블록을 조립하여 스마트폰에서 실행할 수 있도록 앱의 동작을 프로그래밍한다. 따라서 사용자가 명령어를 익히고 키보드로 명령어를 입력할 필요가 없다. 텍스트 기반의 언어를 사용할 경우 초보자들이 가장 많이 하는 실수가 오타를 입력하거나, 문장이 끝났으니 실행을 알리는 세미콜론(;)과 같은 기호를 빠트리거나, 괄호를 닫지 않는 등의 사소한 것들이다. 앱 인벤터는 명령 블록이 미리 만들어져 있고, 이를 사용만 하면 되므로 이러한 실수를 방지할 수 있다.

> ④ **수업 중이거나 운전 중에 중요한 메시지가 온다면?**
>
> ✓ 미리 입력한 메시지를 자동으로 전송시켜 주면 좋겠다.
> ✓ 응답 메시지를 상황에 따라 수정할 수 있으면 좋겠다.

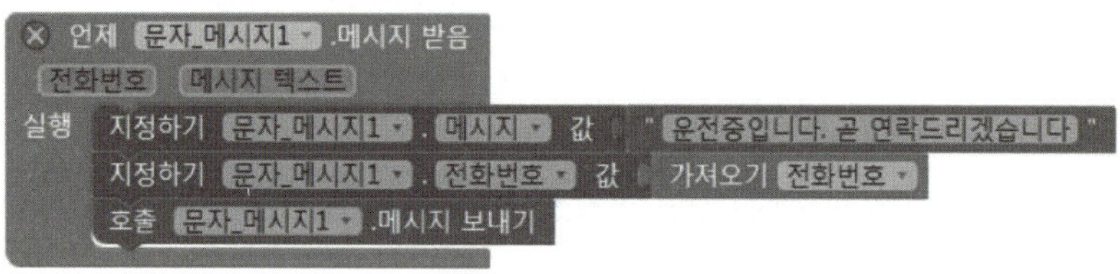

〈그림 9-2〉 앱 인벤터 블록 코딩

위의 그림은 운전 중 미리 입력한 메시지를 자동으로 전송시켜주기 위한 블록 코딩의 일부분이다. 풀어 보면, '문자_메세지1'을 받았을 때, "운전중입니다. 곧 연락드리겠습니다"라는 응답 메시지를 문자 발신자의 전화번호로 보내라는 뜻이다. 우리는 처음으로 앱 인벤터의 명령 블록 조합을 접했지만, 어려운 단어나 명령어는 없다는 것을 알 수 있다.

위의 예에서 살펴본 바와 같이 앱 인벤터는 이벤트 기반 프로그래밍이라는 또 다른 특징이 있다. 여기서 발생한 이벤트는 '문자 메시지가 도착했을 때'가 된다. 이와 같이 스마트폰 스크린 터치나 흔드는 등의 이벤트가 발생할 경우 이를 처리하는 방식으로 동작한다. 이는 코드의 첫 줄부터 순차적으로 실행하는 기존의 프로그램과는 다른 동작 방식이다.

또한, 앱 인벤터는 앱 화면을 설계하는 디자인 기능과 블록을 이용하여 동작을 구현하는 코딩 기능을 함께 제공한다. 〈그림 9-3〉은 화면을 디자인하는 '디자이너' 화면과 명령 블록들을 쌓아 코딩하는 '블록' 편집 화면을 보여 준다. 각 화면의 세부적인 구성과 기능은 '4. 앱 인벤터 화면 살펴보기'에서 자세히 알아보도록 한다.

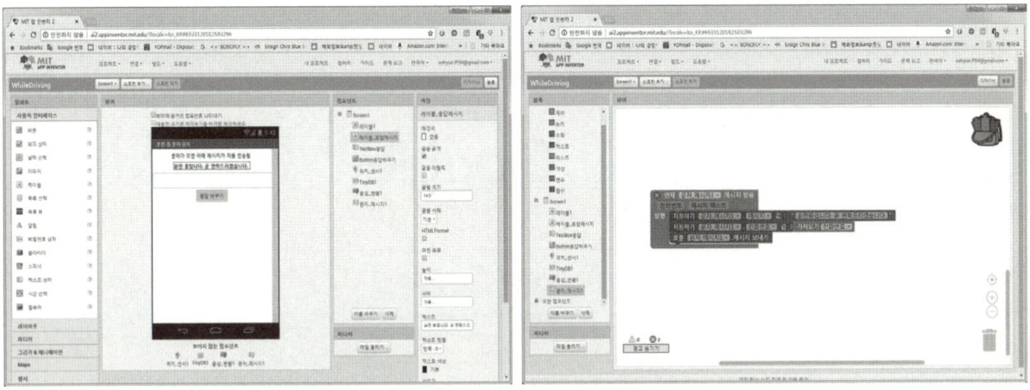

〈그림 9-3〉 디자이너 화면(왼쪽)과 블록 편집 화면(오른쪽)

3. 앱 인벤터 사용을 위한 준비

앱 인벤터를 사용하기 위해서는 우선 구글 계정과 구글 크롬 브라우저가 필요하다. 그리고, 코딩을 완료한 후 결과를 확인하기 위해 시뮬레이터 또는 안드로이드 스마트폰을 사용하여 직접 실행해 보기 위한 AI2 컴패니언이 필요하다.

1) 구글 계정 만들기

앱 인벤터는 클라우드 방식을 적용하여 온라인 상에서 내 프로젝트 관리가 가능한 환경을 제공하므로 로그인 시 구글 아이디가 필요하다. 만약 구글에 가입이 되어있지 않다면 'https://google.com'에 접속해서 회원가입이 가능하다.

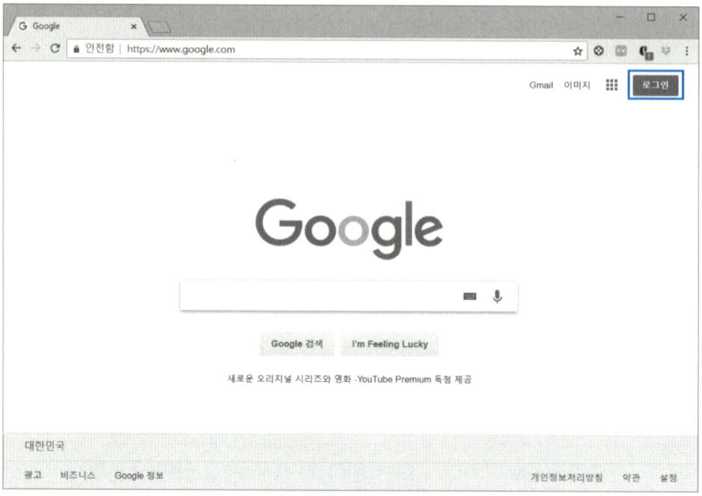

〈그림 9-4〉 구글 홈페이지

홈페이지 우측 상단에 로그인을 클릭하여 계정 만들기를 클릭한다. 회원가입에 필요한 개인 정보를 적고 회원 가입을 완료하면 된다.

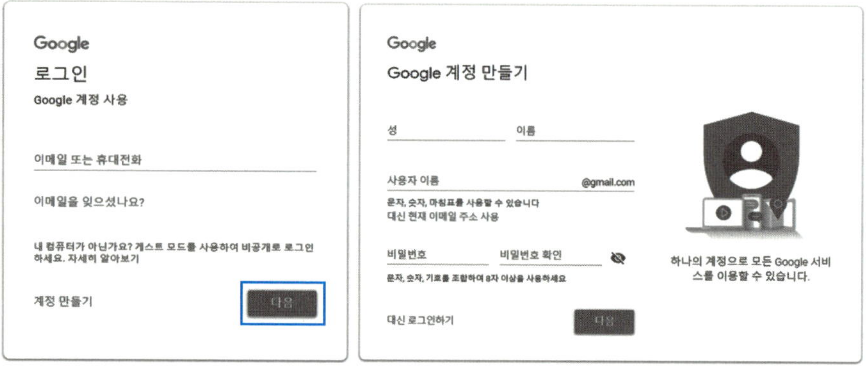

〈그림 9-5〉 구글 계정 만들기

2) 크롬 브라우저 설치하기

앱 인벤터는 다른 프로그래밍 언어와 다르게 특정한 에디터 도구를 이용해 코딩하지 않는다. 사이트에 접속해 온라인 상에서 바로 코딩이 가능하다. 앱 인벤터는 구글 크롬 브라우저에서 작동하기 때문에 구글 크롬 브라우저가 필요하다. 웹 브라우저에서 'https://www.google.co.kr/chrome'에 접속 후 설치를 진행하면 된다. 아래 〈그림 9-6〉과 같이 'Chrome 다운로드' 버튼을 클릭한다.

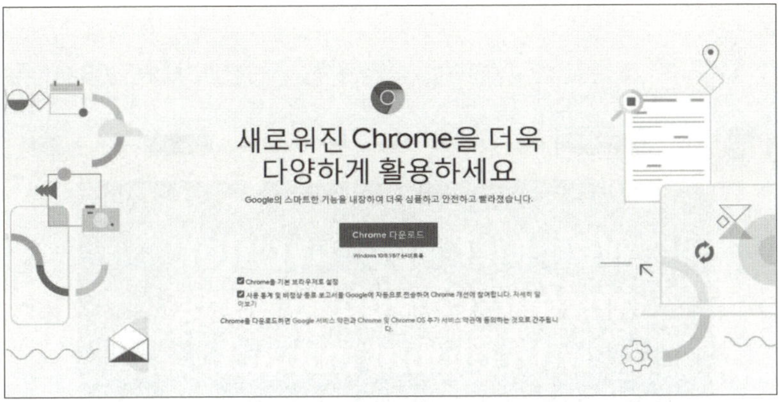

〈그림 9-6〉 구글 크롬 브라우저 다운로드

다음과 〈그림 9-7〉과 같이 서비스 약관 동의 창이 표시되면 '동의 및 설치' 버튼을 클릭하면 다운로드와 설치가 자동으로 진행되며, 완료 후 크롬 브라우저가 실행된다.

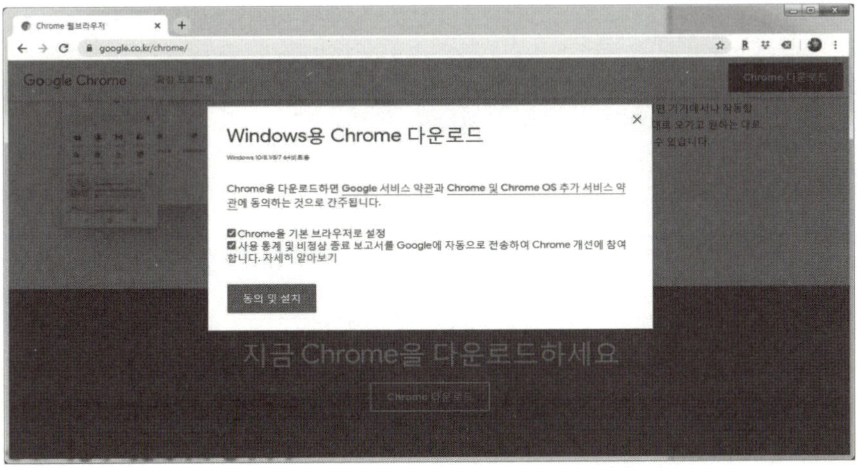

〈그림 9-7〉 크롬 브라우저 설치하기

3) 앱 인벤터 시작하기

구글 계정 생성과 구글 크롬 브라우저 설치가 완료가 되었다면 앱 인벤터 사이트인 'http://appinventor.mit.edu'에 접속한다. 주황색 'Create Apps!' 버튼을 눌러주기만 하면 앱 인벤터를 사용할 수 있다.

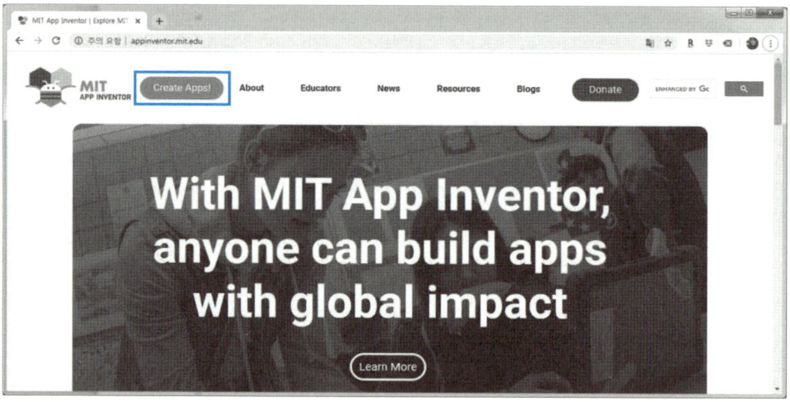

〈그림 9-8〉 앱 인벤터 프로젝트 만들기

앱 인벤터는 한국어를 지원한다. 한국어로 변경하기 위해서는 우측 상단에 'English' 버튼을 눌러 한국어를 클릭하면 된다.

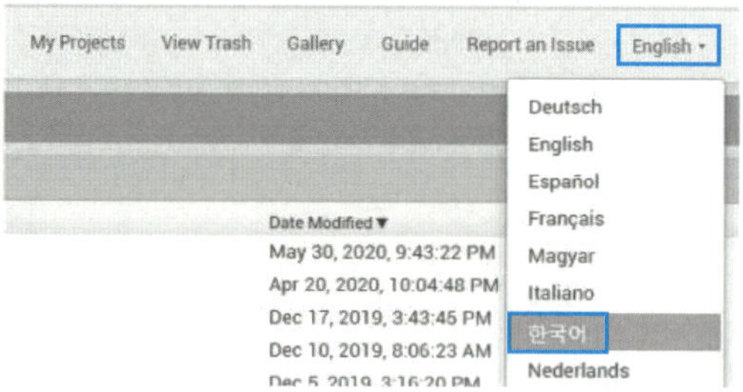

〈그림 9-9〉 사용 언어 변경하기

앱 인벤터의 'Create Apps'를 처음 실행하는 경우 앱 인벤터 시작을 위한 튜토리얼을 제공한다.

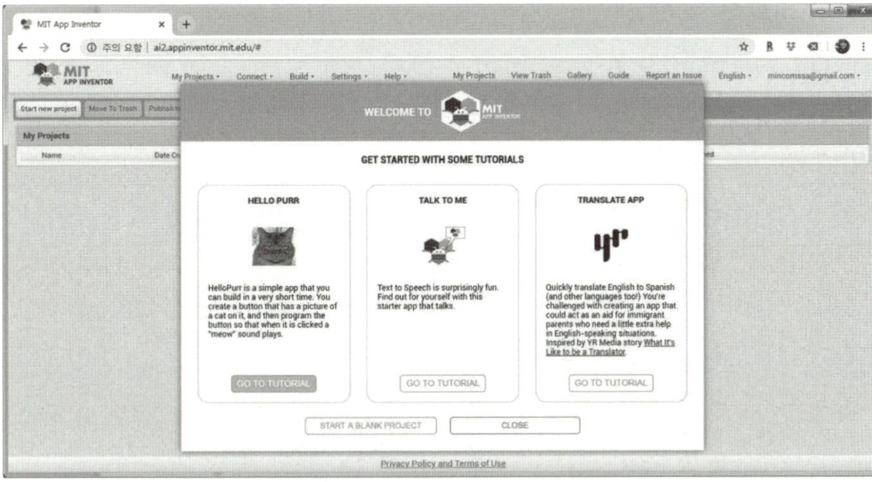

〈그림 9-10〉 앱 인벤터 튜토리얼

4) AI 컴패니언 설치 및 실행하기

안드로이드 운영 체제의 스마트폰을 이용하여 앱 인벤터로 구현한 프로그램을 테스트하기 위해서는 AI 컴패니언이 필요하다. 구글 스토어에 접속 후 'MIT AI2 Companion 2'를 검색한다. 화면과 같이 검색이 완료되

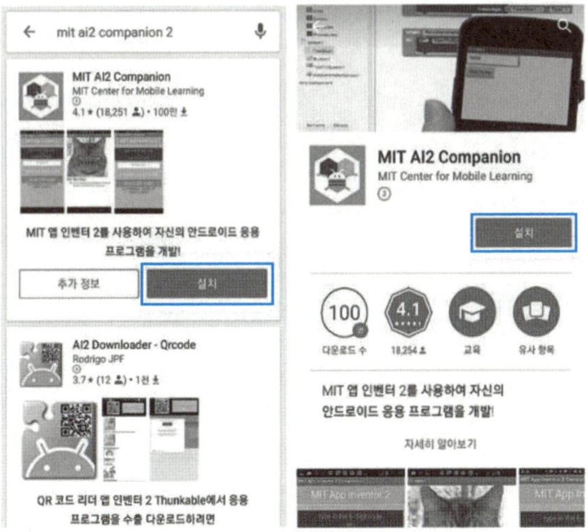

〈그림 9-11〉 MIT AI2 Companion2 설치하기

면 설치 버튼을 눌러 설치를 진행한다.

설치를 누르면 다음과 같은 화면이 나타나게 된다. 동의 버튼을 눌러 설치를 진행한다.

〈그림 9-12〉 MIT AI2 Companion2 설치 과정

설치가 완료되면 앱 인벤터와 연결을 해보도록 한다. AI 컴패니언을 통해 테스트를 하려면 컴퓨터와 스마트폰이 동일 네트워크상의 Wifi에 연결이 되어 있거나 USB 케이블로 연결되어 있어야 한다. 앱 인벤터 화면에서 [Connect(연결)] - [AI Companion(AI 컴패니언)]을 선택한다. 그리고 QR 코드가 나오면 스마트폰에 설치한 'MIT AI2 Companion 2'를 실행시켜 'scan QR code'를 클릭하여 QR코드를 스캔한다.

〈그림 9-13〉 AI Companion 실행과 QR code 스캔

AI 컴패니언이 연결되어있는 동안에는 프로그램 구현을 변경할 경우 실시간으로 스마트폰에 반영된다.

5) 가상의 에뮬레이터 설치하기

AI 컴패니언을 사용할 수 없어 테스트를 못하는 것은 아니다. 가상의 에뮬레이터인 'aiStarter'를 이용해서 테스트가 가능하다. 단점은 속도가 비교적 느리며, 센서, 문자 등의 특정 기능들을 지원하지 않으므로 테스트가 불가능하다. 'aiStarter'는 앱 인벤터 홈페이지에서 다운로드가 가능하다.

홈페이지에 접속 후 'Get Started'를 클릭한다.

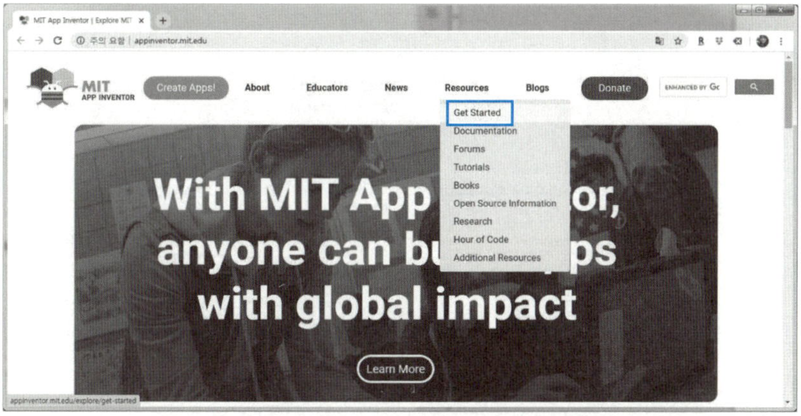

〈그림 9-14〉 앱 인벤터 홈페이지

'Get Started' 화면에 접속하면 〈그림 9-15〉와 같은 화면이 나오고, 1번의 'Setup Instructions'를 클릭한다.

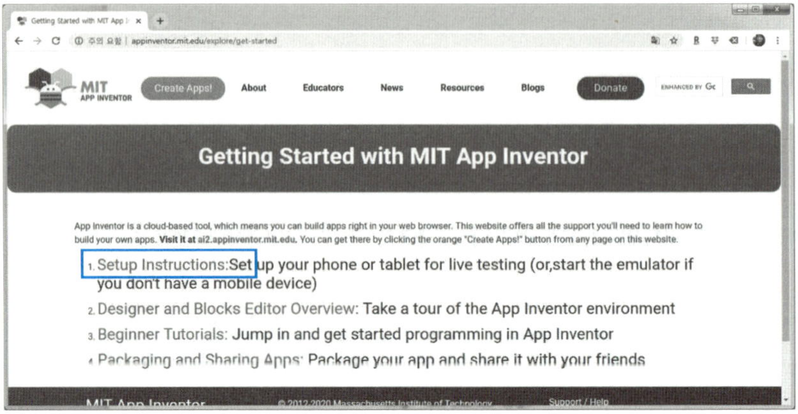

〈그림 9-15〉 'Get Started' 화면

〈그림 9-16〉의 'Setup Instructions' 접속 화면에서 'Option Two'에 있는 'Instructions'를 클릭한다.

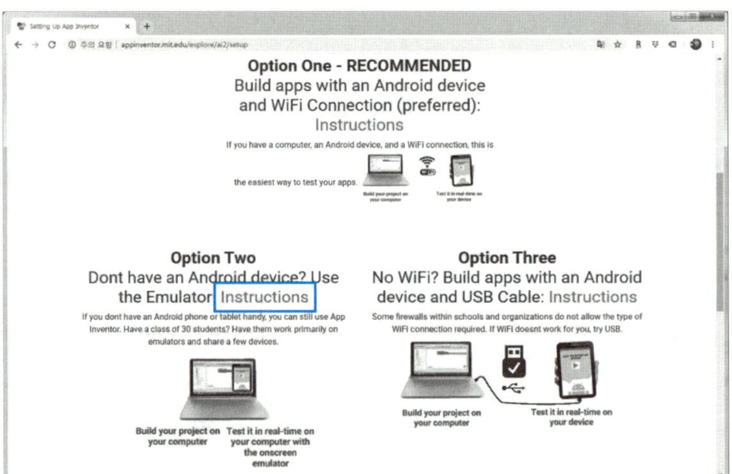

〈그림 9-16〉 'Setup Instructions' 접속 화면

Windows 버전과 Max OS X 버전, GNU/Linux 버전이 있다. 이 중 자신의 컴퓨터 운영 체제에 맞는 에뮬레이터를 다운로드한다.

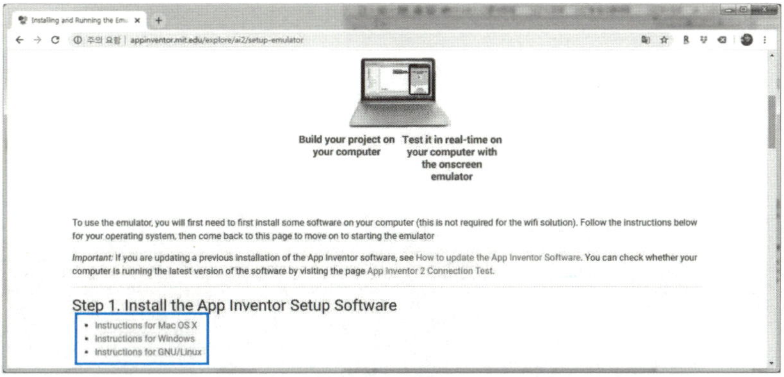

〈그림 9-17〉 다운로드 페이지

다운로드 한 파일을 실행하면 〈그림 9-18〉과 같은 과정으로 앱 인벤터 툴 'aiStarter'를 설치한다.

〈그림 9-18〉 앱 인벤터 툴 설치 - aiStarter

앱 인벤터 툴 설치 완료 후 바탕화면에 바로가기 아이콘을 통해 aiStarter를 실행하면 〈그림 9-19〉와 같은 창이 실행된다. 이로써 에뮬레이터 실행을 위한 준비가 완료되었다.

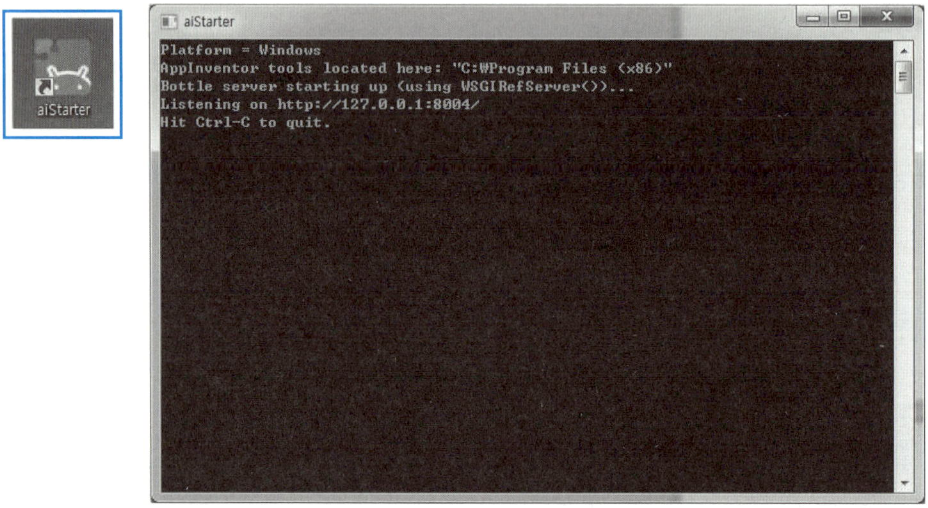

〈그림 9-19〉 바탕화면의 'aiStart' 바로가기(왼쪽)와 실행결과 창(오른쪽)

〈그림 9-20〉은 에뮬레이터 설치가 완료된 후 에뮬레이터를 이용해 실행하는 화면으로 '3-3. 앱인벤터 시작하기'와 '5. 앱 인벤터 맛보기'를 학습하여 프로젝트를 완성한 후 실행해 보자.

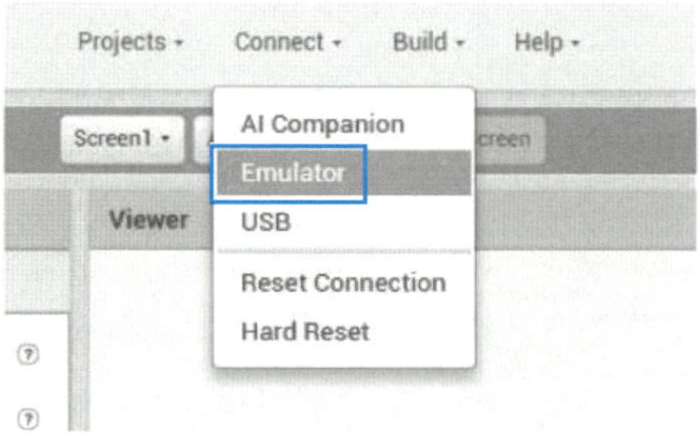

〈그림 9-20〉 에뮬레이터 실행

에뮬레이터를 실행하기 위해서 먼저 [Connect] - [Emulator] 메뉴를 클릭한다. 접속이 완료되면 아래와 같은 화면이 나온다. 에뮬레이터 실행 시 컴패니언 버전을 체크하고, 2번의 소프트웨어 업데이트를 진행한 후 실행한다. 업데이트는 에뮬레이터가 최초로 실행된 경우만 진행한다. 그 과정은 〈그림 9-21〉을 참고하여 진행하면 된다.

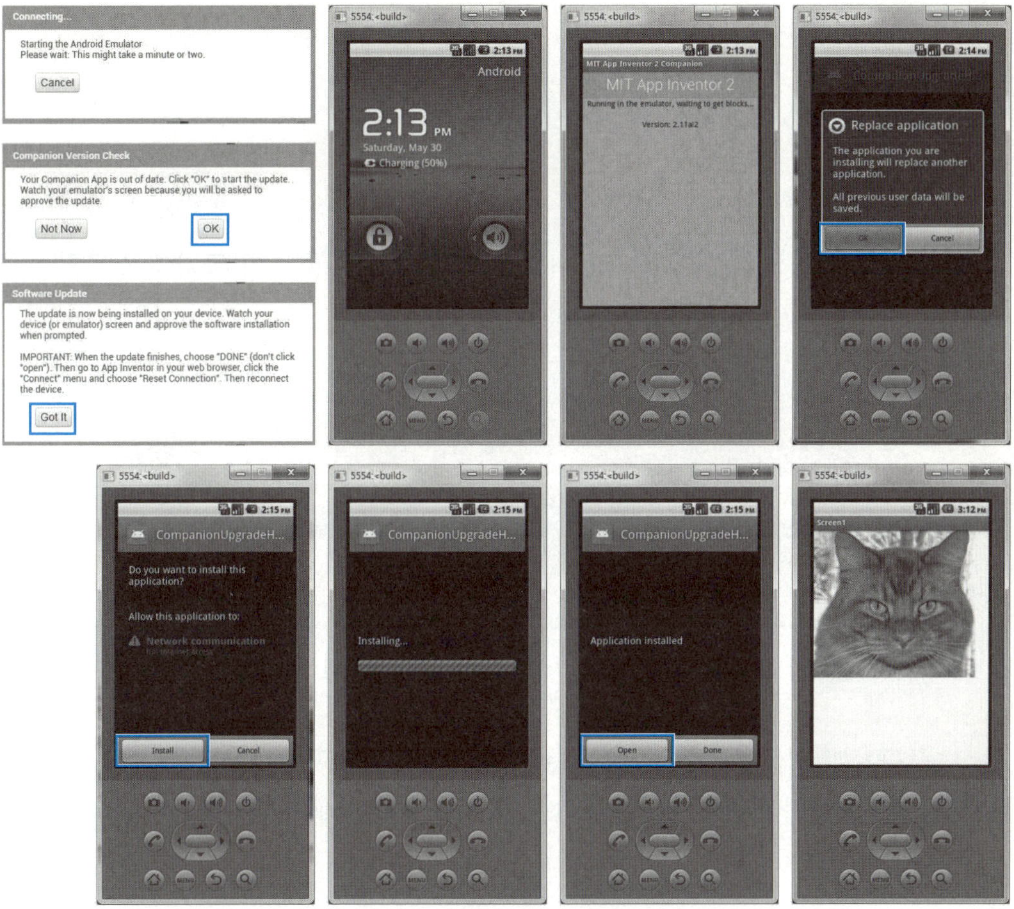

〈그림 9-21〉 에뮬레이터 업데이트 과정 및 실행

6) 스마트폰 앱 설치 및 실행하기

에뮬레이터나 AI 컴패니언을 통해 앱을 구현하는 동안 화면 및 동작을 테스트 해볼 수 있다. 그다음 만든 앱을 직접 스마트폰에 설치하여 사용해 보자. 스마트 폰 앱 설치는 AI 컴패니언과 마찬가지로 안드로이드 운영체제만 가능하다.

01 앱 인벤터 화면 상단의 메뉴 중 [빌드▼]→[앱(APK 용 QR 코드 제공)]을 클릭하면 컴파일링 진행 바가 나타나고 프로젝트를 설치하고 실행하는 바코드 링크와 QR 코드가 나타난다. 생성한 바코드 링크와 QR 코드는 2시간 동안만 유효하다는 사실을 유의하자.

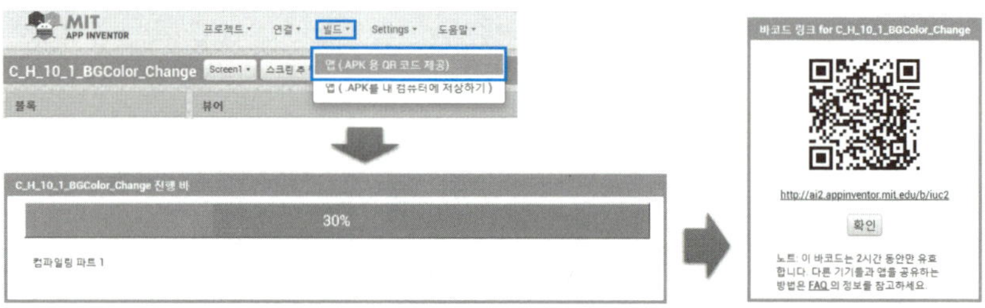

02 QR 코드는 환경 설정 과정에서 설치한 'MIT AI2 Companion 2'를 실행시켜 'scan QR code' 메뉴를 클릭한 후 QR 코드를 스캔해도 되고, 스마트폰의 다양한 종류의 QR 코드 인식 애플리케이션을 이용하여도 된다.

03 QR 코드 인식으로 작성된 앱을 다운받아 스마트폰에 설치한 후 실행한다. 〈그림 9-22〉는 안드로이드 스마트폰에 설치하는 과정이다.

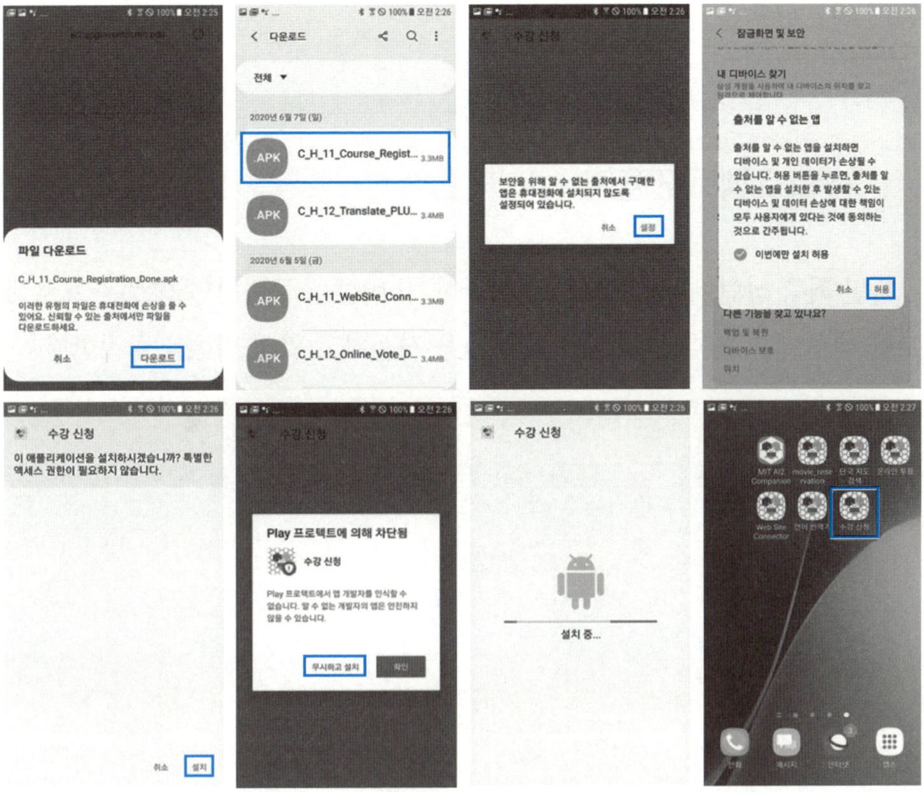

〈그림 9-22〉 안드로이드 스마트폰에 앱 설치 과정

이렇게 만든 앱은 구글 플레이 스토어에도 등록할 수 있다.

4. 앱 인벤터 화면 살펴보기

앱 인벤터는 개발 환경을 위해서 두 가지 주요 작업 도구를 제공한다. 하나는 디자이너고 또 다른 하나는 블록 에디터다. 디자이너 화면에서 컴포넌트들을 활용해 화면을 구성하고, 블록 에디터 화면에서 블록 코딩을 통해 컴포넌트들의 기능을 구현한다.

1) 새 프로젝트 만들기

화면 좌측 상단에 [새 프로젝트 시작하기] 버튼을 클릭하면 새로운 프로젝트를 생성할 수 있다. 프로젝트의 이름을 작성하고 확인 버튼을 클릭한다.

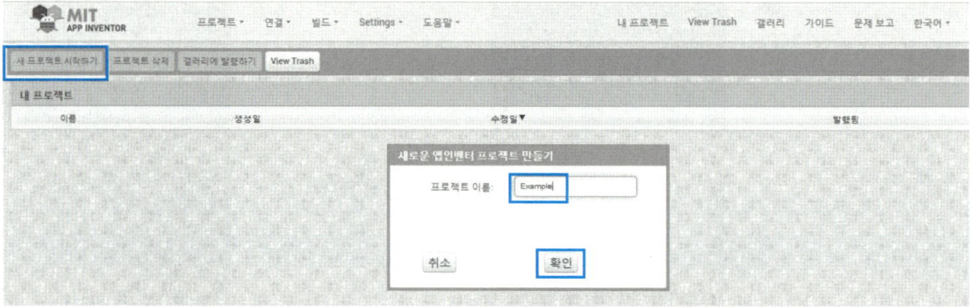

〈그림 9-23〉 새 프로젝트 생성하기

프로젝트 이름은 항상 알파벳으로 시작하여야 하며, 숫자와 언더스코어('_')를 혼합 사용 가능하나 빈칸은 사용할 수 없다.

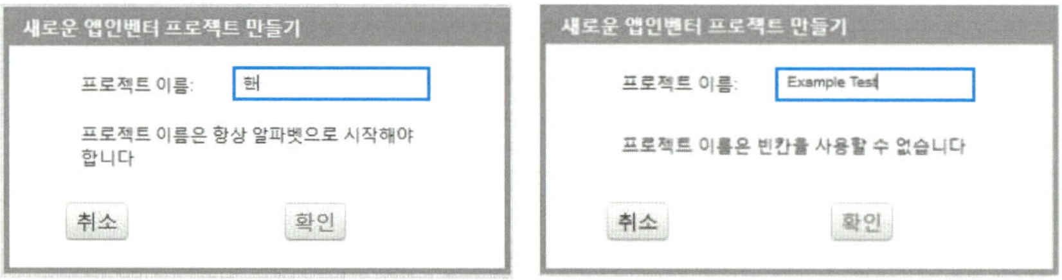

〈그림 9-24〉 프로젝트 이름 생성 규칙

2) 컴포넌트 디자이너

컴포넌트란 유저가 사용하는 시스템에 대한 기능을 말한다. 컴포넌트 디자이너는 사용자가 보기 쉽고, 편하게 디자인 할 수 있도록 화면을 설정을 도와주는 도구이다. 팔레트에서 원하는 기능들을 가져다 놓으면 스마트폰에 어떻게 나타날지 예상을 해주는 공간이다.

〈그림 9-25〉와 같이 디자이너 화면은 크게 4가지 영역으로 구성되어 있다. 팔레트에서 필요한 컴포넌트들을 뷰어에 드래그하고, 각 컴포넌트들의 이름 및 속성을 설정할 수 있다. 사진이나 음악, 동영상도 사용 가능하며, 기능에 따라 뷰어에 보이지 않는 컴포넌트들은 설정을 통해 이를

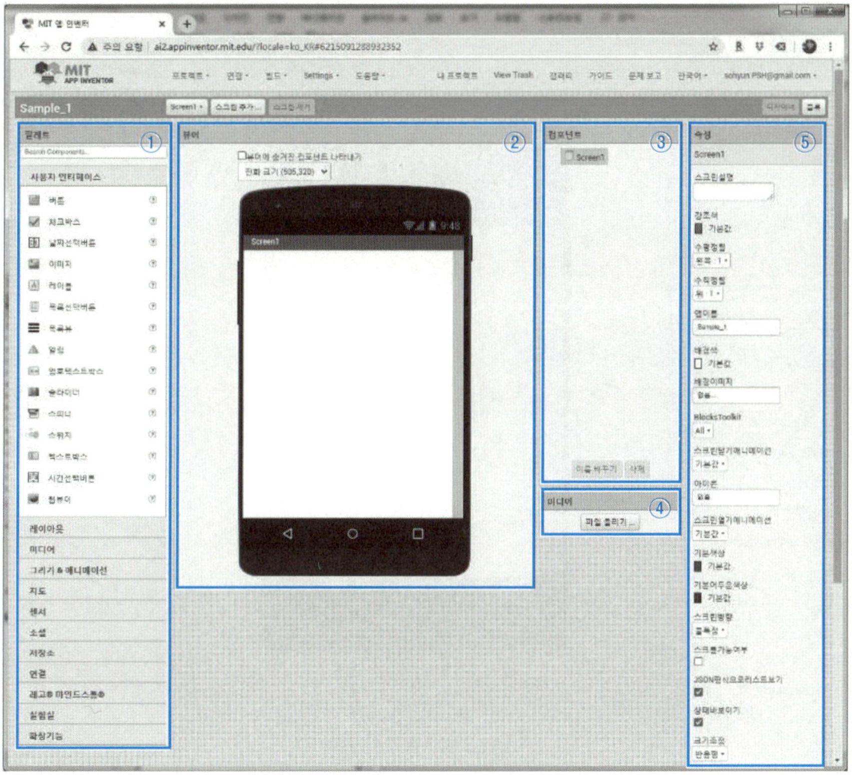

〈그림 9-25〉 컴포넌트 디자인 화면

① 팔레트(Palette) – 디자인에 활용 가능한 컴포넌트가 있음
② 뷰어(Viewer) – 스마트폰 화면에 보여 지는 공간
③ 컴포넌트(Components) – 팔레트에서 드래그하여 뷰어에 들어간 요소들이 나타나는 공간
④ 미디어(Media) – 사진, 음악, 동영상 등 첨부를 할 수 있음
⑤ 속성(Properties) – 선택 된 컴포넌트의 값들을 설정할 수 있음

표시할 수 있다.

3) 컴포넌트 디자인하기

팔레트 탭에 [센서]를 선택하면 다양한 센서들이 보인다. 그 중 [가속도 센서]는 가속도 센서로 움직임을 인식하는 센서로, 뷰어의 [Screen1]로 드래그하면 컴포넌트에 해당 스크린 하위에 리스트가 나타난다.

〈그림 9-26〉 센서 사용하기

4) 블록 에디터

아래 그림과 같이 디자이너 화면에서 [Screen1] 아래 필요한 컴포넌트 추가가 완료 되면 우측 상단에 [블록] 버튼을 클릭하여 블록 에디터 화면으로 이동한다.

〈그림 9-27〉 블록 에디터 화면으로 이동하기

블록 에디터는 앱이 어떤 기능을 실행할 수 있도록 만들어 주는 공간이다. 공통 블록과 스크린에 속한 컴포넌트별로 사용할 수 있는 블록들을 이용하여 기능을 구현한다.

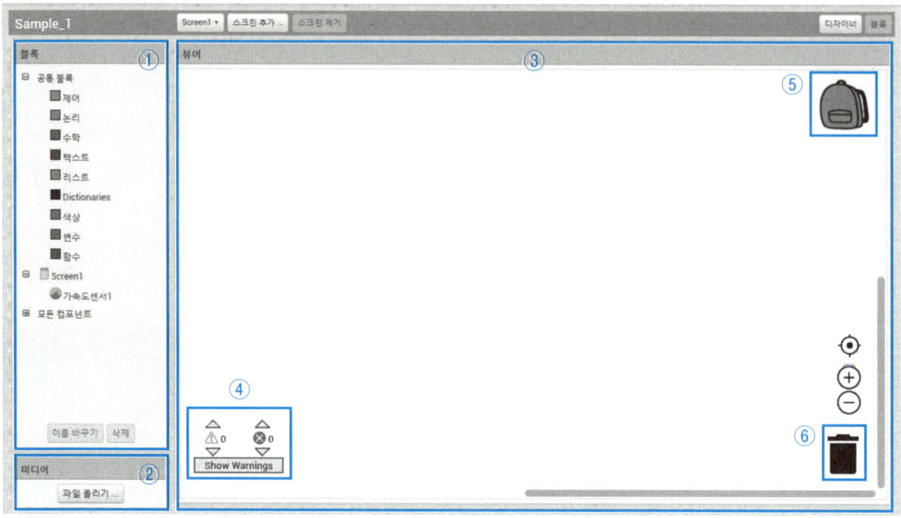

〈그림 9-28〉 블록 에디터 화면 구성

① 블록(Block) - 앱을 실행하는 명령어가 블록의 형태로 제공
② 미디어(Media) - 사진, 동영상 등 미디어 파일을 앱 인벤터에 업로드할 때 사용
③ 뷰어(View) - 블록들을 이용해서 앱의 동작을 코딩하는 공간
④ 경고(Warnings) - 명령 블록의 오류를 화면에 표시
⑤ 백팩 - 클립보드 개념으로 코딩을 복사하고 붙어 넣을 때 사용
⑥ 휴지통 - 사용하지 않는 명령 블록을 삭제하는 데 사용

5) 명령 블록 쌓기

아래 그림과 같이 블록 에디터에서 필요한 블록을 드래그하여 뷰어에 쌓아 명령 블록을 완성한다.

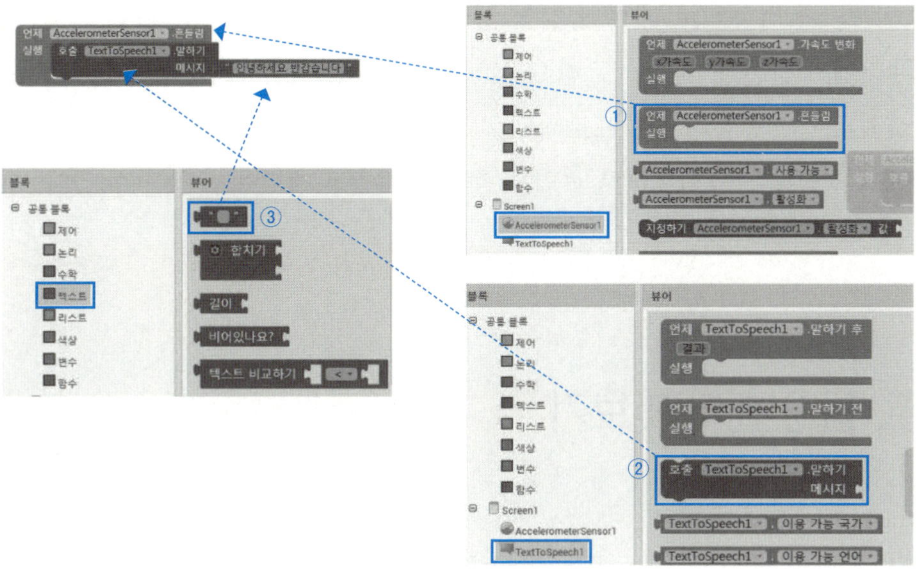

〈그림 9-29〉 명령 블록 쌓기

6) 프로젝트 파일로 내보내기 및 가져오기

프로젝트를 완성한 후 해당 프로젝트를 내 컴퓨터에 저장할 수 있다. 〈그림 9-30〉의 왼쪽 그림과 같이 상단의 메뉴 [프로젝트]-[선택된 프로젝트

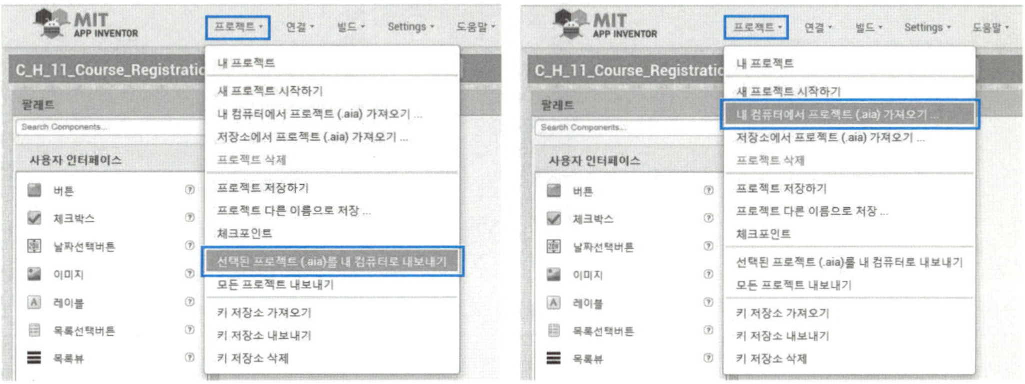

〈그림 9-30〉 프로젝트를 내 컴퓨터에 저장하기(왼쪽)와 내 컴퓨터에서 프로젝트를 가져오기(오른쪽)

(.aia)를 내 컴퓨터로 내보내기]를 선택하면 프로젝트가 AIA 파일로 내 컴퓨터에 저장된다. 또한, 〈그림 9-30〉의 오른쪽 그림과 같이 상단의 메뉴 [프로젝트]-[내 컴퓨터에서 프로젝트(.aia) 가져오기]를 선택하면 내 컴퓨터에 저장되어 있는 프로젝트 AIA 파일을 불러와 내 프로젝트에 저장할 수 있다.

5. 앱 인벤터 맛보기

④ 사진을 누르면 소리와 진동이 오는 앱 만들기

✓ 고양이 사진을 클릭하면 '야옹'소리와 함께 1초 동안 진동하는 앱을 만들어 보자.

〈에뮬레이터 실행 화면〉

01

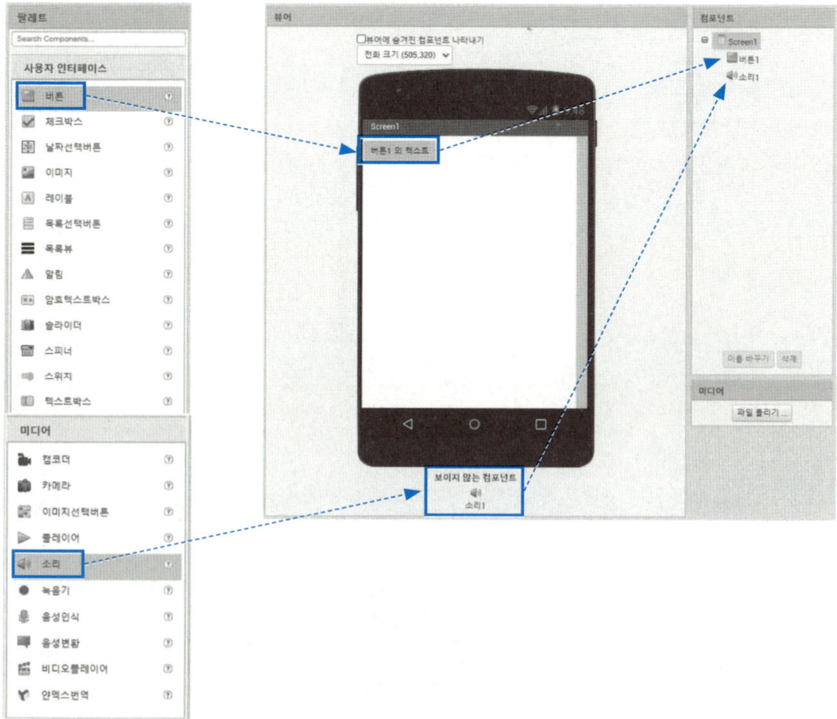
팔레트
사용자 인터페이스
버튼
체크박스
날짜선택버튼
이미지
레이블
목록선택버튼
목록뷰
알림
암호텍스트박스
슬라이더
스피너
스위치
텍스트박스
미디어
캠코더
카메라
이미지선택버튼
플레이어
소리
녹음기
음성인식
음성변환
비디오플레이어
얀덱스번역
뷰어
Screen1
버튼1 의 텍스트
보이지 않는 컴포넌트
소리1
컴포넌트
Screen1
버튼1
소리1
이름 바꾸기
삭제
미디어
파일 올리기 ...

02

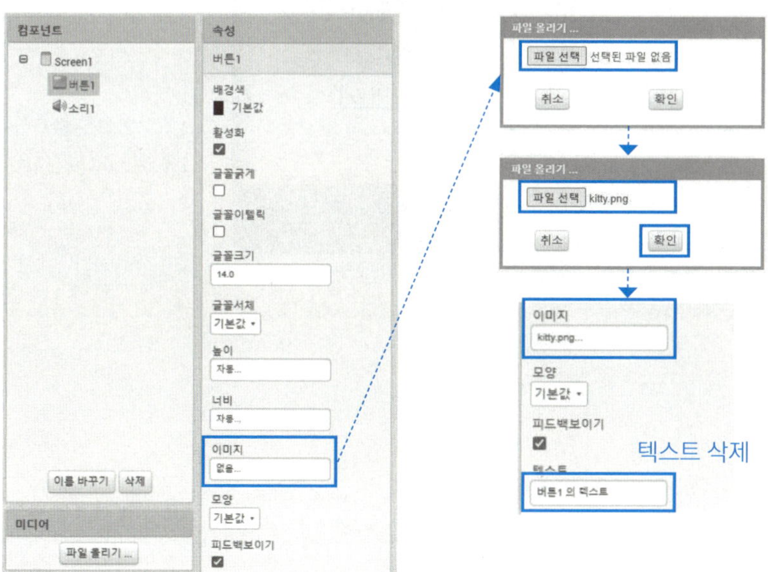
컴포넌트
Screen1
버튼1
소리1
이름 바꾸기
삭제
미디어
파일 올리기 ...
속성
버튼1
배경색
기본값
활성화
글꼴굵게
글꼴이탤릭
글꼴크기
14.0
글꼴서체
기본값
높이
자동...
너비
자동...
이미지
없음...
모양
기본값
피드백보이기
파일 올리기 ...
파일 선택
선택된 파일 없음
취소
확인
파일 올리기 ...
파일 선택
kitty.png
취소
확인
이미지
kitty.png...
모양
기본값
피드백보이기
텍스트
버튼1 의 텍스트
텍스트 삭제

03

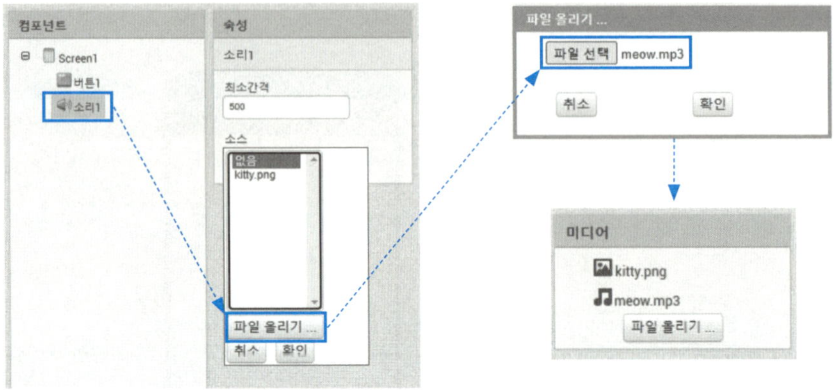

컴포넌트
Screen1
버튼1
소리1
속성
소리1
최소간격
500
소스
없음
kitty.png
파일 올리기 ...
취소
확인
파일 올리기 ...
파일 선택
meow.mp3
취소
확인
미디어
kitty.png
meow.mp3
파일 올리기 ...

04

팔레트
사용자 인터페이스
버튼
체크박스
날짜선택버튼
이미지
레이블
목록선택버튼
목록뷰
알림
암호텍스트박스
슬라이더
스피너
스위치
텍스트박스
시간선택버튼
웹뷰어
레이아웃
미디어
그리기 & 애니메이션
지도
센서
뷰어
뷰어에 숨겨진 컴포넌트 나타내기
전화 크기 (505,320)
Screen1
고양이를 클릭해 보세요.
보이지 않는 컴포넌트
소리1
컴포넌트
Screen1
버튼1
레이블1
소리1
이름 바꾸기
삭제
미디어
kitty.png
meow.mp3
파일 올리기 ...
속성
레이블1
배경색
없음
글꼴굵게
글꼴이탤릭
글꼴크기
20
글꼴서체
기본값
HTML형식
여백여부
높이
자동...
너비
자동...
텍스트
고양이를 클릭해 보세요.
텍스트정렬
왼쪽 : 0
텍스트색상
기본값
보이기여부

05

뷰어
뷰어에 숨겨진 컴포넌트 나타내기
전화 크기 (505,320)
Screen1
고양이를 클릭해 보세요.
보이지 않는 컴포넌트
소리1
컴포넌트
Screen1
버튼1
레이블1
소리1
이름 바꾸기
삭제
미디어
kitty.png
meow.mp3
파일 올리기 ...
속성
Screen1
스크린설명
강조색
기본값
수평정렬
가운데 : 3
왼쪽 : 1
가운데 : 3
오른쪽 : 2
배경색
기본값
배경이미지
없음...
BlocksToolkit
All
스크린닫기애니메이션
기본값
아이콘
없음...
스크린열기애니메이션
기본값
기본색상
기본값
기본어두운색상
기본값
스크린방향

06

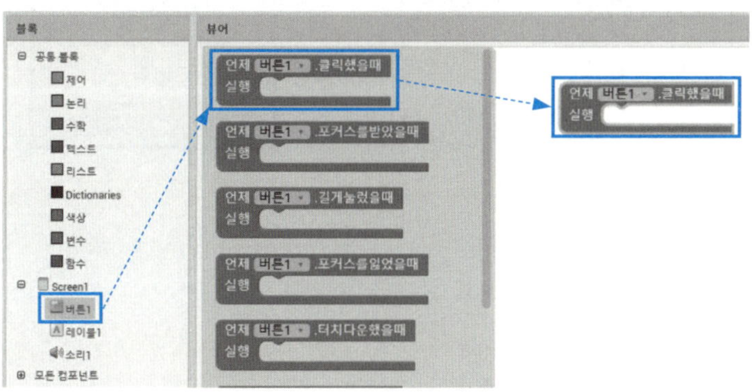
블록
공통 블록
제어
논리
수학
텍스트
리스트
Dictionaries
색상
변수
함수
Screen1
버튼1
레이블1
소리1
모든 컴포넌트
뷰어
언제 버튼1 .클릭했을때
실행
언제 버튼1 .포커스를받았을때
실행
언제 버튼1 .길게눌렀을때
실행
언제 버튼1 .포커스를잃었을때
실행
언제 버튼1 .터치다운했을때
실행
언제 버튼1 .클릭했을때
실행

07

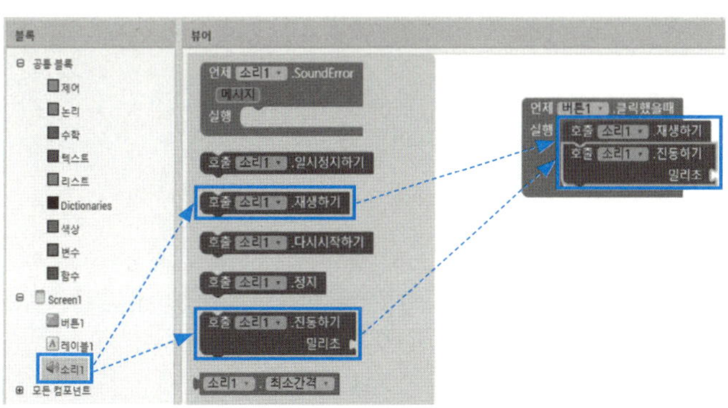
블록
공통 블록
제어
논리
수학
텍스트
리스트
Dictionaries
색상
변수
함수
Screen1
버튼1
레이블1
소리1
모든 컴포넌트
뷰어
언제 소리1 .SoundError
메시지
실행
호출 소리1 .일시정지하기
호출 소리1 .재생하기
호출 소리1 .다시시작하기
호출 소리1 .정지
호출 소리1 .진동하기
밀리초
소리1 . 최소간격
언제 버튼1 .클릭했을때
실행
호출 소리1 .재생하기
호출 소리1 .진동하기
밀리초

08

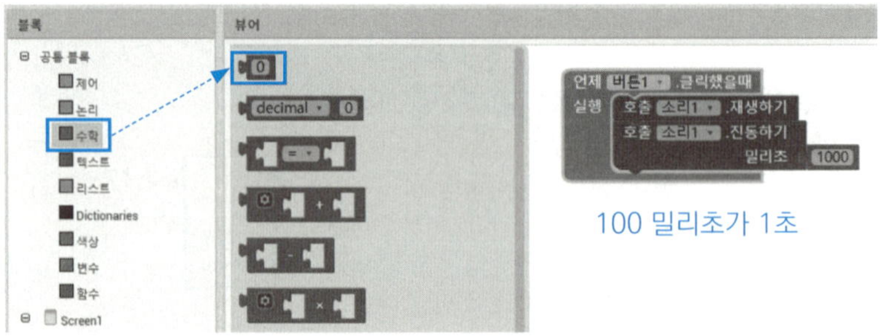

09 [Build] -[App](provide QR code for .apk)을 선택해서 직접 스마트폰에 앱을 설치하고 실행해 보자.

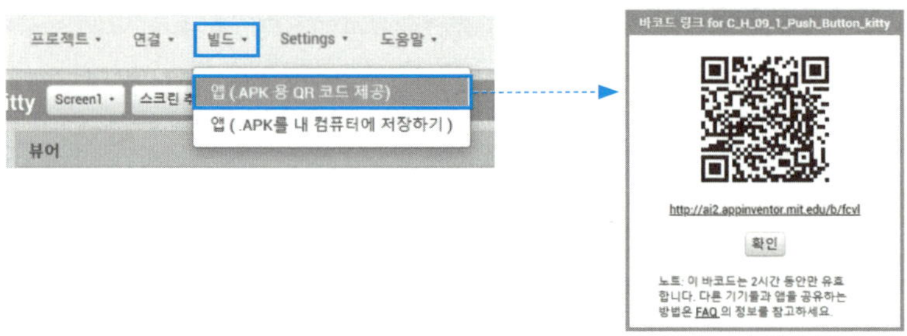

활동 9-1

학과		학번		이름	

버튼을 누르면 음성을 인식하는 앱 만들기

텍스트 상자에 텍스트를 입력하고 말하기 버튼을 클릭하면 음성으로 해당 텍스트를 읽어 주는 앱을 만들어 보자.

01

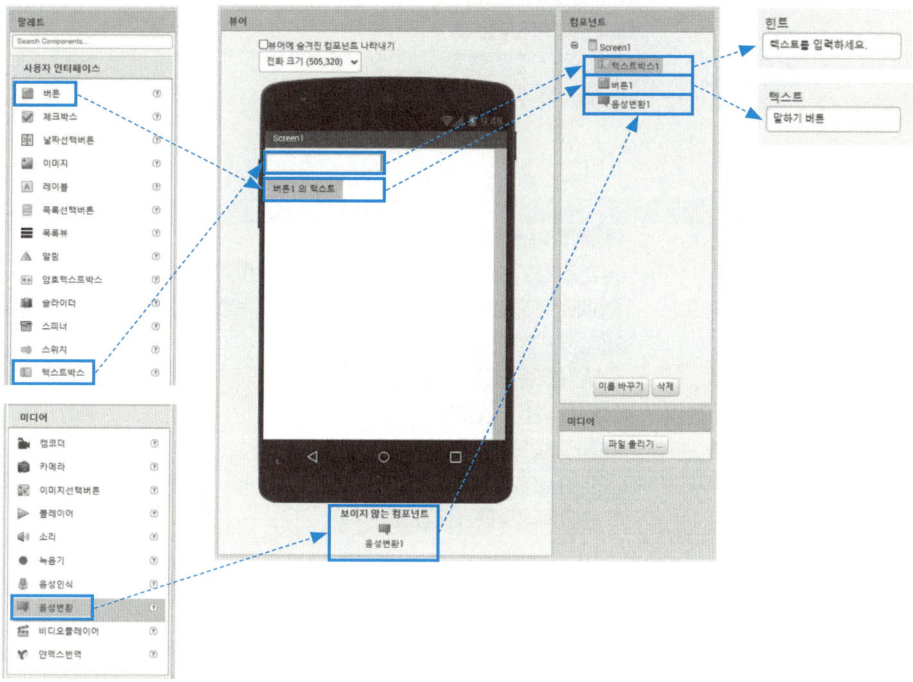

02

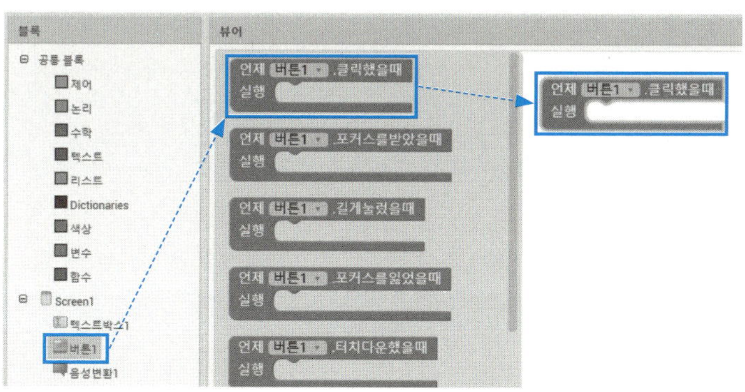

03

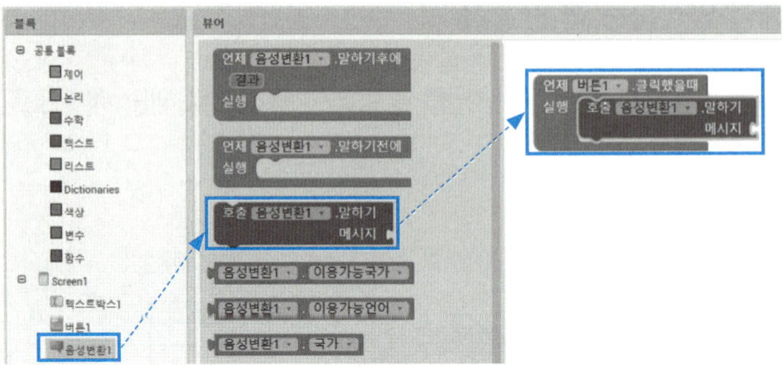
블록
뷰어
공통 블록
제어
논리
수학
텍스트
리스트
Dictionaries
색상
변수
함수
Screen1
텍스트박스1
버튼1
음성변환1
언제 음성변환1 .말하기후에
결과
실행
언제 음성변환1 .말하기전에
실행
호출 음성변환1 .말하기
메시지
음성변환1 . 이용가능국가
음성변환1 . 이용가능언어
음성변환1 . 국가
언제 버튼1 .클릭했을때
실행 호출 음성변환1 .말하기
메시지

04

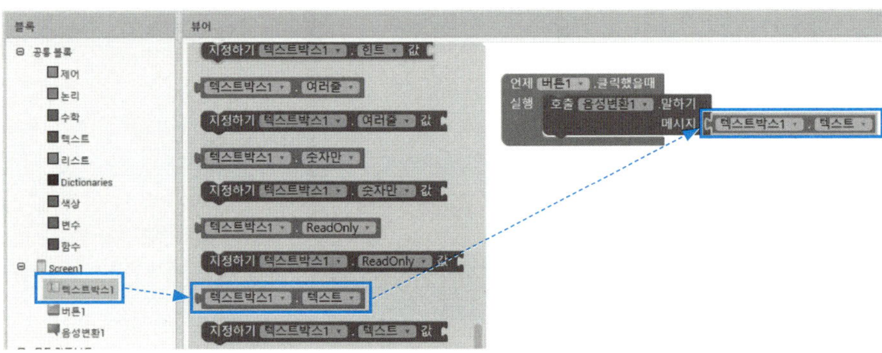
블록
뷰어
공통 블록
제어
논리
수학
텍스트
리스트
Dictionaries
색상
변수
함수
Screen1
텍스트박스1
버튼1
음성변환1
지정하기 텍스트박스1 . 힌트 값
텍스트박스1 . 여러줄
지정하기 텍스트박스1 . 여러줄 값
텍스트박스1 . 숫자만
지정하기 텍스트박스1 . 숫자만 값
텍스트박스1 . ReadOnly
지정하기 텍스트박스1 . ReadOnly 값
텍스트박스1 . 텍스트
지정하기 텍스트박스1 . 텍스트 값
언제 버튼1 .클릭했을때
실행 호출 음성변환1 .말하기
메시지 텍스트박스1 . 텍스트

활동 9-2

학과		학번		이름	

전화 걸기 앱 만들기

전화 기능을 활용하여 사용자가 미리 정해 놓은 전화번호로 전화를 걸 수 있는 앱을 만들어 보자.

01 컴포넌트 화면 디자인

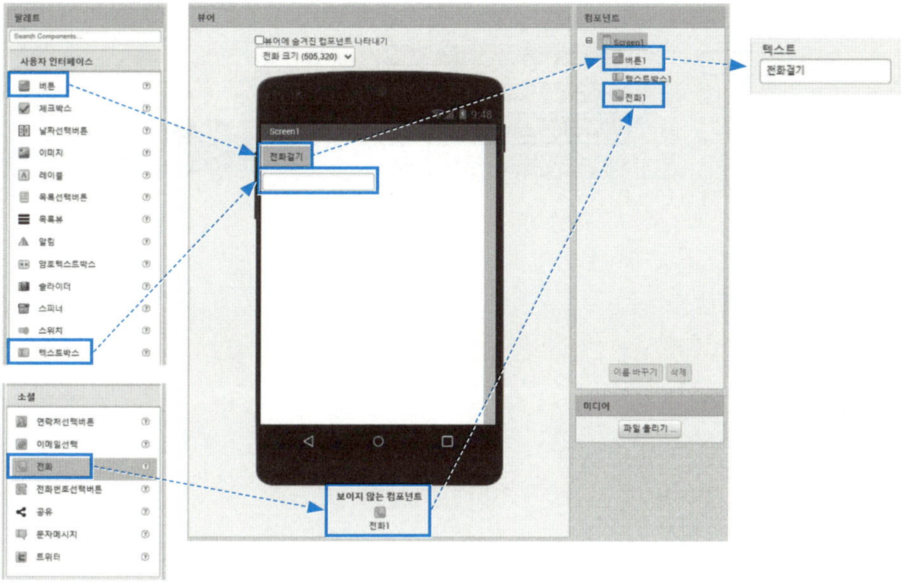

02 블록으로 동작 만들기

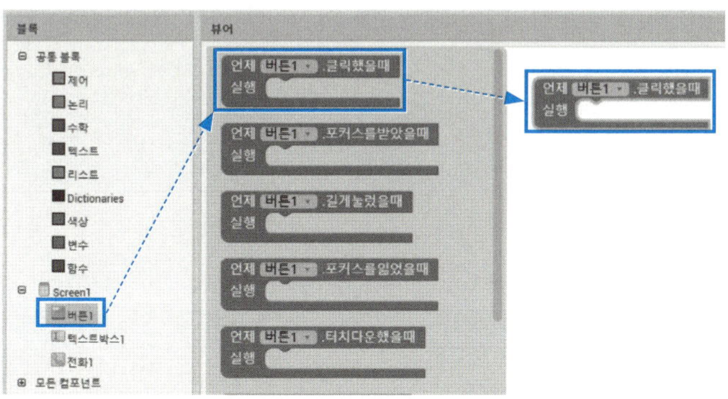

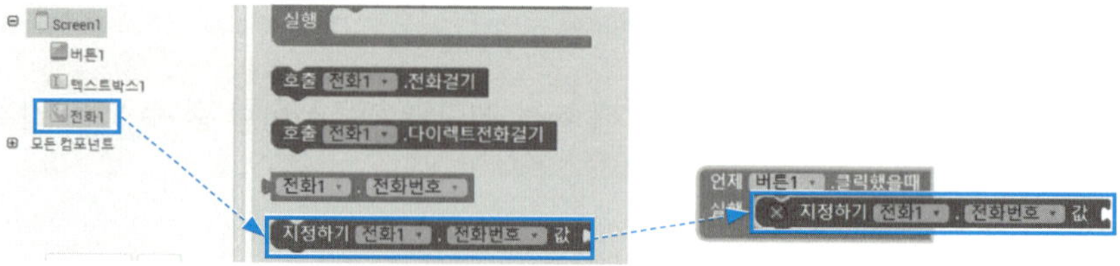
Screen1
버튼1
텍스트박스1
전화1
모든 컴포넌트
실행
호출 전화1 .전화걸기
호출 전화1 .다이렉트전화걸기
전화1 . 전화번호
지정하기 전화1 . 전화번호 값
언제 버튼1 .클릭했을때
실행 지정하기 전화1 . 전화번호 값

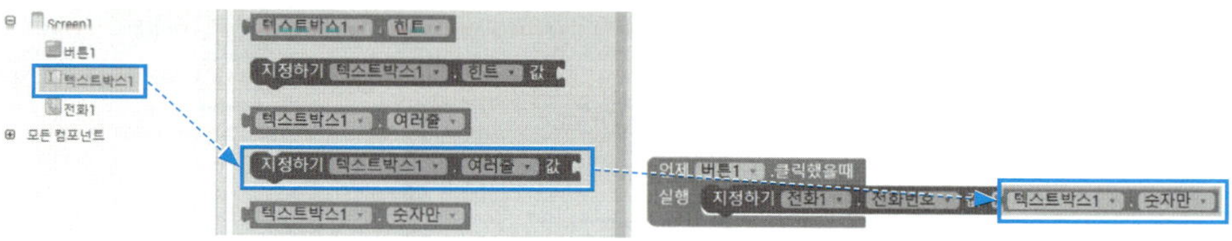
Screen1
버튼1
텍스트박스1
전화1
모든 컴포넌트
텍스트박스1 . 힌트
지정하기 텍스트박스1 . 힌트 값
텍스트박스1 . 여러줄
지정하기 텍스트박스1 . 여러줄 값
텍스트박스1 . 숫자만
언제 버튼1 .클릭했을때
실행 지정하기 전화1 . 전화번호 값
텍스트박스1 . 숫자만

수업 자료 및 참고 문헌

1. 픽사베이: http://pixabay.com/ko/
2. 앱 인벤터: http://appinventor.mit.edu/

제10장

창의적 프로그래밍을 위한 코딩 II

창의적 프로그래밍을 위한 코딩 도구로 소개한 앱 인벤터는 화면을 설계하고, 화면별 코딩 후 앱을 테스트하는 순서로 작업한다. 이에 학습자들은 문제 해결에 필요한 다양한 컴포넌트과 블록으로 원하는 앱을 창작할 수 있다. 제시한 예제를 통해 앱 인벤터의 필수 기능들을 익히고 직접 실행함으로써 이벤트 기반의 블록 코딩에 대해 이해할 수 있다. 또한, 이를 바탕으로 여러 가지 응용 과제를 수행한다.

학습 목표

- 앱 인벤터 코딩을 위한 창의적 프로그래밍 과정을 이해한다.
- 앱 인벤터의 다양한 컴포넌트들로 화면을 디자인할 수 있다.
- 앱 인벤터의 블록 에디터 모드의 공통 블록과 컴포넌트별 제어 블록으로 원하는 기능을 구현할 수 있다.

9장에 이어 창의적 프로그래밍을 위한 앱 인벤터의 다양한 컴포넌트들과 블록의 기능들을 학습한다. 블록을 선택 및 조작함으로써 출력과 입력, 변수와 연산, 제어와 반복 등의 기초 프로그래밍 지식을 습득한다. 이러한 기초 지식을 바탕으로 앱 인벤터 문법에 맞게 구현해 보자.

1. 창의적 프로그래밍을 위한 앱 인벤터 코딩 과정

디자인씽킹을 통해 도출한 아이디어로 프로토타입을 제작하고, 앱 인벤터로 코딩하여 구현한다. 프로토타입 제작 단계의 산출물인 메뉴 구조도와 화면 구성도를 이용하여 앱의 스크린들을 구성할 수 있다. 이 과정에서 앱에 필요한 이미지나 영상 등의 리소스를 파악하고 준비해야 한다.

〈그림 10-1〉은 사용자 경험(UX) 중심의 앱 인벤터 코딩 순서를 보여주고 있다. 문제 영역 단계에서 본질적인 문제를 정의하고, 해결 영역에서 모형 제작 후 앱 인벤터로 구현한다. 앱 인벤터 프로그래밍은 리소스를

준비하여 화면을 디자인하고, 기능에 따라 코딩한 후 앱을 테스트하는 순서로 작업한다.

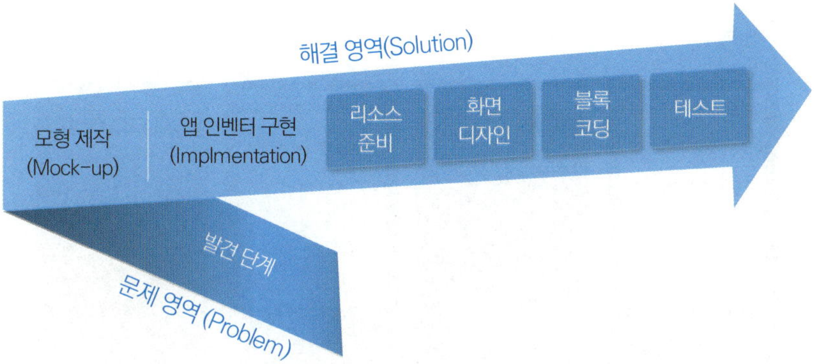

〈그림 10-1〉 창의적 프로그래밍을 위한 앱 인벤터 코딩 과정

2. 앱 인벤터 기본 컴포넌트 활용

앱 인벤터의 다양한 컴포넌트들 중 가장 많이 사용하는 '레이블'과 '버튼' 컴포넌트를 활용하여 버튼을 눌렀을 때 스크린의 배경색이 바뀌는 앱을 만들어 보자. 사용자 인터페이스의 컴포넌트를 배치하기 위한 기능을 제공하는 레이아웃을 이용하면 앱 화면의 구성 및 편집에 용이하다.

1) 프로젝트 개요

프로젝트명	배경색 변경하기 (BGColor_Change)
개요	• 5개의 색상별 버튼 만들기 • 버튼 클릭 시 Screen의 배경색 변경하기
코딩 요소	• 클릭 이벤트 발생 • 버튼 컴포넌트에 따라 Screen 색상 지정

기본 화면은 배경색 없이 버튼 다섯 개와 프로젝트명을 레이블로 보여준다. 각 버튼을 눌렀을 때 버튼 텍스트의 색상으로 배경색이 변경된다. 아래 〈그림 10-2〉는 완성된 앱을 에뮬레이터로 테스트한 화면이다.

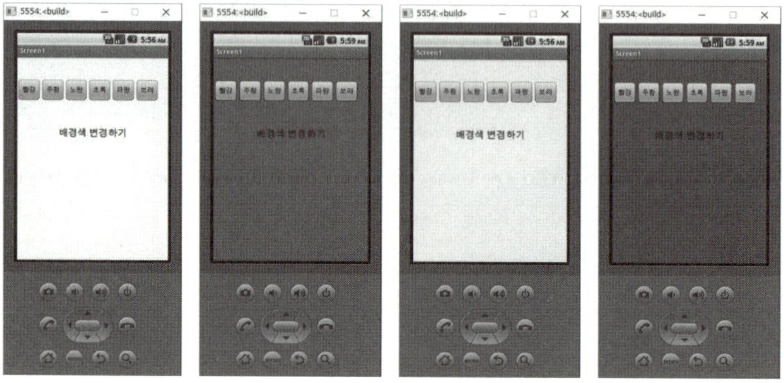

〈그림 10-2〉 '배경색 변경하기' 프로젝트를 에뮬레이터로 실행한 결과

2) 컴포넌트 디자인 설계

앱 인벤터 작업 순서에 따라 Screen 디자인을 설계한다. 〈그림 10-3〉은 완성된 화면 디자인이다.

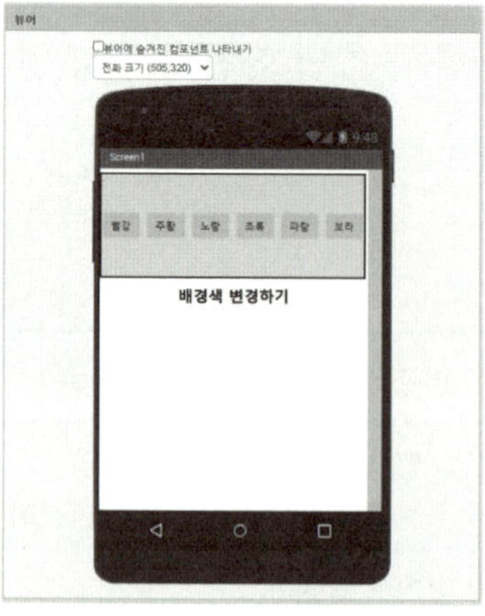

〈그림 10-3〉 완성된 디자인 설계

01 5개의 버튼 컴포넌트들을 수평으로 배치하기 위해 [수평배치] 레이아웃을 이용한다. [팔레트]의 [수평배치] 컴포넌트를 뷰어로 드래그하면 [컴포넌트] 창의 Screen1 하위에 '수평배치1'이 나타난다. [속성] 창에서 '수평배치1'의 정렬을 그림과 같이 설정해 준다.

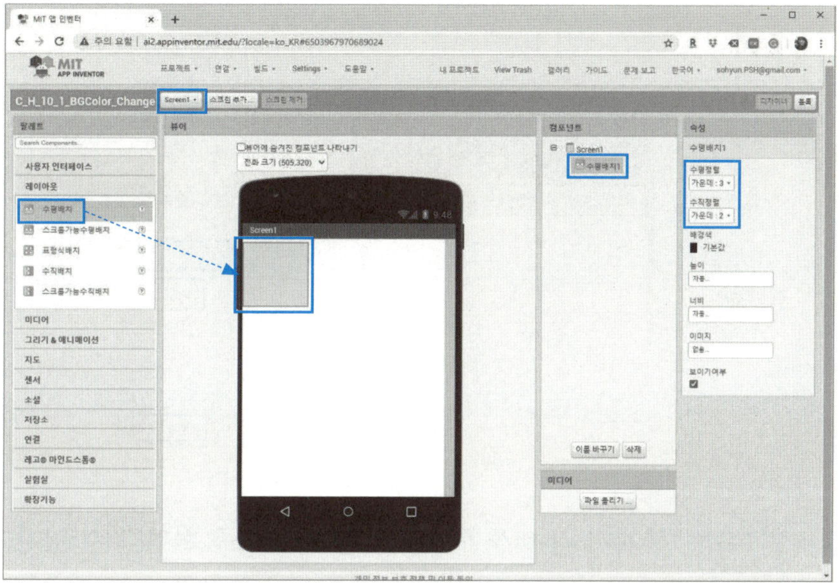

02 [뷰어]의 수평배치 컴포넌트 안에 [팔레트]의 [버튼] 컴포넌트를 드래그 해 5개의 버튼을 생성한다.

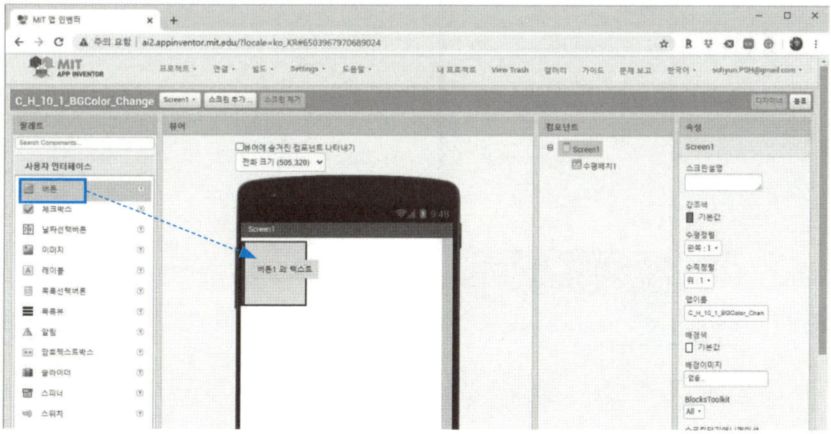

03 [컴포넌트] 창의 '수평배치1' 하위에 만든 버튼들이 보이며, 버튼의 이름을 바꿀 수 있다. 컴포넌트의 이름을 바꾸고자 할 경우 [컴포넌트] 창 하위의 [이름 바꾸기]를 이용하여 새 이름을 설정하면 된다.

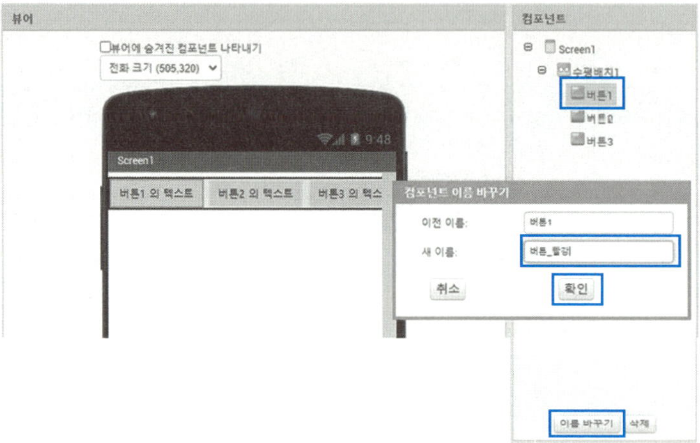

04 [속성] 창에서 각 버튼에 표시되는 텍스트를 변경할 수 있다.

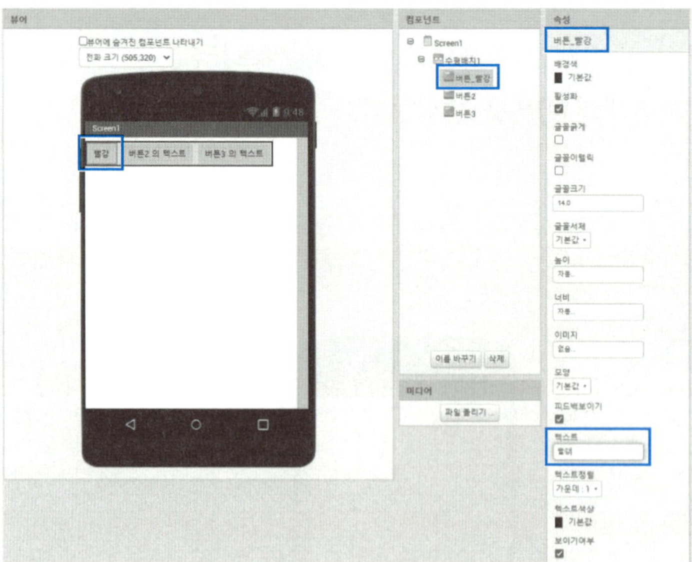

05 [속성] 창에서 ‘수평배치1’ 컴포넌트의 정렬을 지정하고, 높이를 설정할 수 있다. 높이를 자동으로 설정하면 컴포넌트의 크기에 따라 자동 조절되며, 부모 요소에 맞추기 하는 경우 설정되어 있는 스크린의 크기에 맞춰 커진다. 픽셀을 선택하여 값을 입력하는 경우 화면 구성 요소의 최소 단위인 픽셀의 크기로 설정할 수 있으며, 퍼센트로 설정하는 경우 전체 스크린 크기 대비 설정되므로 원하는 요소를 선택하여 설정하면 된다. ‘수평배치1’ 컴포넌트는 수평과 수직을 가운데 정렬로 지정하고, 전체 화면의 30%의 크기를 높이로 설정한다.

06 [팔레트]의 [레이블]을 선택 후 [뷰어]로 드래그하여 타이틀을 생성해 보자. [컴포넌트] 창에서 레이블의 이름을 ‘제목’으로 변경하고, [속성] 창에서 텍스트를 변경하고, 글꼴 및 너비, 정렬을 설정해 준다.

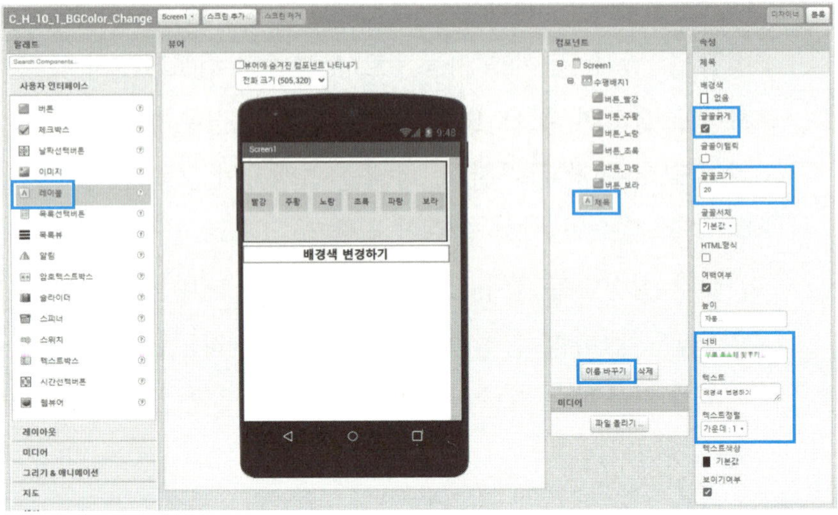

3) 블록 코딩

디자이너 화면에서 앱에 필요한 컴포넌트들을 모두 추가 했다면 화면의 오른쪽 상단에 위치한 [블록] 버튼을 눌러 블록 에디터 화면으로 넘어간 후 각 컴포넌트에 대한 동작을 코딩한다. 〈그림 10-4〉는 완성된 전체 블록 코딩 소스이다.

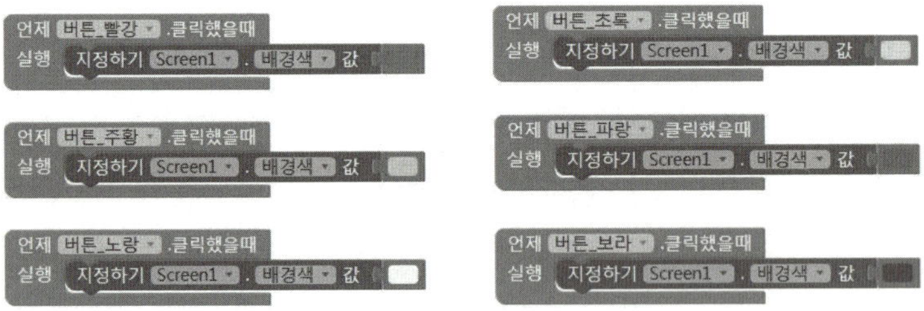

〈그림 10-4〉 완성된 블록 코딩 소스

버튼을 눌렀을 때 발생하는 이벤트를 처리해주는 코드를 작성해야 한다. 다섯 개 중 하나의 버튼을 클릭 했을 때 Screen1의 배경색을 해당 버튼의 색상으로 값을 지정해 주면 된다.

01 [블록] 창의 블록 목록에서 '버튼_빨강'을 선택하면 [뷰어] 창에 버튼 컴포넌트에서 사용할 수 있는 블록 리스트가 나타난다. 이 중 클릭 이벤트를 구현할 수 있는 [언제 버튼_빨강▼.클릭했을때] 블록을 드래그하여 [뷰어] 창에 놓는다.

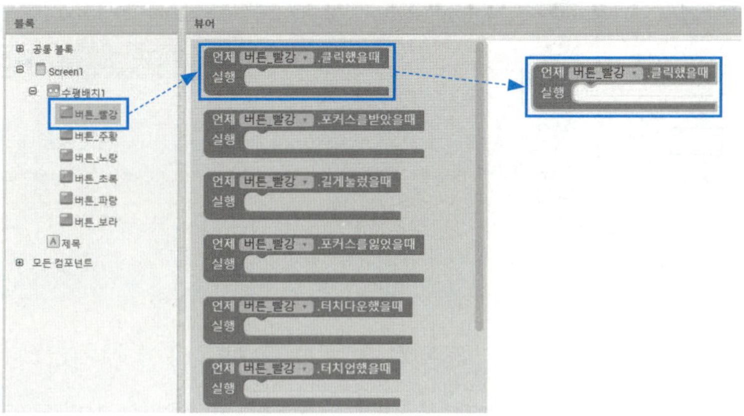

02 버튼을 클릭했을 때 Screen1의 배경색을 변경해야 하므로 [블록] 창에서 'Screen1'을 선택하면 [뷰어] 창에 Screen1 컴포넌트에서 사용할 수 있는 블록 리스트가 나타난다. 이 중 배경색을 지정할 수 있는 [지정하기 Screen1▼.배경색▼ 값] 블록을 드래그하여 [뷰어] 창에 있는 [언제 버튼_빨강▼.클릭했을 때] 이벤트 블록의 실행 부분에 끼워 넣는다.

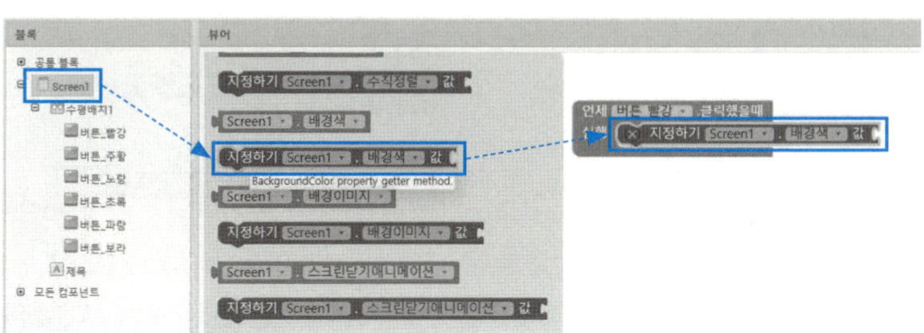

03 [블록] 창의 [공통 블록] → [색상]을 클릭하면 [뷰어] 창에 색상 블록이 표시된다. 버튼 별로 지정할 색상 블록을 선택하여 [지정하기 Screen1▼.배경색▼ 값] 블록의 오른쪽에 끼워 넣는다.

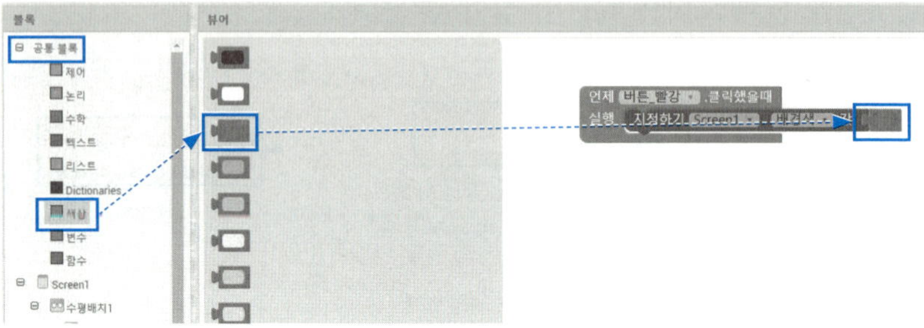

04 반복 패턴을 가지는 블록들은 복제해서 사용하면 편리하다. [뷰어] 창의 완성된 '버튼_빨강'을 클릭했을 때 실행하는 이벤트 전체 블록을 완성한 후 오른쪽 마우스를 클릭하여 '복제하기' 메뉴를 클릭하면 블록 전체가 복사되고, 복사한 블록에서 '▼' 부분을 클릭하여 다른 버튼과 다른 색상으로 변경하면 된다.

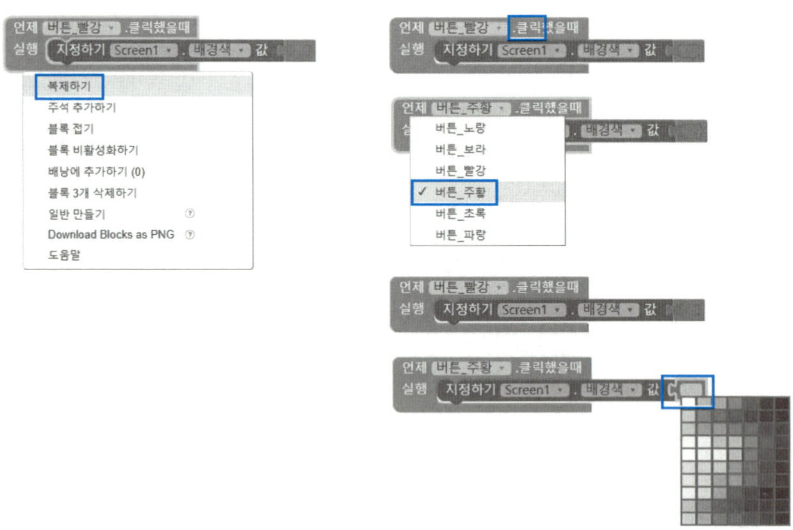

05 [뷰어] 창에서 코드를 완성한 후 오른쪽 마우스를 클릭하면 여러 가지 메뉴들이 나타난다. 방금한 작업을 취소하거나 블록을 이미지로 다운로드, 펼쳐진 블록을 모두 접는 등 다양한 작업을 할 수 있으며, 특히 블록을 정렬하는 기능을 사용하면 편리하다. 5개의 버튼 이벤트 블록을 완성하였다면 [블록 정리] 기능을 이용하여 블록을 정리해 보자.

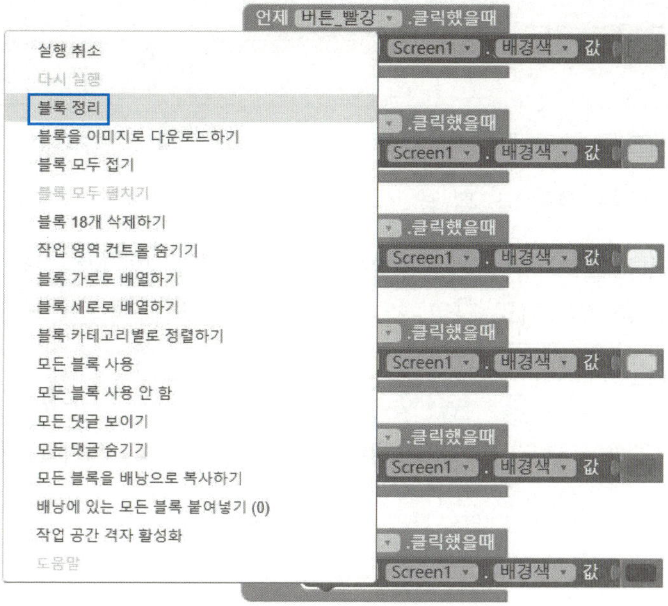

4) 스마트 폰 앱 설치 및 실행

앞의 〈그림 10-2〉에서 완성된 앱을 에뮬레이터로 테스트한 화면을 보았다. 만든 앱의 실행을 확인하기 위해 직접 스마트폰에 설치하여 테스트해 보도록 하자.

01 앱 인벤터 화면 상단의 메뉴 중 [빌드▼]→[앱(APK 용 QR 코드 제공)]을 클릭하면 컴파일링 진행 바가 나타나고 프로젝트를 설치하고 실행하기 위한 바코드 링크와 QR 코드가 나타난다. 생성한 바코드 링크와 QR 코드는 2시간 동안만 유효하다는 사실을 유의하자.

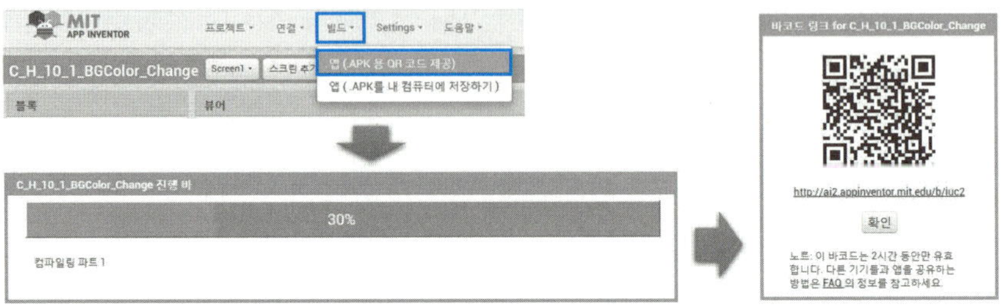

02 QR 코드는 9장의 환경 설정 과정에서 설치한 'MIT AI2 Companion 2'를 실행시켜 'scan QR code' 메뉴를 클릭한 후 QR 코드를 스캔해도 되고, 스마트폰의 다양한 종류의 QR 코드 인식 애플리케이션을 이용하여도 된다.

03 QR 코드 인식으로 작성된 앱을 다운받아 스마트 폰에 설치한 후 실행한다.

3. 앱 인벤터 스크린 활용

앱 인벤터의 다양한 컴포넌트를 활용하여 스크린을 구성할 수 있다. 여러 가지 기능을 가진 앱을 만들기 위해서는 하나의 스크린으로 부족하다. 모형 제작 단계에서 작성해 본 화면 구성도에서도 여러 개의 화면으로 구성했을 것이다. 이번 프로젝트는 하나의 스크린을 사용하는 것이 아닌,

여러 개의 스크린을 생성하여 스크린을 전환할 수 있는 앱을 만들어 보자. 스크린을 전환하는 기능은 앞으로 학습하게 될 여러 프로젝트에서도 유용하게 쓰인다.

1) 프로젝트 개요

프로젝트명	화면 전환하기 (Screen_Change)
개요	• 스크린을 전환하는 버튼 만들기(이전, 다음) • Screen 추가하기 • 버튼을 클릭하면 다음 혹은 이전 Screen으로 전환
코딩 요소	• 클릭 이벤트 발생 • 다른 스크린 열기: 버튼 컴포넌트에 따라 전환할 Screen 설정

기본 화면은 레이블에 프로젝트명을 보여 주고, 이미지와 이미지 설명을 레이블로 보여 준다. 첫 화면인 Screen1에서는 다음 스크린으로 전환하는 버튼 1개를 생성하고, Screen2에서는 이전 스크린과 다음 스크린으로 전환하는 버튼 2개를 생성, Screen3에서는 이전 스크린으로 전환하는 버튼 1개를 생성한다. 아래 〈그림 10-5〉는 완성된 앱을 에뮬레이터로 테스트한 화면이다.

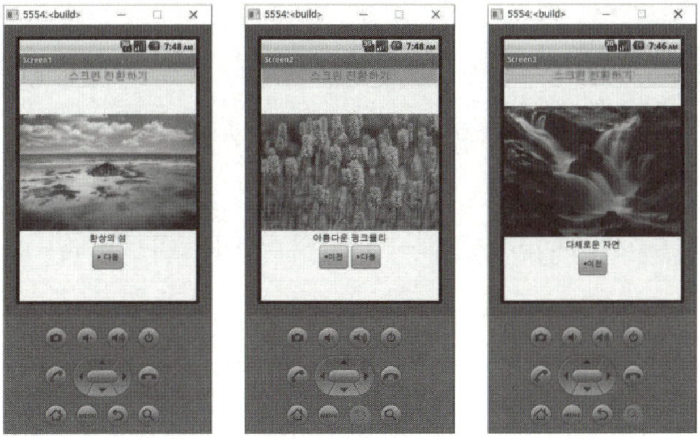

〈그림 10-5〉 '화면 전환하기' 프로젝트를 에뮬레이터로 실행한 결과

2) 컴포넌트 디자인 설계

앱 인벤터 작업 순서에 따라 Screen 디자인을 설계한다. 〈그림 10-6〉은 완성된 화면 디자인이다. 완성된 디자인을 자세히 살펴보면 앞의 〈그림 10-5〉의 에뮬레이터와 다소 차이가 있어 보이며, 스크린마다 같은 디자인 설계를 했음에도 [뷰어] 창의 스크린에서 이미지가 보이지 않거나 컴포넌트가 보이지 않는 경우도 있다. 즉, [뷰어]에서 보이는 것과 에뮬레이터 혹은 스마트폰 실행 화면은 다를 수 있다. 특히 이미지를 사용하는 프로젝트의 경우 이미지 원본의 사이즈와 컴포넌트의 정렬에 따라 달라질 수 있다. 그러므로, [이미지] 컴포넌트를 스크린 창에 배치하되 [속성] 창의 [사진] 파일 지정은 다른 컴포넌트 배치가 끝난 후에 하는 것을 권장한다.

〈그림 10-6〉 완성된 3개의 화면 디자인 설계

Screen1~3의 디자인은 설계는 동일하며 버튼의 개수만 다르다.

01 먼저 'Screen1'에서 [팔레트] → [레이블]을 선택한 후 [뷰어]로 드래그한다. [컴포넌트] 창에서 '레이블1'의 이름을 '제목'으로 바꾸고, [속성] 창에서 텍스트를 입력하고 색상을 변경한 후 가운데로 정렬한

다. 또, 배경색, 글꼴굵게, 글꼴크기, 너비를 설정한다.

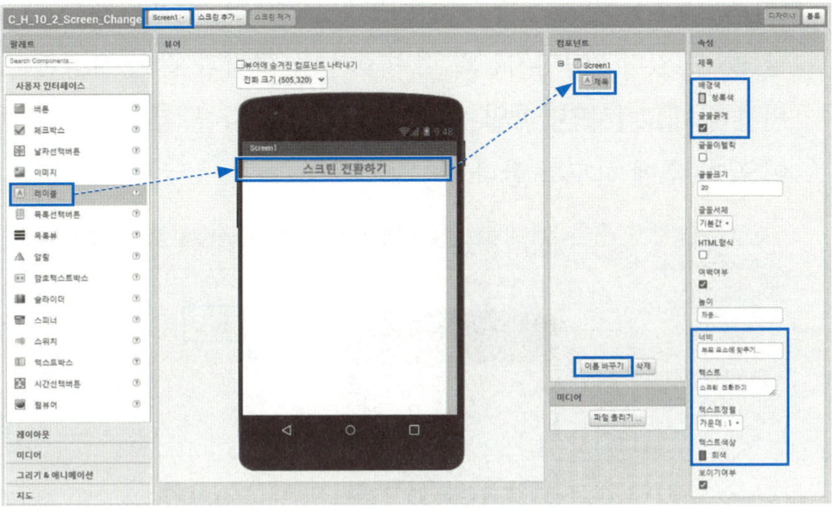

02 이미지와 이미지 제목, 스크린 전환 버튼을 수직배치 하기 위해 [팔레트] → [수직배치]를 [뷰어]의 '제목' 레이블 아래로 드래그한다. 수평과 수직 정렬을 가운데로 지정하고, 높이와 너비도 '부모 요소에 맞추기'를 선택하여 스크린의 나머지 공간을 모두 사용하는 것으로 설정한다.

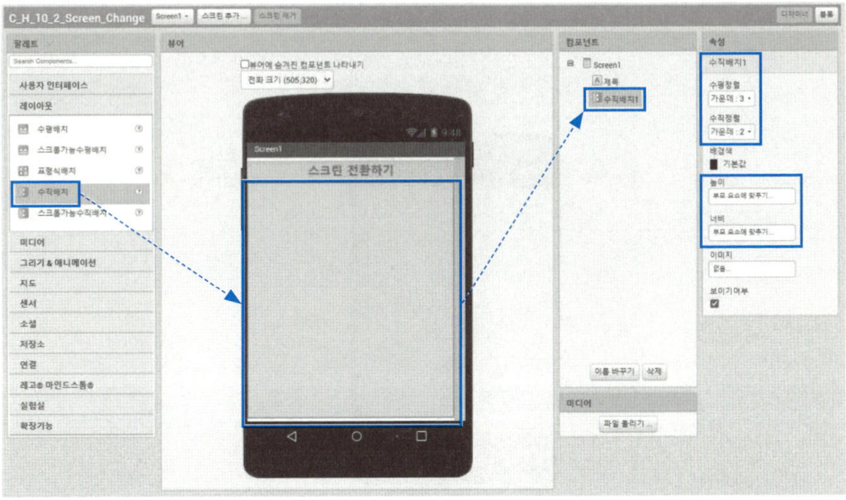

03 [팔레트] → [이미지]를 '수직배치1' 안의 위치로 드래그 후 배치하면 [컴포넌트] 창의 '수직배치1' 하위에 '이미지1' 컴포넌트가 위치한 것을 볼 수 있다. '이미지1'의 너비 속성을 그림과 같이 지정한다. 앞서 언급한 대로 [사진] 파일 올리기와 설정은 다른 컴포넌트 화면 구성이 끝난 후에 하도록 한다.

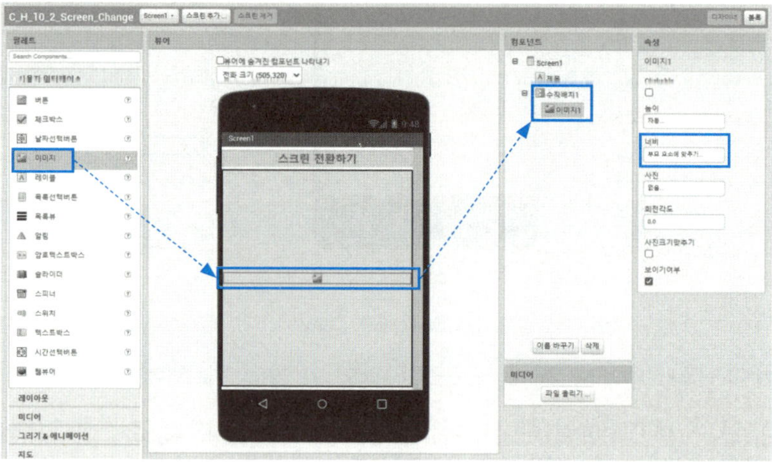

04 [팔레트] → [레이블]을 '수직배치1' 안의 '이미지1' 아래 위치로 드래그 후 배치한다. [속성] 창에서 '레이블1'의 텍스트를 '환상의 섬'으로 변경하고, 글꼴굵게, 글꼴크기 16으로 설정한다.

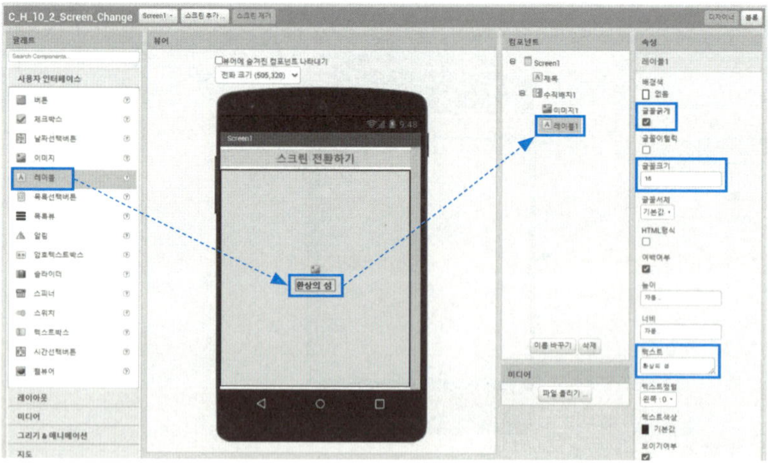

05 [팔레트] → [버튼]을 '수직배치1' 안의 '레이블1' 아래 위치로 드래그하여 배치한 후 '버튼_다음'으로 이름을 바꾼다. [속성] 창에서 텍스트를 '▶다음'으로 설정한다. '▶' 기호는 'ㅁ' + [한자] 키를 누르면 된다.

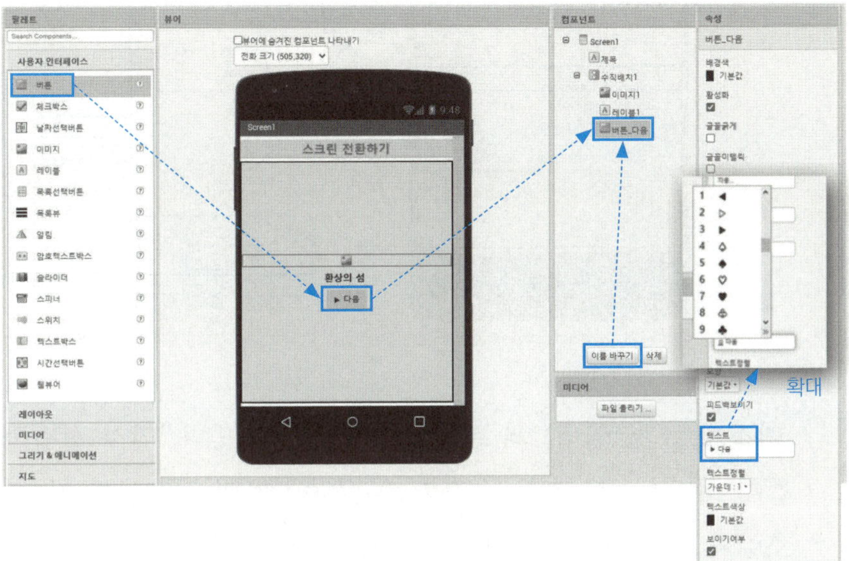

06 컴포넌트 배치가 끝났으면 이미지를 설정해 보자. 이미지 파일을 올리는 방법은 두 가지가 있다. '이미지1'의 [속성] → [사진]에서 파일 올리기를 이용하는 방법 ①과 [미디어] 창에서 파일을 올리는 방법 ②이다. [미디어] 창에서 파일을 올리는 경우 [미디어] 창에 리스트로 나타나며 다른 여러 컴포넌트의 [속성] 창에서 업로드된 리소스 중 선택하면 사용할 수 있다. 개별 컴포넌트의 [속성] 창에서 파일을 올리는 경우는 별도의 선택 지정이 필요 없으며, [미디어] 창에 자동으로 리소스가 리스팅된다.

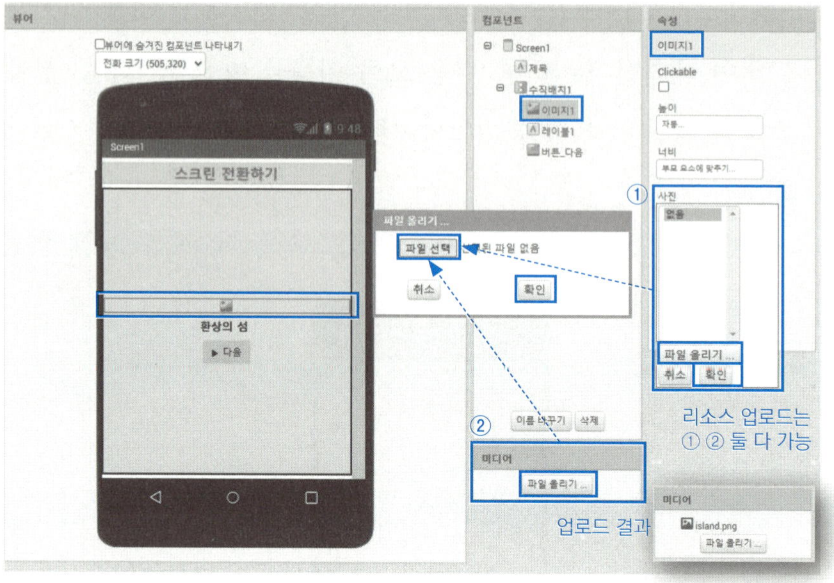

07 이것으로 'Screen1'의 화면 설정이 완료되었다. 앞서 설명한 바와 같이 미디어 리소스를 설정한 후 [뷰어] 창의 스크린에 컴포넌트가 보이지 않는 경우도 발생한다. 아래 그림과 같이 에뮬레이터를 실행해 보면 화면 설계에 이상이 없음을 알 수 있다.

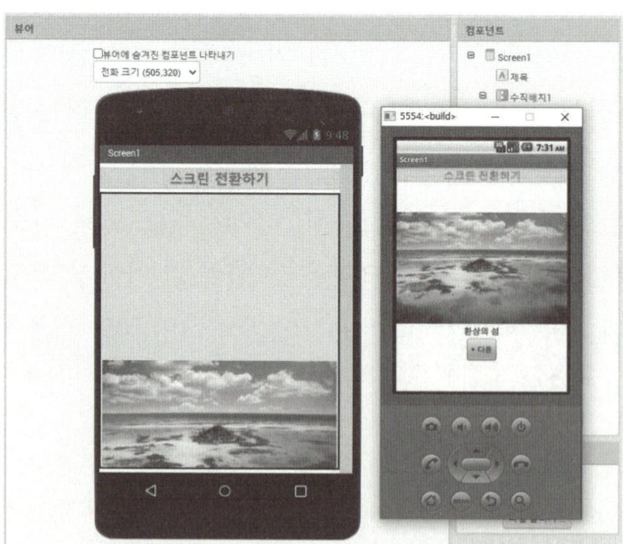

08 다음은 'Screen2'를 작성해 보자. 스크린을 추가하기 위해 화면 위쪽의 [스크린 추가] 버튼을 클릭한다. 새 스크린 창에 스크린 이름을 작성한다. 화면 왼쪽의 [Screen2▼]를 클릭해 보면 생성된 스크린의 리스트를 볼 수 있고, 여기에서 작업할 스크린을 고를 수 있다.

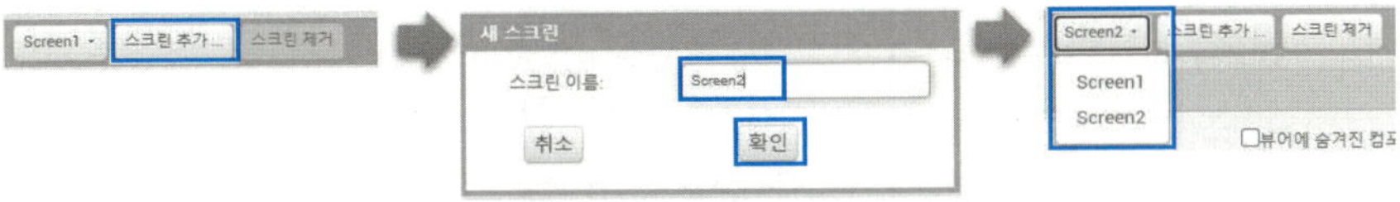

09 'Screen2' 화면 디자인은 버튼을 제외하고 'Screen1' 과정과 동일하다. 제목 레이블을 생성하고 속성을 수정한다.

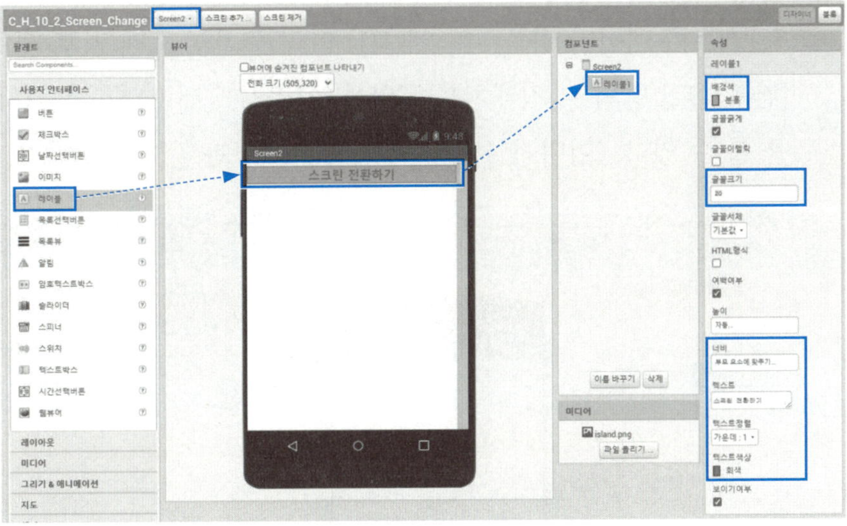

10 이미지와 이미지 제목, 스크린 전환 버튼을 수직배치 하기 위해 [팔레트] → [수직배치]를 [뷰어]의 '제목' 레이블 아래로 드래그한다. 수평과 수직 정렬을 가운데로 지정하고, 높이와 너비도 '부모 요소에 맞추기'를 선택하여 스크린의 나머지 공간을 모두 사용하는 것으로 설정한다.

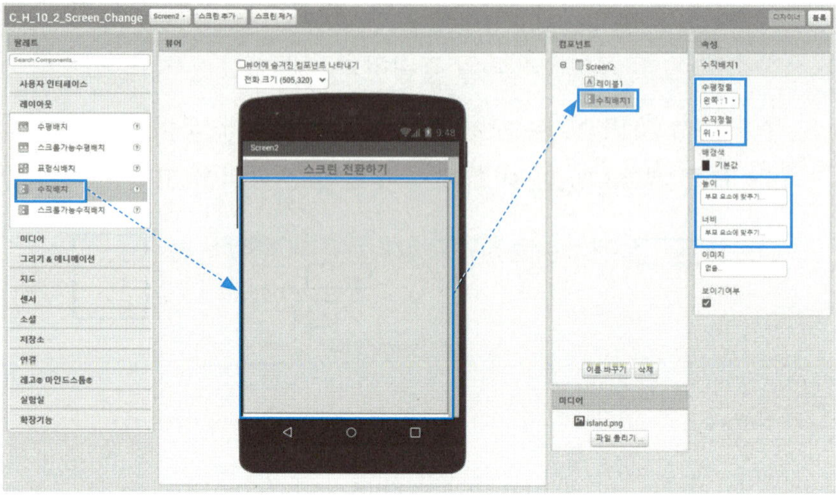

11 [팔레트] → [이미지]를 '수직배치1' 안의 위치로 드래그 후 배치하면 [컴포넌트] 창의 '수직배치1' 하위에 '이미지1' 컴포넌트가 위치한 것을 볼 수 있다. '이미지1'의 너비 속성을 그림과 같이 지정한다.

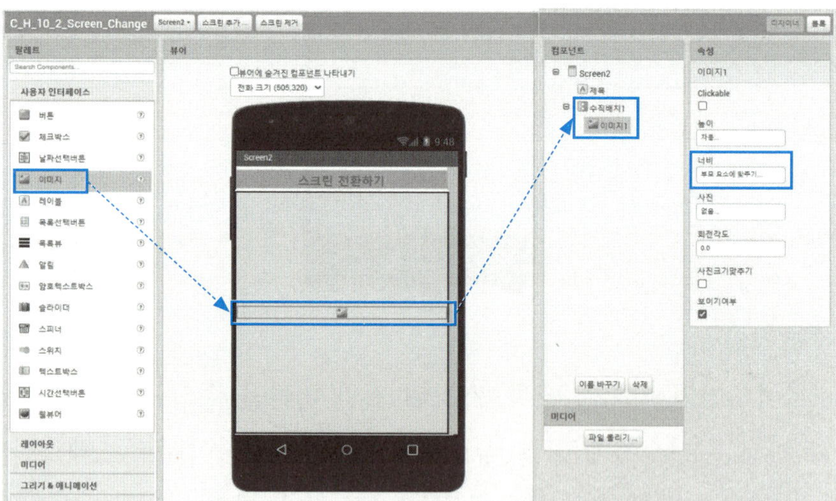

12 [팔레트] → [레이블]을 '수직배치1' 안의 '이미지1' 아래 위치로 드래그 후 배치한다. [속성] 창에서 '레이블2'의 텍스트를 '아름다운 핑크뮬리'로 변경하고, 글꼴굵게, 글꼴크기 16으로 설정한다. (04 이미지 참고)

13 'Screen2'에서는 이전 스크린과 다음 스크린으로 전환할 수 있는 버튼을 두 개 생성한다. 버튼 두 개를 수평배치 하기 위해 [팔레트] → [수평배치]를 '수직배치1' 안의 '레이블2' 아래 위치로 드래그 후 배치한다.

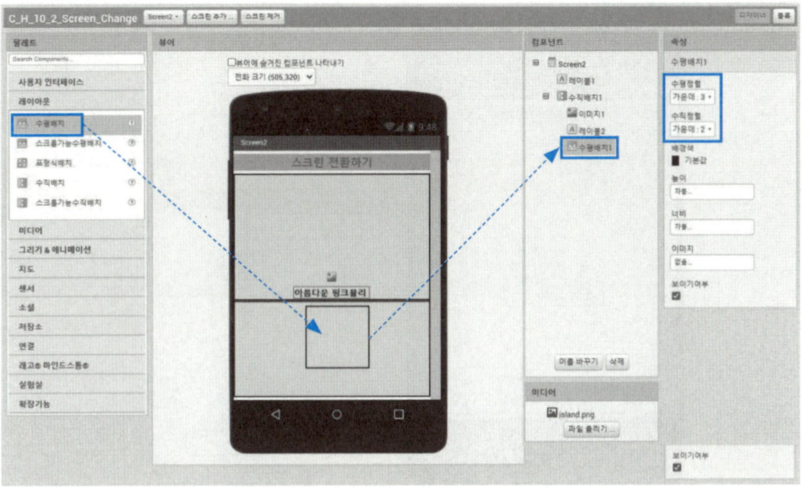

14 [팔레트] → [버튼] 컴포넌트 두 개를 '수평배치1' 안으로 드래그하여 배치한 후 '버튼_이전'과 '버튼_다음'으로 이름을 바꾼다. [속성] 창에서 텍스트를 '◀이전'과 '▶다음'으로 설정한다.

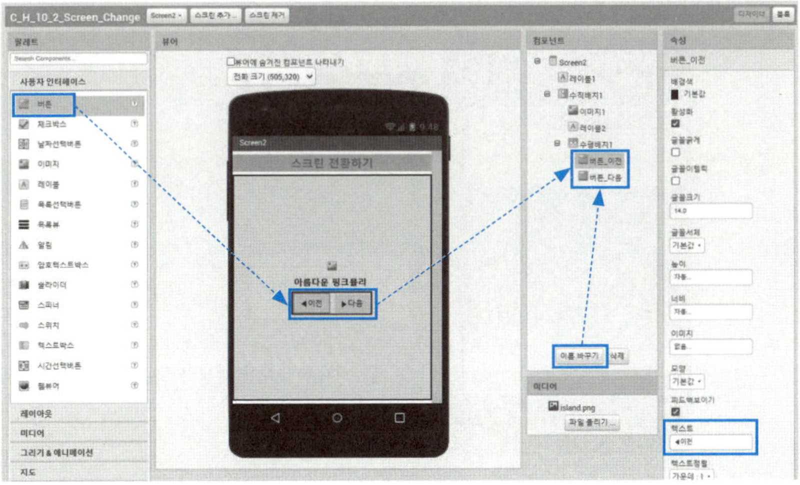

15 컴포넌트 배치가 끝났으면 이미지를 설정해 보자. '이미지1'의 [속성] → [사진]에서 파일을 선택하여 설정한다. [미디어] 창에 자동으로 해당 리소스가 리스팅된다.

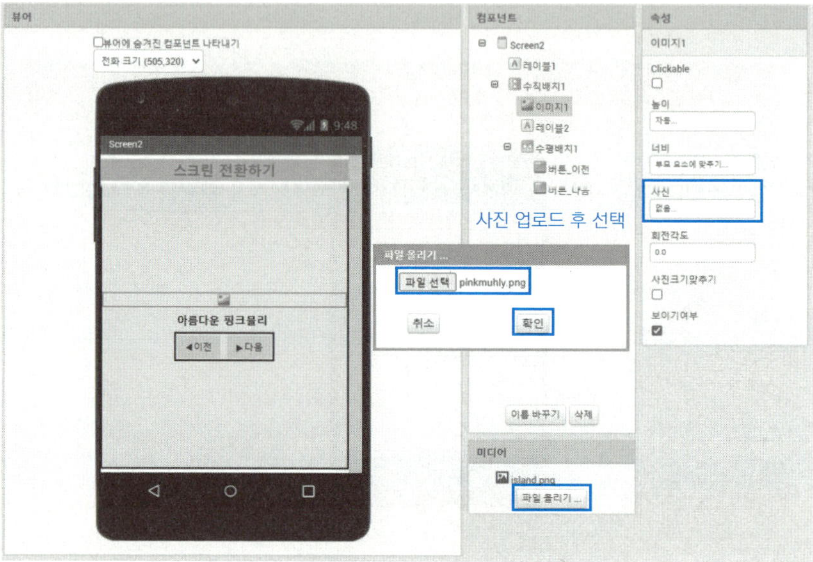

16 이것으로 'Screen2'의 화면 설정도 완료되었다. 아래 그림과 같이 에뮬레이터를 실행하면 정상적으로 모든 컴포넌트가 나타난다.

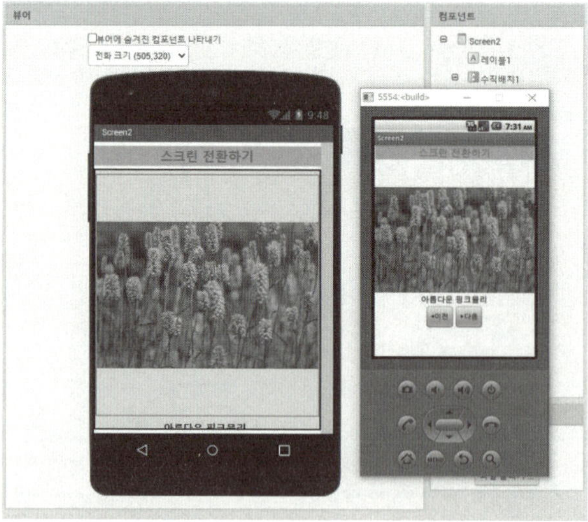

17 다음은 'Screen3'를 작성해 보자. 스크린을 추가하기 위해 화면 위쪽의 [스크린 추가] 버튼을 클릭한다. 새 스크린 창에 스크린 이름을 작성한다. 'Screen2' 생성 때와 마찬가지로 화면 왼쪽의 [Screen3▼]를 클릭해 보면 생성된 스크린의 리스트를 볼 수 있고, 여기에서 작업할 스크린을 고를 수 있다.

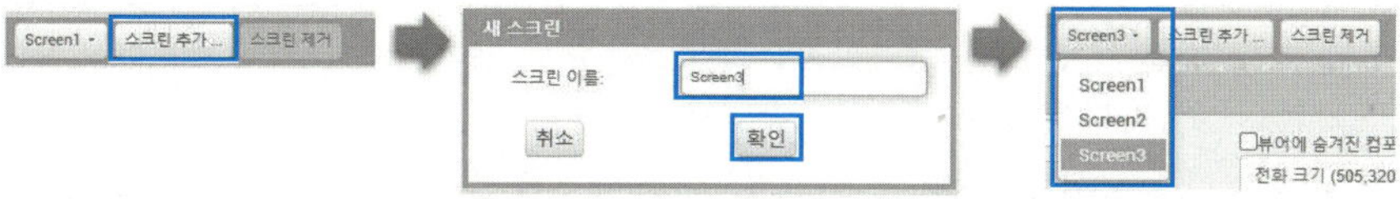

18 'Screen3' 화면 디자인은 버튼을 제외하고 'Screen1', 'Screen2'과정과 동일함으로 디자인 설계 완성된 화면만 보여 준다.

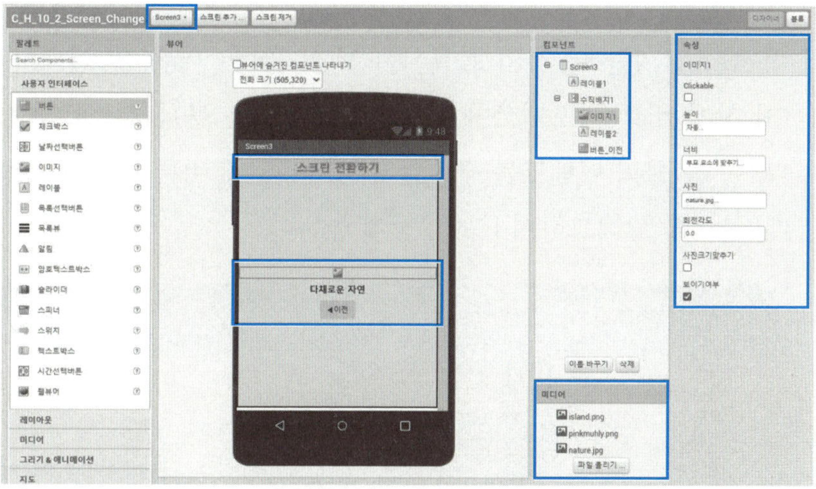

3) 블록 코딩

디자이너 화면에서 앱에 필요한 컴포넌트들을 모두 추가했다면 화면의 오른쪽 상단에 위치한 [블록] 버튼을 눌러 블록 에디터 화면으로 넘어간 후 각 컴포넌트에 대한 동작을 코딩한다. 〈그림 10-7〉은 완성된 전체 블록 코딩 소스이다.

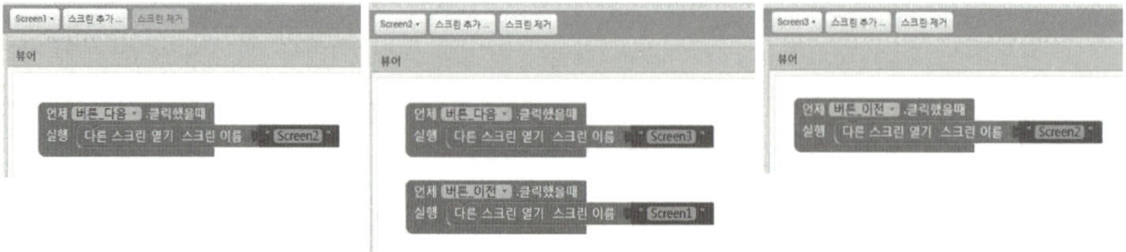

〈그림 10-7〉 완성된 블록 코딩 소스

버튼을 눌렀을 때 발생하는 이벤트를 처리해주는 코드를 작성해야 한다. 다음 혹은 이전 버튼을 클릭 했을 때 다른 스크린 열기로 스크린을 전환하면 된다.

01 'Screen1' [블록] 창의 블록 목록에서 '버튼_다음'을 선택하면 [뷰어] 창에 버튼 컴포넌트에서 사용할 수 있는 블록 리스트가 나타난다. 이 중 클릭 이벤트를 구현할 수 있는 [언제 버튼_다음▼.클릭했을 때] 블록을 드래그하여 [뷰어] 창에 놓는다.

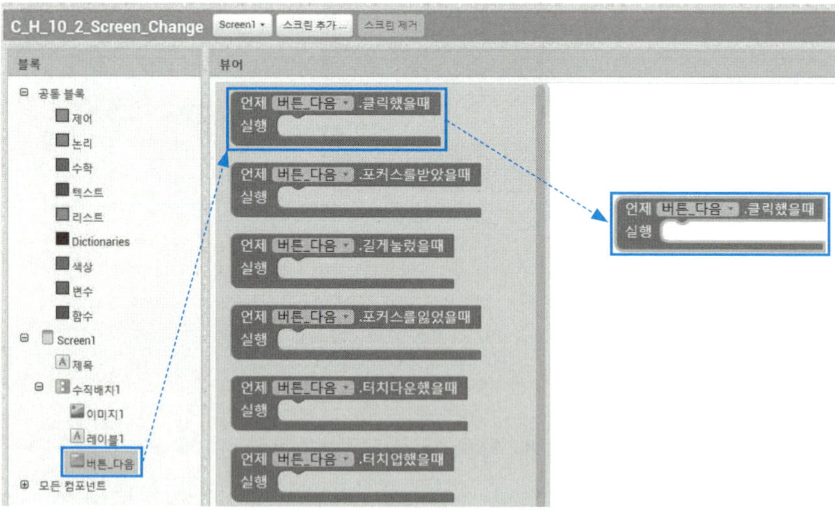

02 버튼을 클릭했을 때 Screen2 스크린으로 이동해야 하므로 [블록] 창의 [공통 블록] → [제어]를 선택하면 [뷰어] 창에 제어 컴포넌트에서 사용할 수 있는 공통 블록 리스트가 나타난다. 이 중 다른 스크린을 열수 있는 [다른 스크린 열기 스크린 이름] 블록을 드래그하여 [뷰어] 창에 있는 [언제 버튼_다음▼.클릭했을 때] 이벤트 블록의 실행 부분에 끼워 넣는다.

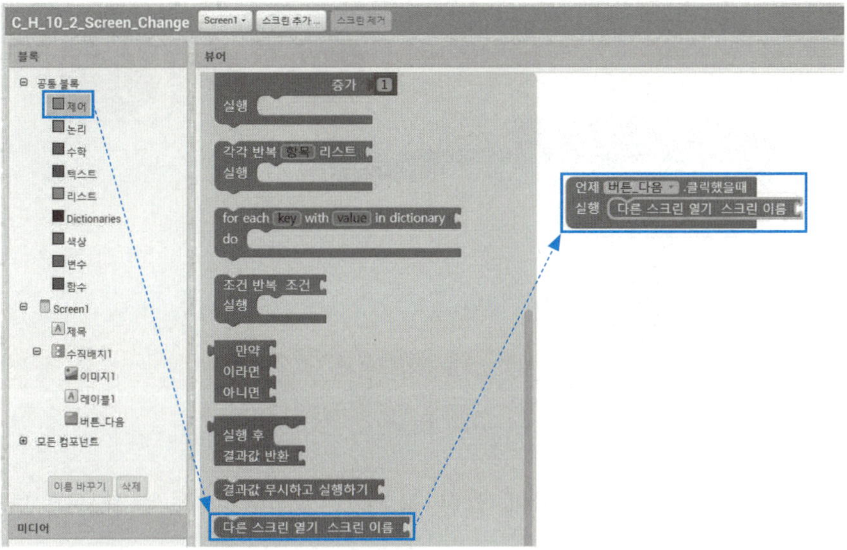

03 [블록] 창의 [공통 블록] → [텍스트]을 클릭하면 [뷰어] 창에 사용할 수 있는 텍스트 관련 공통 블록이 표시된다. [“ ”] 블록을 선택하여 [다른 스크린 열기 스크린 이름] 블록의 오른쪽에 끼워 넣은 다음 이동할 스크린 ‘Screen2’를 입력한다.

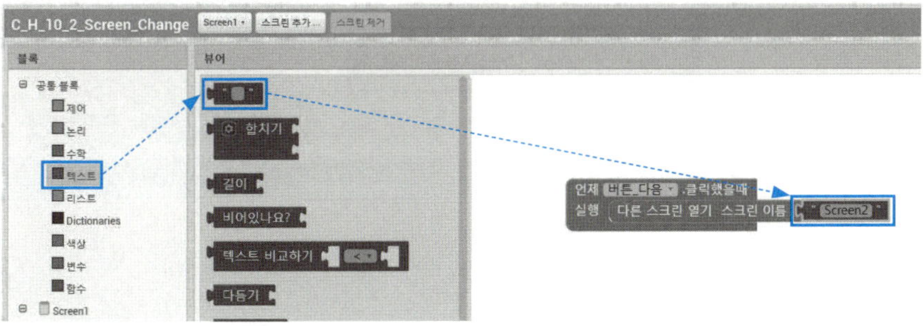

04 'Screen1'에서 완성한 [언제 버튼_다음▼.클릭했을 때] 이벤트 블록은 'Screen2'와 'Screen3'에서 버튼 목록만 바꿔 재사용이 가능하다. 이에 완성 블록을 선택한 후 마우스 오른쪽을 클릭하여 '배낭에 추가하기' 메뉴를 사용한다. 배낭에 해당 블록을 추가하면 다른 스크린에서도 재사용이 가능한 장점이 있다. 또한, 블록을 보관한 경우 배낭의 이미지가 변한 것을 확인할 수 있다.

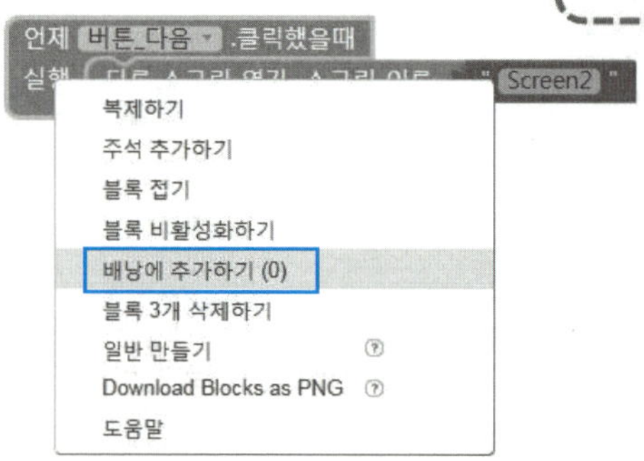

05 'Screen1'에서 배낭에 담은 블록을 'Screen2'에서 사용해 보자. 스크린을 변경하기 위해 화면 위쪽의 [Screen1▼] 버튼을 클릭하여 'Screen1'을 선택한다. 배낭을 클릭하면 'Screen1'에서 추가한 블록이 보인다. 이 블록을 드래그하여 [뷰어]로 드래그 앤 드롭한다.

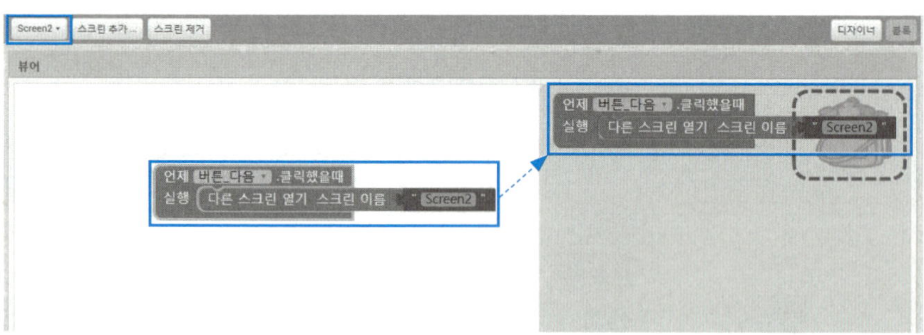

06 'Sceen2'는 '버튼_이전'과 '버튼_다음' 두 개의 버튼이 필요하므로 블록을 복제하고 수정하여 아래와 같이 코딩을 완성한다.

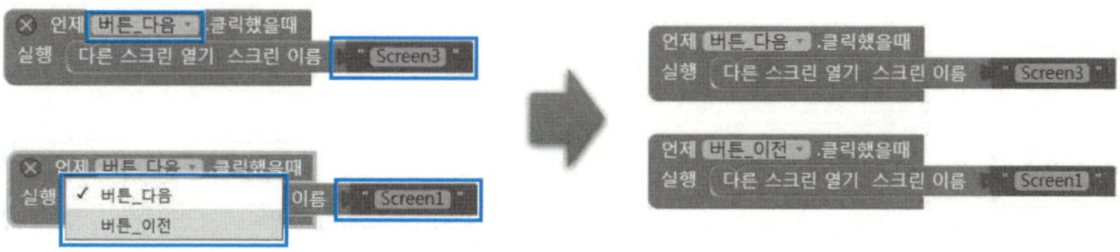

07 'Screen3'도 배낭에 담은 블록을 사용하여 아래와 같이 코딩을 완성한다.

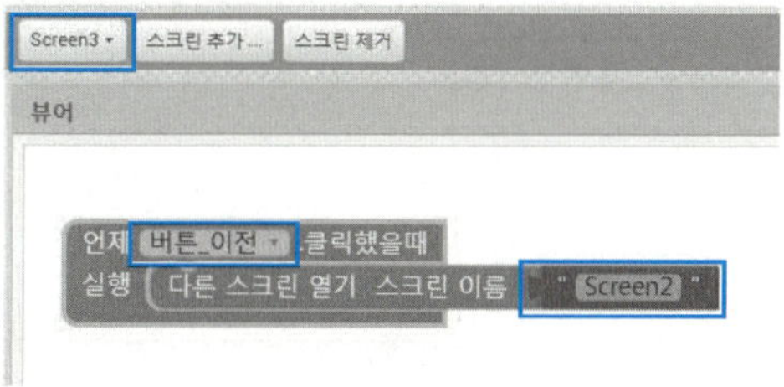

4) 스마트 폰 앱 설치 및 실행

앞의 <그림 10-6>에서 완성된 앱을 에뮬레이터로 테스트한 화면을 보았다. 만든 앱의 실행을 확인하기 위해 직접 스마트폰에 설치하여 테스트해 보도록 하자.

앱 설치 및 실행 과정은 앞의 '2.4 스마트 폰 앱 설치 및 실행'을 참고하기 바란다.

활동 10-1

학과		학번		이름	

버튼을 누르면 레이블 색이 변하는 프로젝트 만들기

5개의 각 버튼을 클릭하면 아래의 레이블이 해당 색상으로 변하도록 프로그램을 작성하시오.

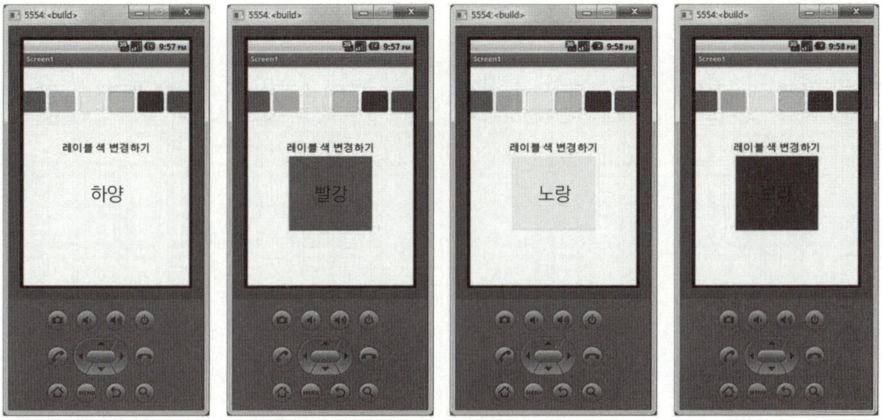

완성된 프로젝트

프로젝트명	레이블 색상 변경하기 (Color_Change)
개 요	
코딩 요소 (컴포넌트 & 속성)	

수업 자료 및 참고 문헌

1. 픽사베이: http://pixabay.com/ko/
2. 앱 인벤터: http://appinventor.mit.edu/
3. 김경희 외, 『창의력을 키우는 앱 인벤터』, 연두에디션, 2019.

제 11 장

창의적 프로그래밍을 위한 코딩 Ⅲ

일상생활에서 디자인씽킹을 적용한 문제 해결안으로 애플리케이션을 개발할 때 필요한 코딩을 학습한다. 10장에서 살펴본 창의적 프로그래밍을 위한 앱 인벤터 코딩 과정의 해결 영역 내의 구현 단계로 다양한 컴포넌트들과 블록들을 활용하여 코딩을 확장하고 수정하는 방법을 학습한다. 이는 팀이나 개인이 선정한 주제에 맞는 애플리케이션으로 개발하기 위한 필수적인 학습 내용이다. 코드 수정 혹은 확장을 위해 학습자들은 블록 코드를 읽고 효율적으로 구현할 수 있는 개념을 학습한다.

학습 목표

- 일상생활에 필요한 애플리케이션을 개발하기 위한 코딩의 기능이 무엇인지 설명할 수 있다.
- 일상생활 속의 문제 해결을 위해 다양한 컴포넌트들과 블록을 사용하여 앱 인벤터로 구현할 수 있다.

10장에 이어 일상생활과 디자인씽킹 코딩을 위해 앱 인벤터의 다양한 컴포넌트들과 블록을 활용한다. 주어진 문제 해결을 위해 출력과 입력, 변수와 연산, 제어와 반복 등을 블록을 통해 구현해 보자.

1. 앱 인벤터의 다양한 컴포넌트 활용

10장에서 앱 인벤터에서 사용 빈도수가 높은 '레이블'과 '버튼', '이미지' 등의 컴포넌트들을 활용해 보았다. 또, 사용자 인터페이스의 컴포넌트를 배치하기 위한 기능을 제공하는 레이아웃을 이용하여 앱 화면의 구성 및 편집도 활용하였다. 이번 장에서는 미디어, 지도, 센서 등 팔레트의 다양한 컴포넌트들로 조금 더 복잡한 기능을 구현하여 일상생활 속 문제를 함께 해결해 보자.

디자이너 모드에서 화면 설계를 마친 후 블록 에디터로 넘어오면, 블록 창에 각각의 컴포넌트들의 리스트가 보이고, 각 컴포넌트를 클릭하면 그 컴포넌트에서 구현할 수 있는 코딩 블록 리스트가 나타난다. 그러므로 원하는 문제 해결을 위해서 컴포넌트 별로 기능을 지원하는 블록이 어떤 것들이 있는지 찾아 사용할 수 있다.

앞 장에서는 구현하는 동안 에뮬레이터를 이용하여 스크린 설계를 디자인하고 구현한 결과를 테스트 하였으나, 에뮬레이터는 다양한 컴포넌트들의 기능을 실행하는 데 있어 여러 가지 제약 사항이 있다. 이에 앞으로 함께 할 프로젝트들을 구현하면서 테스트할 경우 AI 컴패니언 사용을 추천하며 동일한 wifi 네트워크를 이용한 연결이나 USB를 이용한 연결이 가능하다. AI 컴패니언 설치 및 실행에 관해서는 9장의 3-4절을 참고하면 된다. 그리고 프로젝트 실행 결과 화면은 앱으로 빌드하여 안드로이드 스마트 폰에 해당 프로젝트를 애플리케이션으로 설치하여 〈그림 11-1〉과 같이 실행 화면을 보여줄 것이다.

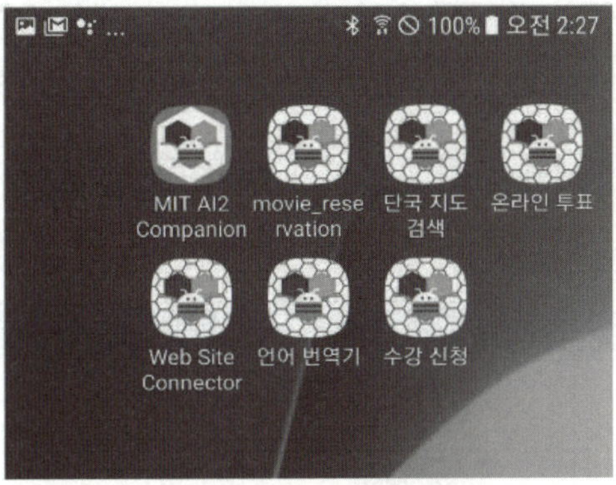

〈그림 11-1〉 안드로이드 폰에 설치한 프로젝트 앱의 예

2. 앱 인벤터의 블록과 자료형

프로그램에서 사용되는 변수나 상숫값은 정해진 자료형을 가지게 된다. 자료형이란 자료의 종류를 구분해 놓은 것으로 정수(Integer), 실수(float), 문자열(String), 불린(Boolean), 리스트(List) 등이 있다. 앱 인벤터에서는 이러한 자료형에 따라 사용하는 블록이 다르며, 〈표 11-1〉과 같이 이들은 모두 [공통 블록]의 [수학], [텍스트], [논리], [리스트] 내의 블록을 사용한다. [수학] 블록은 사칙연산, 최댓값, 최솟값, 반올림값 등을 구하는 명령 블록들로 구성되어 있으며, [텍스트(글자, 문자열)] 블록은 텍스트를 입력하거나 텍스트 병합, 분리, 교체 등을 할 수 있는 명령 블록들로 구성되어 있다. [논리] 블록은 논리적 판단이 필요한 명령 블록들로 구성되어 있으며, [리스트] 블록은 여러 개의 값을 저장하는 리스트와 관련된 명령 블록들로 구성되어 있다.

〈표 11-1〉 앱 인벤터에서의 자료형에 따른 블록

자료형	블록	[공통 블록] - 위치
숫자 (정수, 실수)		[수학]
문자 (문자, 문자열)	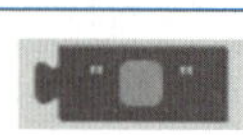	[텍스트]
불 린	 	[논리]
리 스 트	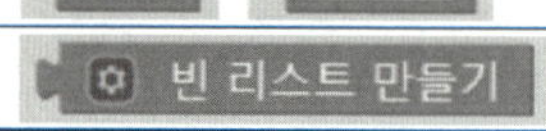	[리스트]

또한, 앱 인벤터에서 다양한 자료형을 저장하는 변수는 [공통 블록]의 [변수] 내의 블록들을 사용한다. [변수] 블록은 하나의 값을 저장하는 전역변수와 지역변수를 선언하고 변수 값을 가져오는 명령 블록들로 구성되

어 있다. 〈표 11-2〉에서 앱 인벤터의 [변수] 블록과 그 기능을 설명한다.

〈표 11-2〉 [변수] 블록과 기능

블록	기능
	전역변수를 생성하고 초깃값을 지정
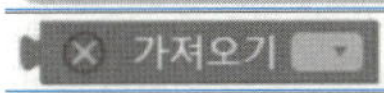	지정된 변수의 값을 반환
	변수의 값을 지정
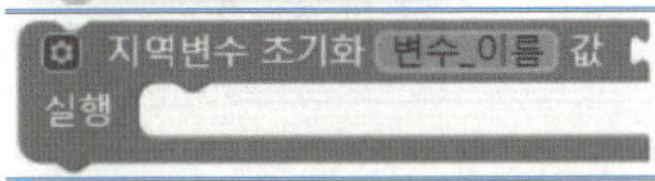	지역변수를 선언하고 내부의 명령 블록을 실행
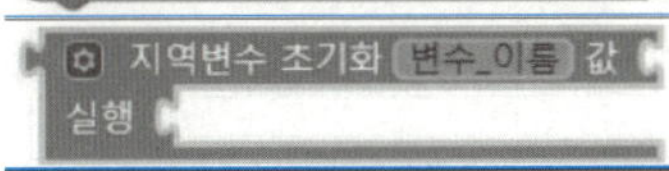	지역변수를 선언하고 내부의 블록 명령을 실행한 결과를 반환

11장의 여러 가지 프로젝트를 통해 자료형에 따른 다양한 블록들을 학습해 보자.

3. 웹 사이트 커넥터 프로젝트

웹 사이트 커넥터 프로젝트는 '버튼'과 '웹뷰어' 컴포넌트를 활용하여 버튼을 눌렀을 때 각 웹 사이트를 열어 검색을 하거나 동영상을 즐길 수 있는 웹 사이트 연결 시스템이다. 수평배치 레이아웃을 이용하여 사용자 인터페이스의 컴포넌트들을 배치하고 화면 디자인의 간격도 조정해 보자.

1) 프로젝트 개요

프로젝트명	웹 사이트 연결 시스템 (Dankook WebSite Connector)
개 요	• 웹사이트 연결을 위한 4개의 버튼 만들기 • 버튼 클릭 시 해당 웹 사이트의 메인 화면 로딩
코딩 요소	• 클릭 이벤트 발생 시 웹 뷰어 실행 • 각 URL에 해당하는 웹 페이지를 로드

기본 화면은 로고를 포함한 앱의 제목과 4개의 버튼을 보여 준다. 각 버튼을 눌렀을 때 아래에 해당 웹 페이지 메인 화면을 불러온다. 아래 〈그림 11-2〉는 완성된 앱을 스마트 폰에서 실행한 화면이다.

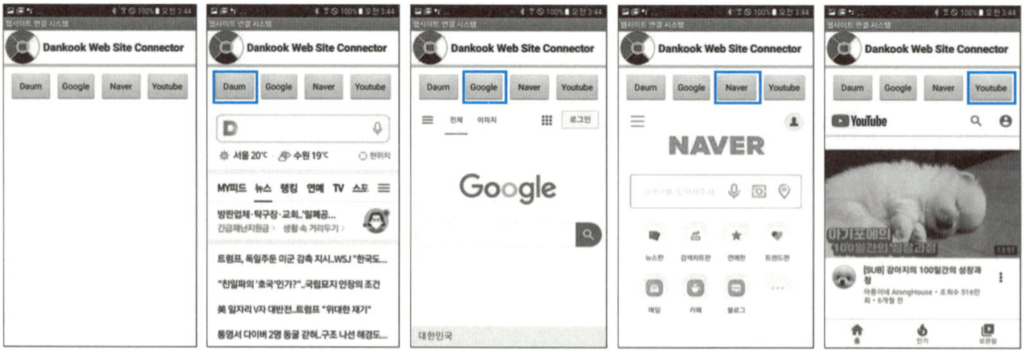

〈그림 11-2〉 'Dankook Web Site Connector' 앱을 실행한 결과

2) 컴포넌트 디자인 설계

웹 사이트 연결 시스템 앱을 만들 때 필요한 리소스와 컴포넌트에 대해 알아보고, 디자인을 설계한다. 필요한 리소스는 제목에서 사용할 이미지 'DKU_mark1.jpg'이며, 완성된 디자인 설계는 〈그림 11-3〉에서 확인할 수 있다.

〈그림 11-3〉 완성된 디자인 설계

〈표 11-3〉은 사용한 컴포넌트들과 변경한 이름 및 설정한 속성이다. 변경된 컴포넌트의 이름은 Screen을 제외하고 대부분 '컴포넌트명_역할' 형태로 작성하였으니 이를 참고하여 〈그림 11-3〉과 같이 컴포넌트 디자인을 설계해 보자.

〈표 11-3〉 컴포넌트 이름과 속성

컴포넌트 이름	속성
Screen1	앱이름: Web Site Connector 제목: 웹사이트 연결 시스템
+ 수평배치_제목틀	수직정렬: 가운데, 높이: 10%,
− 이미지_제목	너비: 20%, 사진: DKU_mark1.jpg
− 레이블_제목	글꼴굵게, 글꼴크기: 18, 너비: 80% 텍스트: Dankook Web Site Connector
수평배치_줄간격	배경색: 밝은 회색, 높이: 5픽셀 너비: 부모 요소에 맞추기
수평배치_간격1	높이: 10픽셀, 너비: 부모
+ 수평배치_웹버튼틀	수평/수직정렬: 가운데, 너비: 부모
− 버튼_다음	너비: 22%, 텍스트: Daum, 텍스트정렬: 가운데
− 레이블_간격1	너비: 2픽셀
− 버튼_구글	너비: 22%, 텍스트: Google, 텍스트정렬: 가운데
− 레이블_간격2	너비: 2픽셀
− 버튼_네이버	너비: 22%, 텍스트: Naver, 텍스트정렬: 가운데
− 레이블_간격3	너비: 2픽셀
− 버튼_유튜브	너비: 22%, 텍스트: Youtube, 텍스트정렬: 가운데
수평배치_간격2	높이: 5픽셀, 너비: 부모
웹뷰어_웹사이트	속성 변경 사항 없음

3) 디자인씽킹 코딩과 실행

디자이너 화면에서 앱에 필요한 컴포넌트들을 모두 추가했다면 화면의 오른쪽 상단에 위치한 [블록] 버튼을 눌러 블록 에디터 화면으로 넘어간 후 각 컴포넌트에 대한 동작을 코딩한다. 〈그림 11-4〉는 완성된 전체 블록 코딩 소스이다.

〈그림 11-4〉 완성된 블록 코딩 전체 소스

01 버튼을 눌렀을 때 발생하는 이벤트를 처리해주는 코드를 작성해야 한다. 네 개 중 하나의 버튼을 클릭했을 때 웹뷰어에서 해당 URL의 페이지를 로드하는 웹뷰어 호출 블록을 실행하도록 끼워 넣고 URL도 문자열로 작성한다.

02 만든 버튼 실행 코드를 복사 후 수정하여 나머지 3개의 버튼도 완성한다.

03 APK용 QR 코드 생성 후 QR코드 리더기로 인식한 다음 앱을 다운받아 스마트 폰에 설치한 후 실행해 보자.

4. 구글맵을 이용한 지도 검색 프로젝트

구글맵을 이용한 지도 검색 프로젝트는 '위치 센서' 컴포넌트를 사용하여 현재 위치를 인식하고, 구글맵을 활용하여 지도에서 현재 위치의 정보와 주변의 맛집, 주유소 정보 등을 확인할 수 있으며 검색한 위치까지 길찾기도 가능한 지도 검색 시스템이다. 또한, 음성인식으로 편리하게 앱을 이용할 수 있도록 '음성 검색' 컴포넌트를 연결해 본다. 센서를 사용한 앱은 스마트 폰 내에 탑재된 센서를 사용하므로 에뮬레이터로 테스트가 불가능한 컴포넌트가 많다. 따라서, 구현하는 동안 테스트를 위해 AI 컴패니언을 사용하는 것을 권장하며, 프로젝트 완성 후 APK QR 코드 인식 앱으로 스마트 폰에 앱을 설치하여 실행 결과를 확인해 보자.

1) 프로젝트 개요

프로젝트명	지도 검색 시스템 (단국 지도 검색)
개 요	• 내 위치를 인식하는 위치 센서 활용 • 구글맵을 활용하여 내 위치 정보 및 주변 정보 찾기, 검색한 위치까지 길찾기 기능 제공 • 음성 인식으로 손쉬운 검색
코딩 요소	• 스크린이 초기화 되거나 위치 센서의 위치가 변경 되었을 때 위치 정보를 보여줌 • 현재 위치 버튼 클릭 이벤트 발생 시 웹 뷰어에 구글 맵으로 현재 위치를 보여줌 • 음식점, 주유소 버튼 클릭 이벤트 발생 시 구글맵에서 해당 정보를 찾아 웹 뷰어에 로드 • 길찾기 버튼 클릭 이벤트 발생 시 구글맵에서 해당 경로를 찾아 웹 뷰어에 로드 • 음성 인식 버튼 클릭 이벤트 발생 시 음성인식 텍스트를 이용 구글맵에서 해당 정보를 찾아 웹 뷰어에 로드

기본 화면은 로고를 포함한 앱의 제목과 내 위치 정보를 보여주는 레이블, 음성 인식을 포함한 5개의 버튼을 보여 준다. 각 버튼을 눌렀을 때 아래 〈그림 11-5〉와 같이 구글맵을 이용한 정보를 웹 뷰어에 로드한다.

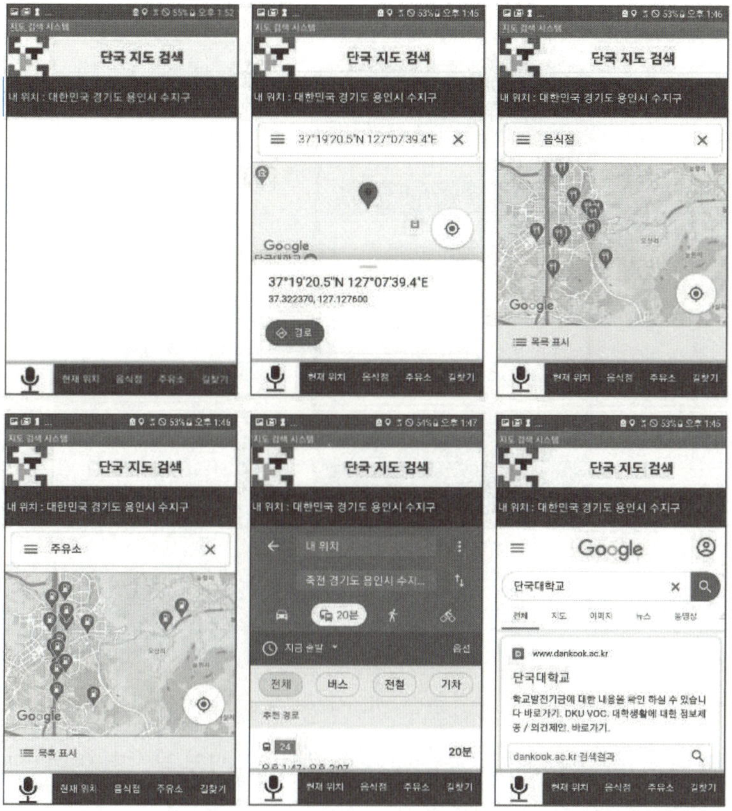

〈그림 11-5〉 '단국 지도 검색' 앱을 실행한 결과

2) 컴포넌트 디자인 설계

지도 검색 시스템 앱을 만들 때 필요한 리소스와 컴포넌트에 대해 알아보고, 디자인을 설계한다. 필요한 리소스는 제목에서 사용할 이미지 'DKU_mark2.jpg', 음성 인식 버튼에서 사용할 이미지 'mic.jpg'이며, 완성된 디자인 설계는 〈그림 11-6〉에서 확인할 수 있다.

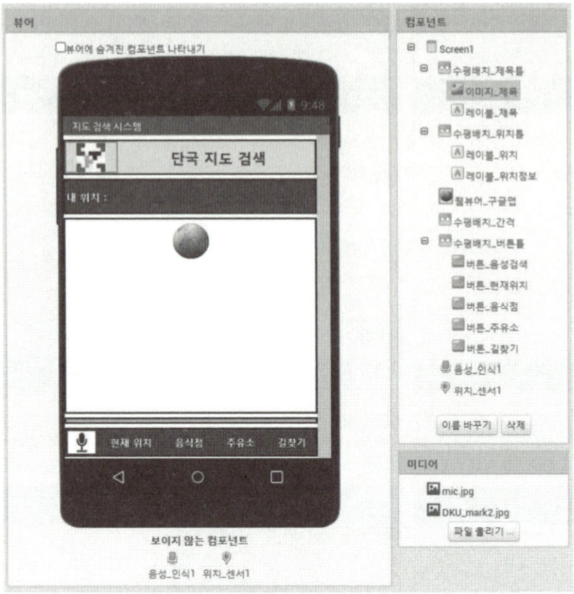

〈그림 11-6〉 완성된 디자인 설계

〈표 11-4〉는 사용한 컴포넌트들과 변경한 이름 및 설정한 속성이다. 변경된 컴포넌트의 이름은 Screen을 제외하고 대부분 '컴포넌트명_역할' 형태로 작성하였으니 이를 참고하여 〈그림 11-6〉과 같이 컴포넌트 디자인을 설계해 보자.

〈표 11-4〉 컴포넌트 이름과 속성

컴포넌트 이름	속성
Screen1	앱이름: 단국 지도 검색 제목: 지도 검색 시스템
+ 수평배치_제목틀	수직정렬: 가운데, 높이: 10%
- 이미지_제목	너비: 20%, 사진: DKU_mark2.jpg
- 레이블_제목	글꼴굵게, 글꼴크기: 20, 너비: 80% 텍스트: 단국 지도 검색
수평배치_간격1	높이: 10픽셀, 너비: 부모

+ 수평배치_위치틀	수직정렬: 가운데, 배경색: 파랑, 높이: 10%, 너비: 부모
- 레이블_위치	글꼴굵게, 글꼴크기: 15, 텍스트: 내 위치:, 텍스트색상: 흰색
- 레이블_위치정보	글꼴굵게, 글꼴크기: 15, 너비: 부모, 텍스트색상: 흰색
웹뷰어_구글맵	높이: 60%, 위치 정보 사용
수평배치_간격	배경색: 밝은 회색, 높이: 1%, 너비: 부모
+ 수평배치_버튼틀	수평/수직정렬: 가운데, 배경색: 파랑, 높이: 8%, 너비: 부모
- 버튼_음성검색	글꼴굵게, 높이: 부모, 너비: 부모, 이미지: mic.jpg, 텍스트정렬: 가운데
- 버튼_현재위치	배경색: 파랑, 글꼴굵게, 텍스트: 현재 위치 텍스트정렬: 가운데, 텍스트색상: 흰색
- 버튼_음식점	배경색: 파랑, 글꼴굵게, 텍스트: 음식점 텍스트정렬: 가운데, 텍스트색상: 흰색
- 버튼_주유소	배경색: 파랑, 글꼴굵게, 텍스트: 주유소 텍스트정렬: 가운데, 텍스트색상: 흰색
- 버튼_길찾기	배경색: 파랑, 글꼴굵게, 텍스트: 길찾기 텍스트정렬: 가운데, 텍스트색상: 흰색
음성_인식1	속성 변경 사항 없음
위치_센서1	속성 변경 사항 없음

3) 디자인씽킹 코딩과 실행

디자이너 화면에서 앱에 필요한 컴포넌트들을 모두 추가 했다면 화면의 오른쪽 상단에 위치한 [블록] 버튼을 눌러 블록 에디터 화면으로 넘어간 후 각 컴포넌트에 대한 동작을 코딩한다. 〈그림 11-7〉는 완성된 전체 블록 코딩 소스이다.

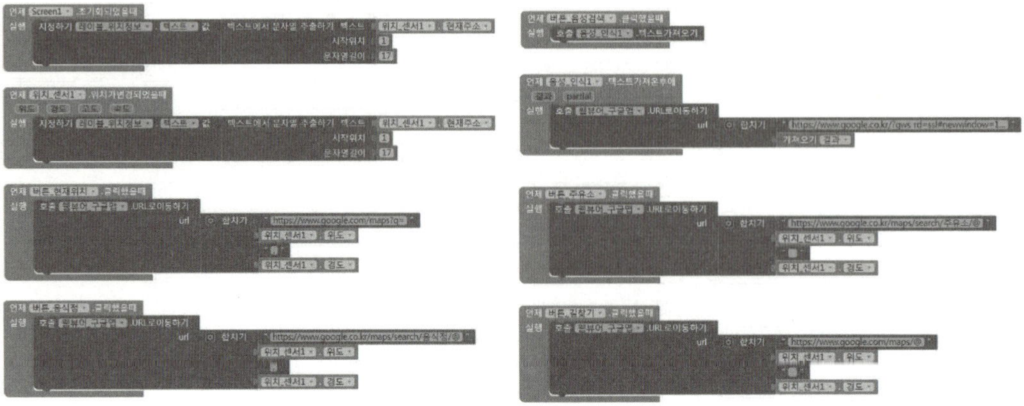

〈그림 11-7〉 완성된 블록 코딩 전체 소스

01 스크린이 초기화되었을 때 레이블_위치 정보에 위치 센서를 사용한 현재 주소를 보여 준다.

블록은 [공통 블록]-[텍스트]에 있는 블록으로 위치센서의 현재 주소를 읽어와 텍스트의 시작 위치 1부터 문자열 길이 17만큼 문자열을 추출한다.

02 위치 센서의 위치가 변경되었을 때 레이블_위치 정보에 위치 센서를 사용한 현재 주소를 보여 준다.

03 버튼을 눌렀을 때 발생하는 이벤트를 처리해 주는 코드를 작성해 보자. 현재 위치, 음식점, 주유소, 길찾기 네 개 중 하나의 버튼을 클릭했을 때 위치 센서의 위도와 경도를 활용한 구글맵을 웹뷰어로 로드

하도록 블록을 작성한다.

합치기 블록은 [공통 블록]-[텍스트]에 있는 블록으로 문자형 자료를 합쳐서 하나의 문자열로 만든다. 즉, 구글맵에서 근처 주유소의 위도와 경도를 합쳐서 하나의 url로 만든 다음 웹뷰어로 전달하고, 웹뷰어는 구글맵의 해당 URL을 로드한다.

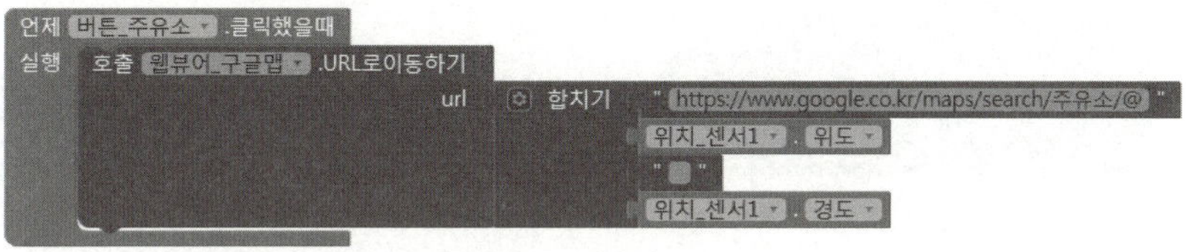

04 앱에 사용되는 구글의 주요 사이트 작성 방법을 참고하여 03에서 만든 버튼 실행 블록을 복사 후 수정하여 나머지 3개의 버튼도 완성한다.

- 앱에 사용되는 구글의 주요 사이트
  - 현재 위치: https://www.google.com/maps?q=
  - 음식점: https://www.google.co.kr/maps/search/음식점/@
  - 주유소: https://www.google.co.kr/maps/search/주유소/@
  - 길찾기: https://www.google.com/maps/@
  - 음성 검색: https://www.google.co.kr/?gws rd=ssl#newwindow=1&q=

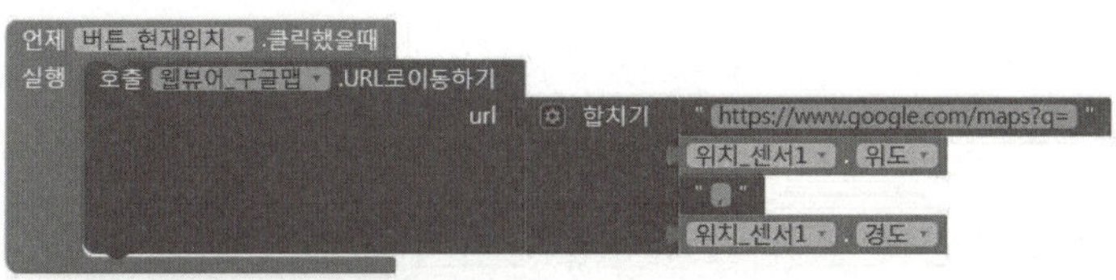

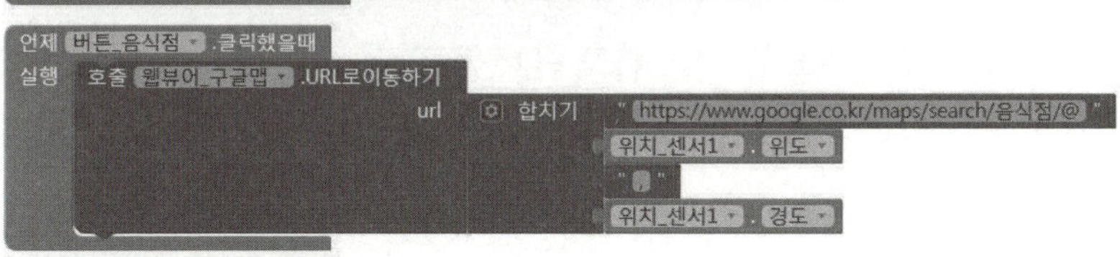

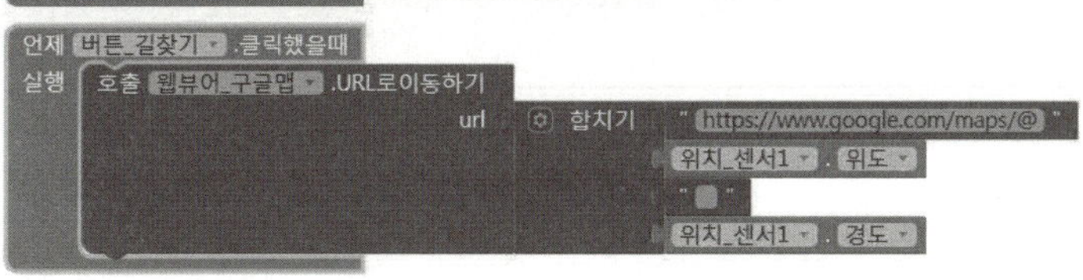

05 음성 인식 버튼을 클릭했을 때 음성인식 센서로 작성된 텍스트를 가져온다. 가져온 음성인식 텍스트의 위치로 이동한 구글맵을 웹뷰어에 로드한다.

06 APK용 QR 코드 생성 후 QR코드 리더기로 인식한 다음 앱을 다운받아 스마트 폰에 설치한 후 실행해 보자.

5. 타이머와 알람 프로젝트

타이머와 알람 프로젝트는 사용자로부터 알람할 초 단위의 값을 입력받고 '시계' 컴포넌트를 사용하여 타이머를 작동하는 타이머 알람 시스템이다. 타이머가 작동되는 동안 알람시계 이미지를 보이게 하고, 타이머의 시간이 0초가 되었을 때 '소리' 컴포넌트를 활용하여 알람 소리를 작동시킨다. '가속도 센서'를 이용해서 스마트 폰을 흔들거나 알람 종료 버튼을 클릭하면 타이머가 멈추고 알람시계 이미지를 숨긴 초기 화면으로 돌아간다.

프로젝트 완성 후 APK QR 코드 인식 앱으로 스마트 폰에 앱을 설치하여 실행 결과를 확인해 보자.

1) 프로젝트 개요

프로젝트명	타이머 알람 시스템 (단국 타이머 알람)
개 요	• 알람을 설정할 타이머 시간을 입력 • 알람을 시작하면 시계 이미지가 나타나고 타이머 시간이 줄어듦 • 스마트 폰을 흔들거나 알람 종료 버튼을 누르면 알람 소리 멈춤
코딩 요소	• 스크린 초기화 시 알람시계 이미지를 숨김 • 텍스트 박스에 시간을 입력하고, 시간 입력 버튼을 클릭했을 때 시간 표시 레이블에 입력한 시간을 전송 • 알람 시작 버튼 클릭 이벤트 발생 시 모든 버튼을 비활성화, 알람시계 이미지 보여 주며 타이머를 작동 - 타이머 작동 시 시간표시 레이블에 초 단위 표시 • 조건문: 타이머의 시간이 0초가 되면 알람 소리 작동, 알람 종료 버튼 활성화 • 알람 종료 버튼을 클릭하거나 가속도 센서를 이용해 스마트 폰을 흔들었을 때 알람 소리 종료, 모든 버튼 활성화, 알람시계 이미지 숨김

기본 화면은 로고를 포함한 앱의 제목과 타이머가 동작하는 동안 설정된 시간을 초 단위로 보여 준다. 또한, 타이머에 설정할 시간을 입력하는 텍스트 박스와 입력한 텍스트를 타이머로 전송하는 입력 버튼, 타이머를 시작하는 알림 시작 버튼, 알람 소리를 멈추는 알람 종료 버튼을 보여준다. 〈그림 11-8〉과 같이 '텍스트 박스_시간'에 초를 입력하고 '시간 입력' 버튼을 누르면 '레이블_시간 표시'에 입력한 초가 표시된다. '알림 시작' 버튼을 누르면 타이머가 동작하고, 0초가 될 때까지 모든 버튼은 비활성화 된다. 타이머가 동작 중임을 알람시계 이미지로 보여주고, 타이머가 0초가 되면 알람 소리가 울리고 '알람 종료' 버튼이 활성화되어 종료할 수 있게 된다. '알람 종료' 버튼을 누르면 알람 시계 이미지는 사라지고 초기 화면 상태로 돌아간다.

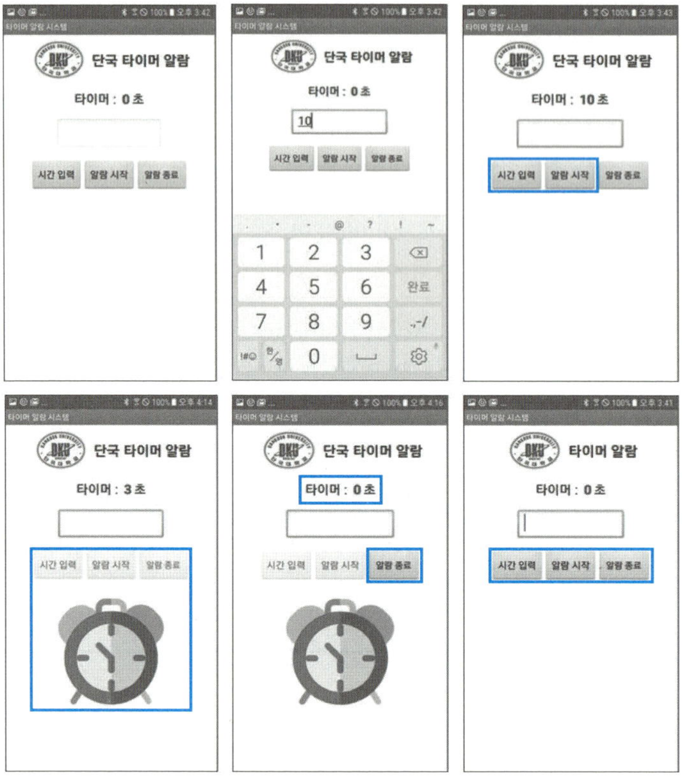

〈그림 11-8〉 '단국 타이머 알람' 앱을 실행한 결과

2) 컴포넌트 디자인 설계

타이머 알람 시스템을 만들 때 필요한 리소스와 컴포넌트에 대해 알아보고, 디자인을 설계한다. 필요한 리소스는 알람 소리로 사용할 'Alarm.mp3', 제목 로고로 사용할 'DKU_Logo3.jpg', 타이머가 동작 중임을 알려주는 알람시계 이미지 'alarm_1.png'이며, 완성된 디자인 설계는 〈그림 11-9〉에서 확인할 수 있다.

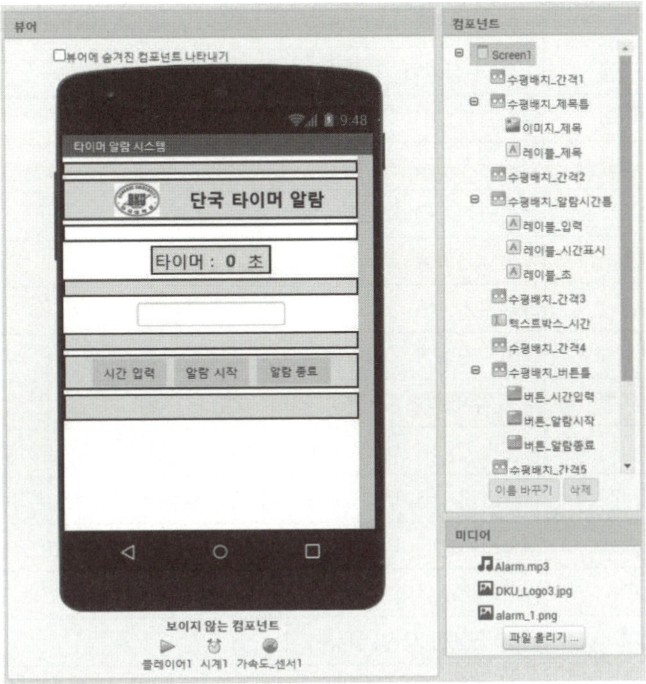

〈그림 11-9〉 완성된 디자인 설계

〈표 11-5〉는 사용한 컴포넌트들과 변경한 이름 및 설정한 속성이다. 변경된 컴포넌트의 이름은 Screen을 제외하고 대부분 '컴포넌트명_역할' 형태로 작성하였으니 이를 참고하여 〈그림 11-9〉와 같이 컴포넌트 디자인을 설계해 보자.

〈표 11-5〉 컴포넌트 이름과 속성

컴포넌트 이름	속성
Screen1	앱이름: 단국 타이머 알람, 수평정렬: 가운데 제목: 타이머 알람 시스템
수평배치_간격1	높이: 10픽셀, 너비: 부모
+ 수평배치_제목틀	수평/수직정렬: 가운데, 높이: 10%, 너비: 부모
- 이미지_제목	높이: 부모, 너비: 30%, 사진: DKU_Logo3.jpg
- 레이블_제목	글꼴굵게, 글꼴크기: 22, 텍스트: 단국 타이머 알람

수평배치_간격2	높이: 15픽셀, 너비: 부모
+ 수평배치_시간틀	수평/수직정렬: 가운데
- 레이블_타이머	글꼴크기: 20, 텍스트: 타이머:
- 레이블_시간표시	글꼴굵게, 글꼴크기: 20, 텍스트색상: 파랑
- 레이블_초	글꼴크기: 20, 텍스트: 초
수평배치_간격3	높이: 15픽셀, 너비: 부모
텍스트박스_시간	글꼴크기: 20
수평배치_간격4	높이: 15픽셀, 너비: 부모
+ 수평배치_버튼틀	수평/수직정렬: 가운데, 너비: 부모
- 버튼_시간입력	글꼴크기: 15, 너비: 25%, 텍스트: 시간입력, 텍스트정렬: 가운데
- 버튼_알람시작	글꼴크기: 15, 너비: 25%, 텍스트: 알람 시작, 텍스트정렬: 가운데
- 버튼_알람종료	글꼴크기: 15, 너비: 25%, 텍스트: 알람 종료, 텍스트정렬: 가운데
수평배치_간격5	높이: 8%, 너비: 부모
이미지_알람시계	너비: 50%, 사진: alarm_1.png
플레이어1	소스: Alarm.mp3
시계1	속성 변경 사항 없음
가속도센서1	속성 변경 사항 없음

3) 디자인씽킹 코딩과 실행

디자이너 화면에서 앱에 필요한 컴포넌트들을 모두 추가했다면 화면의 오른쪽 상단에 위치한 [블록] 버튼을 눌러 블록 에디터 화면으로 넘어간 후 각 컴포넌트에 대한 동작을 코딩한다. 〈그림 11-10〉은 완성된 전체 블록 코딩 소스이다.

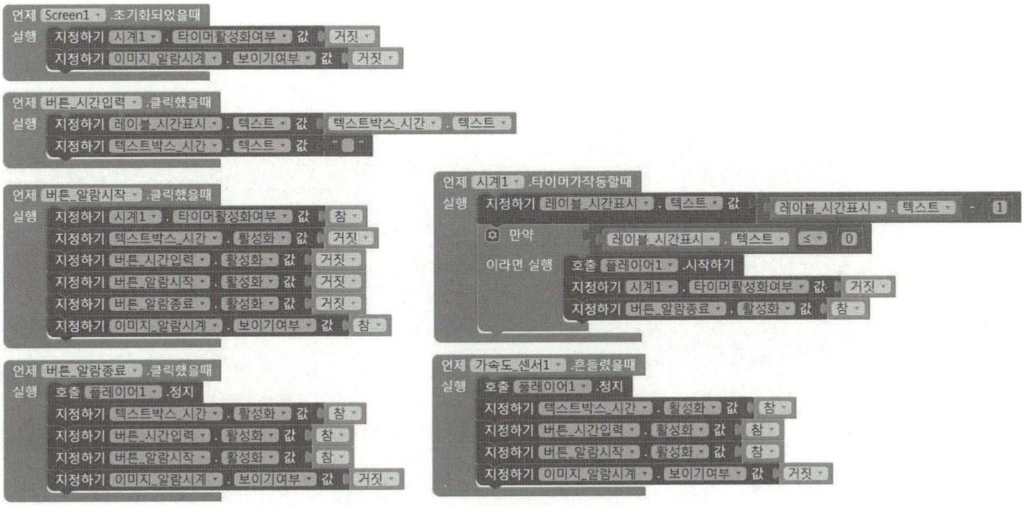

〈그림 11-10〉 완성된 블록 코딩 전체 소스

01 스크린이 초기화되었을 때 시계의 타이머를 비활성화하고, 알람시계 이미지를 숨긴다.

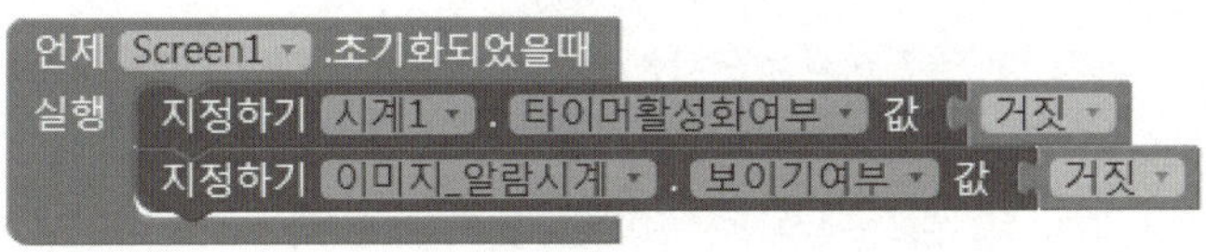

02 '버튼_시간입력' 클릭 이벤트 발생 시 '텍스트박스_시간'에 입력된 텍스트의 값을 '레이블_시간표시'의 텍스트 값으로 지정하고, '텍스트박스_시간'의 텍스트 값을 빈 문자열로 지정한다.

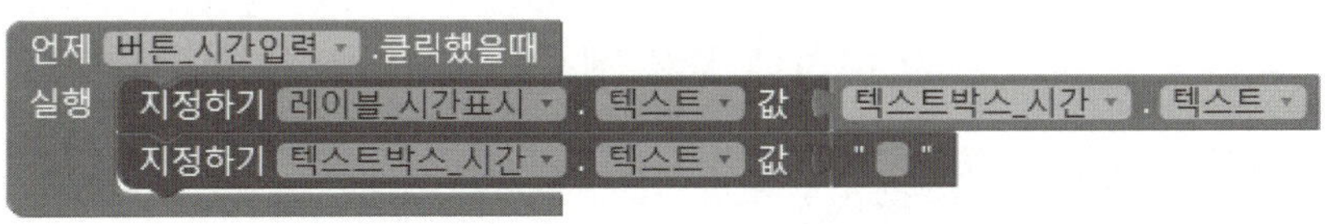

03 '시계1' 타이머가 작동하면, '레이블_시간표시'의 텍스트 값을 1초씩 감소시킨다. 만약, '레이블_시간표시'의 텍스트가 0과 같은 값이 되면, '플레이어1'을 호출하여 알람소리를 재생하고, '시계1'의 타이

머를 비활성화시킨다. 또한, 알람 소리를 끄기 위해 '버튼_알람종료' 를 활성화시킨다.

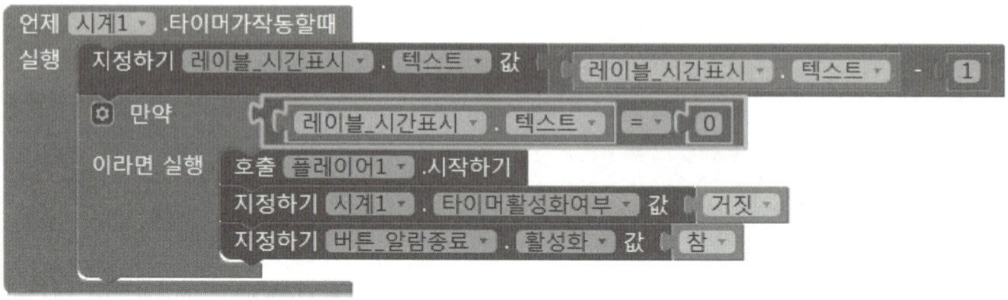

04 '버튼_알림시작' 클릭 이벤트가 발생하면 '시계1'의 타이머를 활성화 시키고, 모든 버튼들을 비활성화시킨다. 또, 타이머가 작동하는 동안 '이미지_알람시계'를 보이도록 설정한다.

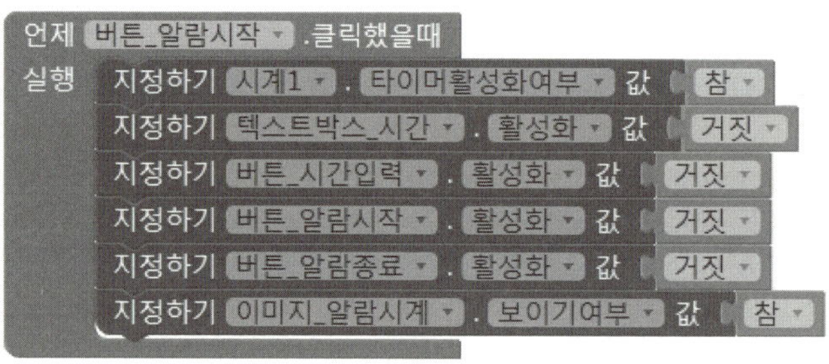

05 알람 소리를 정지하기 위해 '버튼_알람종료' 버튼을 클릭하거나, 스마트 폰을 흔들어 '가속도_센서1'이 동작하게 한다. 두 이벤트 모두 '플레이어1'을 정지시키고, 모든 버튼을 활성화시킨다. 타이머가 작동하지 않으므로 '이미지_알람시계'는 안 보이도록 설정한다.

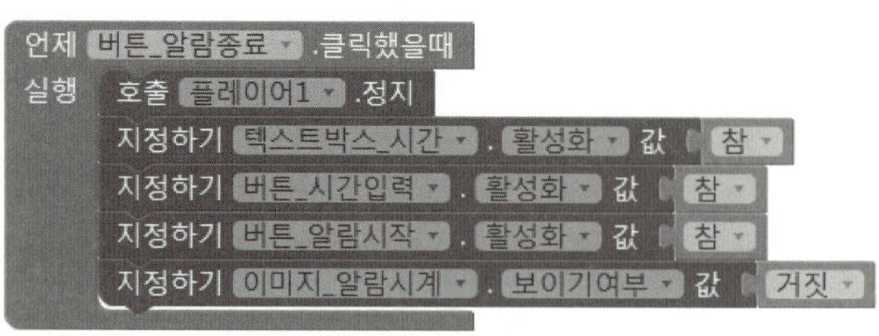

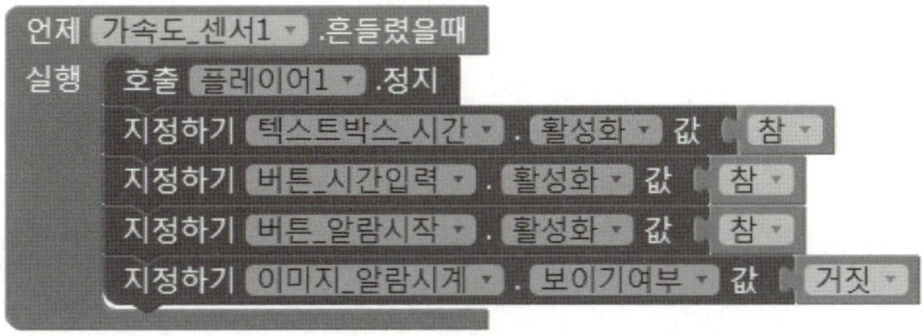

06 APK용 QR 코드 생성 후 QR 코드 리더기로 인식한 다음 앱을 다운 받아 스마트 폰에 설치한 후 실행해 보자.

활동 11-1

학과		학번		이름	

액티비티스타터를 이용하여 '단국 지도 검색 II' 앱을 만들어 보자.

- 텍스트박스에 위치를 입력한 후 검색하면 구글맵의 결과를 보여줌
- 즐겨찾기 목록을 만들어 구글맵으로 바로 이동할 수 있음

〈프로젝트 개요〉

프로젝트명	액티비티스타터를 이용한 지도 검색 시스템 (단국 지도 검색 II)
개 요	
코딩 요소 (컴포넌트 & 속성)	

〈실행 화면〉

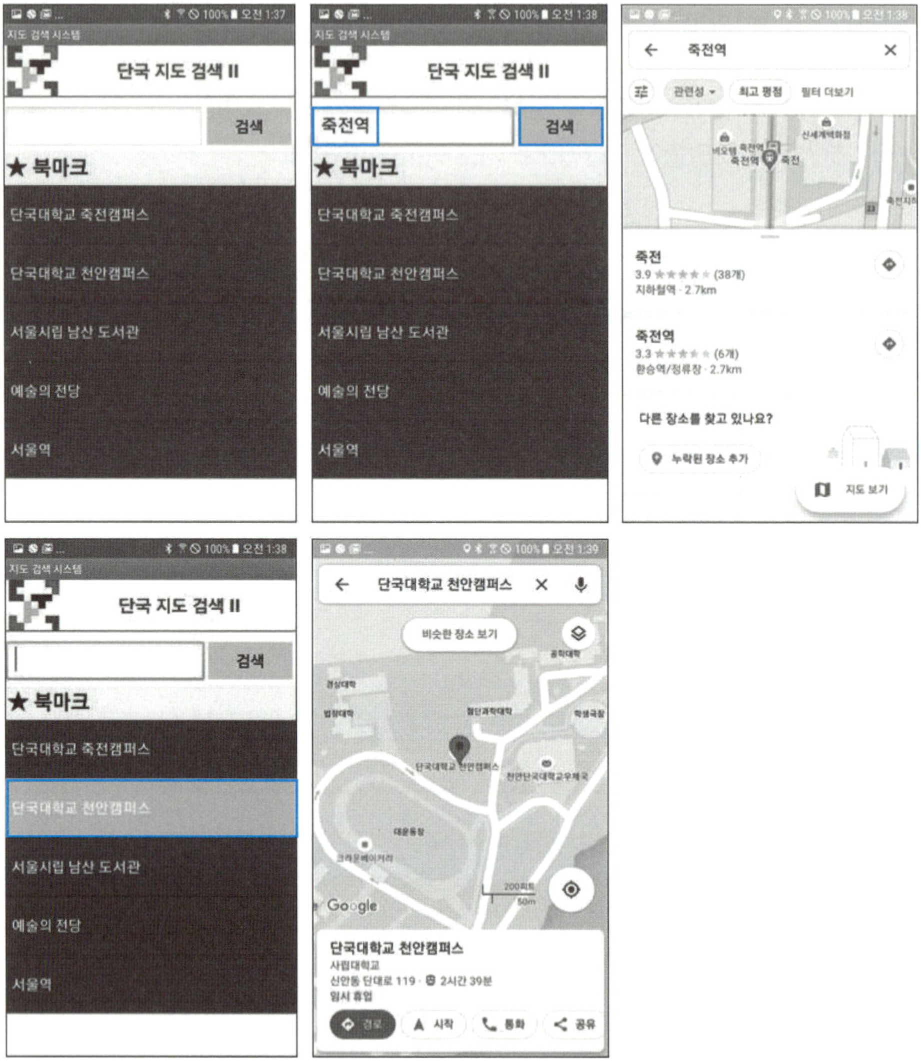
지도 검색 시스템
단국 지도 검색 II
검색
★ 북마크
단국대학교 죽전캠퍼스
단국대학교 천안캠퍼스
서울시립 남산 도서관
예술의 전당
서울역
지도 검색 시스템
단국 지도 검색 II
죽전역
검색
★ 북마크
단국대학교 죽전캠퍼스
단국대학교 천안캠퍼스
서울시립 남산 도서관
예술의 전당
서울역
죽전역
관련성
최고 평점
필터 더보기
죽전
3.9 (38개)
지하철역 · 2.7km
죽전역
3.3 (6개)
환승역/정류장 · 2.7km
다른 장소를 찾고 있나요?
누락된 장소 추가
지도 보기
지도 검색 시스템
단국 지도 검색 II
검색
★ 북마크
단국대학교 죽전캠퍼스
단국대학교 천안캠퍼스
서울시립 남산 도서관
예술의 전당
서울역
단국대학교 천안캠퍼스
비슷한 장소 보기
Google
단국대학교 천안캠퍼스
사립대학교
신안동 단대로 119 · 2시간 39분
임시 휴업
경로
시작
통화
공유

〈완성된 화면 디자인 설계〉

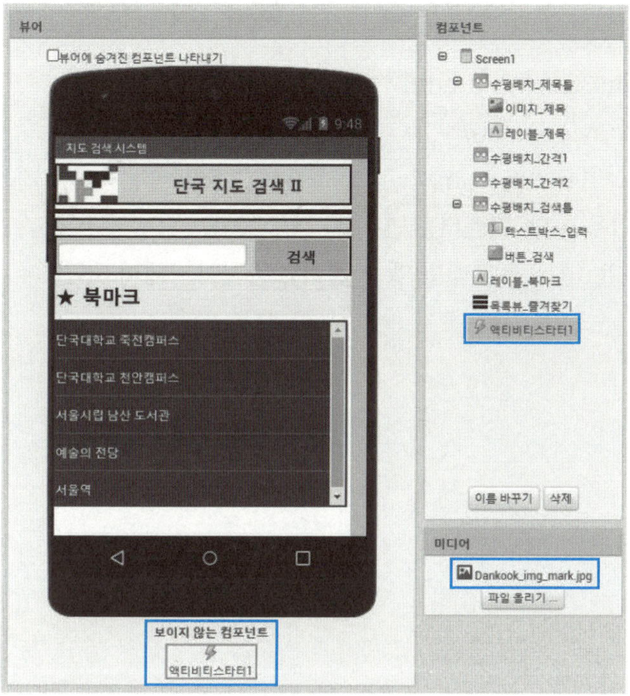

'액티비티스타터' 컴포넌트는 [팔레트]-[연결]에 있으며 보이지 않으며, 액티비티 함수를 만들어 구글맵과 같은 다른 액티비티를 실행시킬 수 있다.

'액티비티스타터' 컴포넌트를 사용하여 다른 앱을 동작시키기 위해서는 해당 앱의 소스 코드에서 정보를 찾아 속성으로 설정해야 한다. 본 활동에서는 구글맵을 이용하므로 다음과 같이 '액티비티스타터' 컴포넌트의 속성을 설정한다.

〈액티비티스타터 컴포넌트의 속성 설정〉

속성	값
동작	android.intent.action.VIEW
액티비티클래스	com.google.android.maps.MapsActivity
액티비티패키지	com.google.android.apps.maps
데이터 URI	특정 위치를 지정하는 것으로, 이 프로젝트에서는 코딩에서 동적으로 지정함

수업 자료 및 참고 문헌

1. 앱 인벤터: http://appinventor.mit.edu/
2. 픽사베이: http://pixabay.com/ko/
3. 플래티콘: https://www.flaticon.com/kr/
4. 김경희 외, 『창의력을 키우는 앱 인벤터』, 연두에디션, 2019.
5. 이종원, 『재미있게 만드는 앱 프로그래밍 앱 인벤터』, 한빛아카데미 2020.

제 12 장

아이디어를 코딩으로

사용자 경험 중심의 애플리케이션 개발 프로세스의 문제 영역에서는 사용자 스토리, 사용자별 특징 정의, 사용자 경험 분석을 하고 해결 영역에서는 모형을 제작한 후 구현하게 된다. 아이디어를 코딩으로 나타내기 위해 사용자 경험 중심의 애플리케이션을 개발하고, 이를 위해 다양한 프로젝트로 심화 학습을 한다. 이번 장에서는 문제 영역에서 도출된 아이디어 정보를 기반으로 해결 영역에 해당하는 구현 단계로 앱 인벤터 프로그래밍을 작성하도록 한다. 앱 인벤터 개념 확장 및 활용 능력을 높이기 위한 설명과 사례들을 다양한 프로젝트로 학습한다.

학습 목표

- 아이디어를 애플리케이션으로 개발하기 위해 코딩 요소를 추출하고 알고리즘을 설계할 수 있다.
- 아이디어에서 코딩 요소를 다양한 컴포넌트들과 블록을 사용하여 앱 앱 인벤터로 구현할 수 있다.

11장에 이어 디자인씽킹을 통한 아이디어를 코딩으로 나타내기 위해 앱 인벤터의 다양한 컴포넌트들과 블록을 활용한다. 아이디어를 애플리케이션으로 개발하고, 애플리케이션의 정보를 재구성하는 데 필요한 내용을 학습해 보자.

1. 앱 인벤터를 활용한 아이디어 코딩

11장에서 미디어, 지도, 센서, 웹뷰어 등 팔레트의 다양한 컴포넌트들로 복잡한 기능을 구현하여 일상생활 속 문제를 함께 해결했다. 또한, 프로그래밍에서 필요한 자료형과 변수의 개념에 대해 학습하고, [변수] 블록 및 자료형에 따른 [수학], [논리], [텍스트], [리스트] 블록들을 사용해 보았다.

본 장에서 다양한 프로젝트를 통해 [제어] 블록의 조건과 반복, [함수] 블록, 여러 종류의 컴포넌트, 차트 확장기능을 활용해 앱 인벤터로 아이디어를 코딩해 보자.

1) 앱 인벤터의 함수

프로그래밍에서 함수(function)란 특정한 기능을 수행하는 명령의 묶음을 뜻한다. 일반적으로 프로그래밍 언어 자체에서 미리 만들어 제공하는 함수를 내장 함수(intrinsic function)라고 하고, 사용자의 필요에 따라 만드는 함수를 사용자 정의 함수(user defined function)라고 한다. 함수를 사용하는 이유는 첫째, 특정한 기능을 수행하는 부분을 독립시키기 위해서이다. 사용자는 이렇게 독립된 함수의 코드 내용을 쉽게 이해할 수 있다. 두 번째 이유는 코드를 재사용하기 위해서이다. 코딩을 하다 보면 유사한 기능을 수행하는 코드가 반복(중복)해서 사용되는 것을 발견할 수 있다. 이렇게 중복되는 코드를 함수로 만들어 놓고 필요할 때마다 호출하여 사용하면 코드의 오류를 줄일 수 있고 전체 코드도 간결해진다. 세 번째 이유는 만약 오류가 발생하였을 경우 해당 함수에서만 수정하면 되므로 유지 보수가 쉽다. 이런 이유들로 간단한 프로그램을 제외한 대부분의 경우 코딩을 하는 과정에서 함수를 만들어 사용한다. 관련 함수를 모아 제공하는 것을 라이브러리(library)라고 하며, 프로그래밍 언어 별로 많은 라이브러리를 공개하고 제공하고 있다.

앱 인벤터에서는 문제 해결에 필요한 기능을 가진 사용자 정의 함수를 만들어 사용할 수 있으며, 한국어가 아닌 영어를 선택하면 함수를 프로시저(Procedure)라고 부른다. 앱 인벤터의 [함수] 블록은 [공통 블록] 내에 있

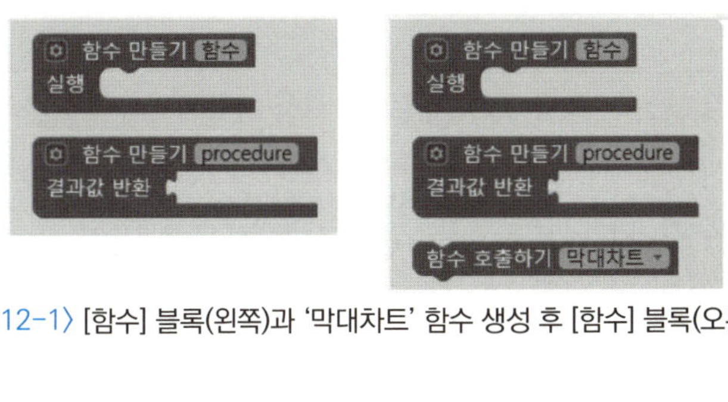

〈그림 12-1〉 [함수] 블록(왼쪽)과 '막대차트' 함수 생성 후 [함수] 블록(오른쪽)

다. [함수] 블록은 〈그림 12-1〉의 왼쪽과 같이 반환 값이 있는 경우와 없는 경우에 사용하는 블록 두 개이며, 오른쪽 그림과 같이 함수 생성 시 생성한 함수 별로 호출하는 블록이 추가로 생성된다.

각 함수는 함수명으로 구분하며 [함수 만들기] 블록에서 '함수' 부분을 클릭하여 영어나 한글로 작성할 수 있다.

함수를 호출할 때 함수에 값을 전달해야 하는 경우가 있다. 이를 매개변수라고 한다. 예를 들어 두 개의 값으로 덧셈 연산의 결과를 반환하는 기능의 함수가 있다면, 덧셈할 피연산자 두 개가 매개변수가 된다. 앱 인벤터에서 매개변수는 〈그림 12-2〉와 같이 설정 아이콘(⚙)을 클릭하여 [입력] 블록을 추가하여 지정할 수 있으며, 매개변수가 2개인 경우 [입력] 블록을 하나 더 추가하면 된다.

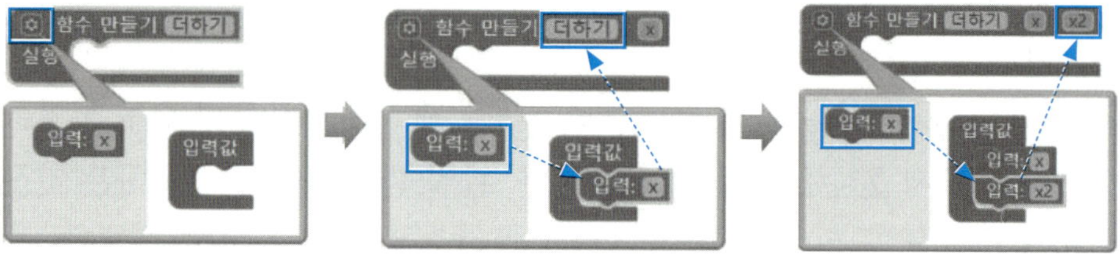

〈그림 12-2〉 함수에 매개변수 추가하기

2. 수강 신청 및 등록 현황 프로젝트

수강 신청 및 등록 현황 프로젝트는 사용자로부터 새로운 과목을 수강 신청하거나 신청한 과목을 수정할 수 있는 수강 신청 및 등록 시스템이다. '텍스트박스' 컴포넌트를 이용하여 신청 과목을 입력 받고 '추가' 버튼을 클릭하면 아래 '목록뷰'에 수강 신청한 목록이 출력된다. 또한, '목록뷰'에 등록된 과목을 선택한 후 과목 수정 '텍스트박스'를 이용해 내용을 수정하고 '수정' 버튼을 클릭하면 수정된 내용이 '목록뷰'에 반영된다. 철회하고 싶은 과목을 '목록뷰'에서 선택하고 '삭제' 버튼을 누르면 해당 과목이 삭제된다. '현황' 버튼을 누르면 현재 신청된 과목 현황을 '알림' 컴포넌트를 이용해 팝업으로 보여 준다.

프로젝트 완성 후 APK QR 코드 인식 앱으로 스마트 폰에 앱을 설치하여 실행 결과를 확인해 보자.

1) 프로젝트 개요

프로젝트명	수강 신청 및 등록 시스템 (단국 수강 신청)
개 요	• 수강 신청할 과목을 입력하여 추가 • 신청한 과목을 수정 • 수강 신청 목록에서 과목 삭제 • 수강 신청 과목 수 및 과목의 현황을 볼 수 있음

코딩 요소	• 수강 신청 과목을 저장
	  - 리스트: 수강 데이터 추가, 수정, 삭제
	• 스크린이 초기화되었을 때 3개의 임의 수강 신청 과목을 저장하여 수강 현황 목록으로 보여줌
	  - 전역변수
	• 신청 과목을 입력하고 추가 버튼을 클릭 했을 때 목록뷰에 해당 과목 정보를 보여줌
	• 수강 현황 목록에서 과목을 선택하고 과목을 수정했을 때 목록의 정보를 수정
	  - 조건문: 리스트에서 항목 수정
	  - 반복문: 리스트에서 데이터 검색
	• 수강 현황 목록에서 과목을 선택하고 삭제 버튼을 클릭했을 경우 목록에서 해당 과목을 삭제
	  - 조건문: 리스트에서 항목 수정
	  - 반복문: 리스트에서 데이터 검색
	• 현황 버튼을 클릭 했을 경우 신청한 과목수와 과목 정보를 알림 창으로 보여줌

기본 화면은 로고를 포함한 앱의 제목과 수강 신청한 과목의 교수명과 과목명을 목록으로 보여 준다. 수강 현황 목록에서 과목을 선택하면 과목 정보를 수정할 수 있고, 목록에서 선택한 과목을 삭제할 수도 있다. 현재 수강 신청한 과목수와 정보에 관한 현황을 알림 창으로 볼 수 있다.

〈그림 12-3〉과 같이 '텍스트 박스_신청과목'에 교수명과 과목명을 입력하고 '추가' 버튼을 누르면 '목록뷰_수강현황'에 입력한 과목 정보가 표시된다. '목록뷰_수강현황'에서 과목을 선택하면 선택된 항목 색상이 변하면서 '텍스트 박스_신청과목'에 해당 과목이 보이게 된다. 그 다음 아래의 '텍스트박스_과목수정'에서 과목을 수정한 후 '수정' 버튼을 누르면 수정사항이 '목록뷰_수강현황'에 반영된다. 혹은 항목 선택 후 '삭제' 버튼을 누르면 '목록뷰_수강현황'에서 해당 과목이 삭제된다. 수강신청이 완

〈그림 12-3〉 '단국 수강 신청' 앱을 실행한 결과

료되면 '현황' 버튼을 눌러 신청한 과목 수와 과목 정보들이 알림 창으로 출력된다.

2) 컴포넌트 디자인 설계

수강 신청 및 등록 시스템을 만들 때 필요한 리소스와 컴포넌트에 대해 알아보고, 디자인을 설계한다. 필요한 리소스는 제목 로고로 사용할 'DKU_Logo2.jpg'이며, 완성된 디자인 설계는 〈그림 12-4〉에서 확인할 수 있다.

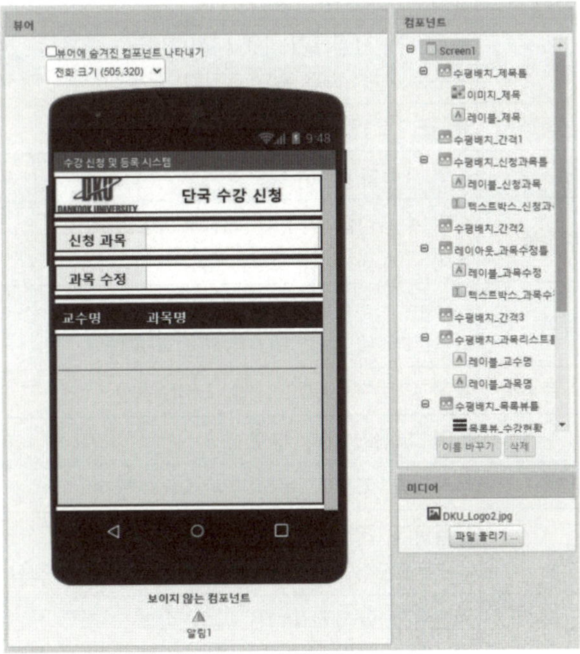

〈그림 12-4〉 완성된 디자인 설계

〈표 12-1〉은 사용한 컴포넌트들과 변경한 이름 및 설정한 속성이다. 변경된 컴포넌트의 이름은 Screen을 제외하고 대부분 '컴포넌트명_역할'

형태로 작성하였으니 이를 참고하여 〈그림 12-4〉와 같이 컴포넌트 디자인을 설계해 보자.

〈표 12-1〉 컴포넌트 이름과 속성

컴포넌트 이름	속성
Screen1	앱이름: 단국 수강 신청, 제목: 수강 신청 및 등록 시스템
+ 수평배치_제목틀	수평/수직정렬: 가운데, 높이: 10%, 너비: 부모
이미지_제목	너비: 30%, 사진: DKU_Logo2.jpg
- 레이블_제목	글꼴굵게, 글꼴크기: 20, 너비: 부모 텍스트: 단국 수강 신청, 텍스트정렬: 가운데
수평배치_간격1	높이: 1픽셀, 너비: 부모
+ 수평배치_신청과목틀	수평/수직정렬: 가운데, 배경색: #fdff9cff 높이: 7%, 너비: 부모
- 레이블_신청과목	글꼴굵게, 글꼴크기: 18, 너비: 30% 텍스트: 신청 과목, 텍스트정렬: 가운데
- 텍스트박스_신청과목	글꼴크기: 18, 높이: 10%, 너비: 부모
수평배치_간격2	높이: 1픽셀, 너비: 부모
+ 수평배치_과목수정틀	수평/수직정렬: 가운데, 배경색: #e9f9ffff 높이: 7%, 너비: 부모
- 레이블_과목수정	글꼴굵게, 글꼴크기: 18, 너비: 30% 텍스트: 과목 수정, 텍스트정렬: 가운데
- 텍스트박스_과목수정	글꼴크기: 18, 높이: 10%, 너비: 부모
수평배치_간격3	높이: 1픽셀, 너비: 부모
+ 수평배치_현황틀	수직정렬: 가운데, 높이: 7%, 너비: 부모
- 레이블_교수명	글꼴굵게, 글꼴크기: 18, 너비: 18% 텍스트: 교수명, 텍스트정렬: 가운데, 텍스트 색상: 흰색
- 레이블_과목명	글꼴굵게, 글꼴크기: 18, 너비: 40%, 텍스트: 과목명, 텍스트정렬: 가운데, 텍스트 색상: 흰색
+ 수평배치_목록뷰틀	수평/수직정렬: 가운데, 높이: 50%, 너비: 부모

- 목록뷰_수강현황	배경색: #e9e9e9ff, 높이: 부모, 너비: 부모 선택된 항목 색상: 청록색, 텍스트 색상: 파랑 텍스트 크기: 18
수평배치_간격4	높이: 1픽셀, 너비: 부모
+ 수평배치_버튼틀	수평/수직정렬: 가운데, 높이: 10%, 너비: 부모
- 버튼_추가	글꼴굵게, 글꼴크기: 16, 너비: 20% 텍스트: 추가, 텍스트정렬: 가운데
- 버튼_수정	글꼴굵게, 글꼴크기: 16, 너비: 20% 텍스트: 추가, 텍스트정렬: 가운데
- 버튼_삭제	글꼴굵게, 글꼴크기: 16, 너비: 20% 텍스트: 추가, 텍스트정렬: 가운데
- 버튼_현황	글꼴굵게, 글꼴크기: 16, 너비: 20% 텍스트: 추가, 텍스트정렬: 가운데
알림1	속성 변경 사항 없음

3) 아이디어 코딩과 실행

디자이너 화면에서 앱에 필요한 컴포넌트들을 모두 추가했다면 화면의 오른쪽 상단에 위치한 [블록] 버튼을 눌러 블록 에디터 화면으로 넘어간 후 각 컴포넌트에 대한 동작을 코딩한다. 이 프로젝트에서 새롭게 사용하는 리스트는 자료형을 특별히 구분하지 않고 여러 형태를 복합적으로 한 번에 저장할 수 있으며, 리스트에서 자료의 위치를 나타내는 번호(인덱스)를 사용하여 구분한다. [리스트] 블록들로 빈 리스트를 만들어 데이터를 저장, 추가, 수정(교체), 삭제할 수 있으며, 리스트의 길이를 구하거나 리스트를 복사하는 등의 다양한 기능을 구현할 수 있다. 〈그림 12-5〉는 완성된 전체 블록 코딩 소스이다.

〈그림 12-5〉 완성된 블록 코딩 전체 소스

01 '교수_과목명' 전역변수를 빈 리스트로 생성한다. 스크린이 초기화되었을 때 '교수_과목명'에 [리스트 만들기] 블록으로 기본 입력 값을 설정하고, '목록뷰_수강현황'의 요소에 '교수_과목명' 값을 지정한다.

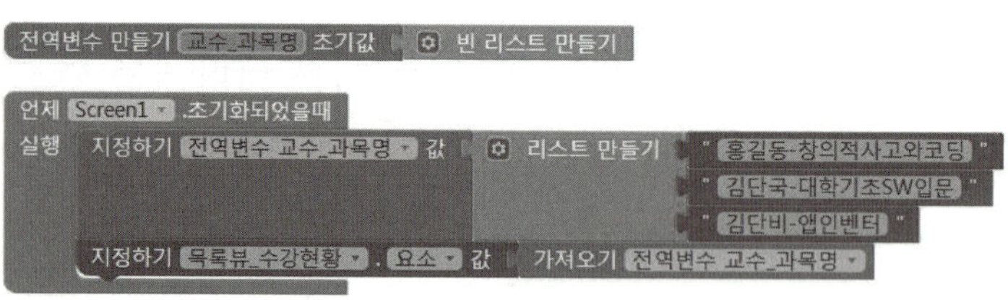

02 목록뷰에서 과목을 선택하면 '텍스트박스_신청과목'에 선택된 항목 정보를 표시한다.

03 '텍스트박스_신청과목'이 포커스를 받으면 텍스트의 값을 비워 주고, 새로운 과목정보를 입력한 후 '버튼_추가'를 클릭하면 '교수_과목명'에 항목을 추가해 준다. 추가 후 목록뷰에 '교수_과목명'을 보여주고 '텍스트박스_신청과목'의 텍스트 값은 빈 문자열로 다시 지정해 준다.

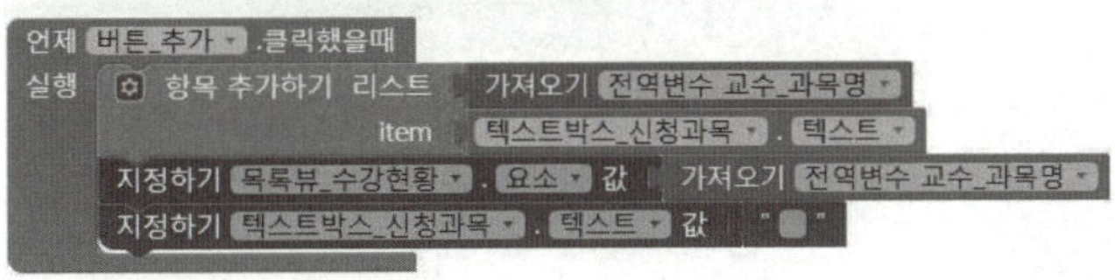

04 '버튼_수정' 클릭 이벤트가 발생하면 '텍스트박스_과목수정'에 입력한 정보를 '교수_과목명' 리스트에서 찾아 수정한다. [반복] 블록으로 '교수_과목명' 리스트의 길이를 구하고, [제어] 블록의 조건식에 '텍스트박스_신청과목' 텍스트와 같은 리스트 항목을 찾아 [항목 교체하기 리스트] 블록을 활용해 '텍스트박스_과목수정'의 텍스트로 바꾼다. 그다음 목록뷰에 '교수_과목명'을 갱신하고, 텍스트박스 두개의 텍스트를 모두 비우면 반복을 멈춘다.

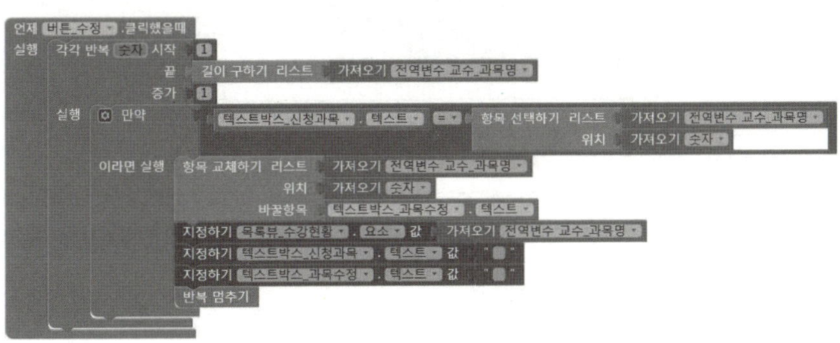

05 '텍스트박스_과목수정'에 입력된 정보를 '교수_과목명' 리스트에서 찾아 삭제한다. [반복] 블록으로 '교수_과목명' 리스트의 길이를 구하고, [제어] 블록의 조건식에 '텍스트박스_신청과목' 텍스트와 같은 리스트 항목을 찾아 [항목 삭제하기 리스트] 블록을 활용해 '교수_과목명'에서 삭제한다. 그다음 목록뷰에 '교수_과목명'을 갱신하고, 텍스트박스 두개의 텍스트를 모두 비우면 반복을 멈춘다.

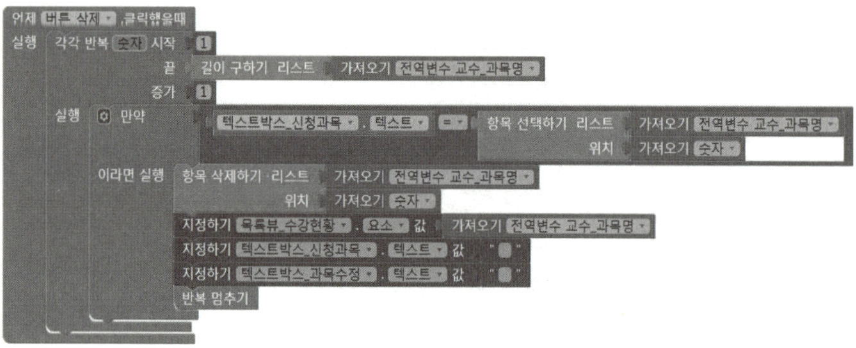

06 '버튼_현황' 클릭 이벤트가 발생하면 '교수_과목명' 리스트에 저장된 과목 수를 구하고, [텍스트] 블록의 [합치기]를 이용하여 과목수와 과목 리스트를 알림 메시지 창으로 출력해 준다.

07 APK용 QR 코드 생성 후 QR코드 리더기로 인식한 다음 앱을 다운받아 스마트 폰에 설치한 후 실행해 보자.

3. 온라인 투표 및 현황 차트 프로젝트

온라인 투표 및 현황 차트 프로젝트는 현재 각 후보의 득표 현황을 차트로 보면서 원하는 후보를 선택하고 투표하면 실시간으로 득표수에 반영된 차트를 볼 수 있는 온라인 투표 시스템이다. '버튼'과 '웹뷰어', 'ChartMaker' 컴포넌트를 활용하여 후보 이미지 선택 후 '투표하기' 버튼을 눌렀을 때 선택한 후보의 득표수를 1 증가시켜 막대차트나 원형차트로 각 후보들의 득표수를 비교하여 보여 준다.

투표 전 선택한 후보를 잘 알 수 있도록 이미지를 선택했을 때 이미지의 크기를 키우고 다시 해당 후보를 선택하거나 다른 후보를 선택하면 이미지는 원래 크기로 돌아간다. 알림 메시지로 투표한 후보 정보를 알려 주며 투표를 완료한다. 만약 아무 후보도 선택하지 않은 상태로 '투표하기' 버튼을 누르면 후보 선택 후 투표하라는 알림 경고 창을 띄워준다. 처음 온라인 투표 시스템 앱을 실행하거나 투표가 완료되면 웹뷰어에 투표 현황을 막대 차트로 보여주며, '원형 차트' 버튼을 누르면 원형 차트로 결과를 보여 준다. 다시 막대 차트로 현황을 보고싶으면 '막대 차트' 버튼을 누르면 된다.

차트를 작성하는 데 사용되는 'ChartMaker' 컴포넌트는 앱 인벤터의 기본 컴포넌트가 아닌 확장 기능으로 Google Charts를 이용해 막대 그래프(Bar graphs)와 원형 차트(Pie charts)를 그릴 수 있다. 본 프로젝트에서는 사용하지 않았으나 선 차트(Line charts)도 구현할 수 있다.

프로젝트 완성 후 APK QR 코드 인식 앱으로 스마트 폰에 앱을 설치하여 실행 결과를 확인해 보자.

1) 프로젝트 개요

프로젝트명	온라인 투표 시스템 (단국 온라인 투표)
개 요	• 투표할 후보와 득표 현황을 차트로 보여줌 • 투표할 후보 선택 • 투표 완료 후 차트에 반영 • 막대차트와 원형차트 선택 가능
코딩 요소	• 후보들의 득표한 수와 선택 후보의 번호 저장 - 전역변수: 후보1,2,3,4 와 선택후보 • 스크린이 초기화 되었을 때 후보들의 기존 득표수를 임시로 설정하고 막대 차트로 보여 줌 - 전역변수의 초깃값 설정 - ChartMaker • 투표할 후보 이미지를 선택하면 이미지 크기를 키워 주고, 다시 누르면 선택하지 않은 상태로 돌아감. 후보는 한 번에 하나만 선택 가능 • 투표 버튼 클릭 이벤트 발생 - 조건문: 선택 후보에 득표수 + 1 - 차트 갱신, 선택 후보 값 초기화 • 수강현황 목록에서 과목을 선택하고 삭제 버튼을 클릭했을 경우 목록에서 해당 과목을 삭제 - 조건문: 리스트에서 항목 수정 - 반복문: 리스트에서 데이터 검색 • 막대차트 및 원형차트 생성 - 함수: 막대차트와 원형차트를 그리는 코드를 함수로 각각 생성, 초기화면 및 차트 버튼 클릭, 차트 갱신 시 호출 - 리스트: 차트 함수 작성 시 리스트 만들기 활용

기본 화면은 로고를 포함한 앱의 제목과 후보 4명의 이름과 이미지를 나열하고, 투표 현황을 막대그래프로 보여 준다. 후보 중 한명을 선택하고 투표하면 실시간으로 득표수를 막대그래프로 반영한다. 차트 선택 버튼을 이용하여 원형 차트로도 볼 수 있다.

〈그림 12-6〉과 같이 후보의 이미지를 클릭하면, 이미지 크기가 커져 선택한 후보를 쉽게 알 수 있으며 다시 해당 후보 이미지를 클릭하면 이미

지가 작아진다. 이는 한 후보를 선택한 상태에서 다른 후보를 선택했을 때도 마찬가지이다. 즉 후보들 중 무조건 한 명만 선택이 가능하다. 아래의 막대그래프의 요소를 클릭하면 해당 후보와 득표수를 보여주므로 투표 전후의 득표수가 갱신됨을 알 수 있다. 한 후보를 선택하고 '투표하기' 버튼을 클릭하면 투표 완료 알림 메시지 창이 뜨고 투표한 후보에 대한 정보를 메시지로 보여 준다. '원형 차트' 버튼을 클릭하면 실시간 투표 현황을 투표 비율로 보여 준다. 원형의 파이를 클릭하면 해당 후보명과 득표수와 비율을 정보로 보여 준다. 이 기능은 구글 차트에서 지원한다.

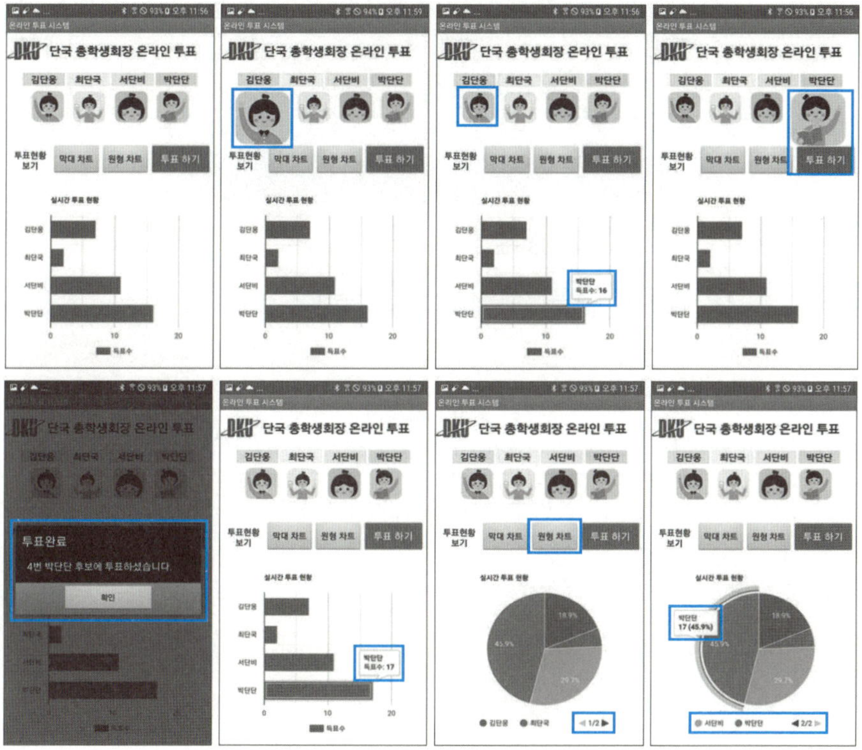

〈그림 12-6〉 '단국 온라인 투표' 앱을 실행한 결과

2) 컴포넌트 디자인 설계

온라인 투표 시스템을 만들 때 필요한 리소스와 컴포넌트에 대해 알아보고, 디자인을 설계한다. 필요한 리소스는 제목 로고로 사용할 'DKU_Logo1.jpg', 후보 이미지 'std_1.png', 'std_2.png', 'std_3.png', 'std_4.png', 확장 기능으로 ChartMaker를 사용하기 위한 'edu.mills.appinventor.ChartMaker.aix'이다. ChartMaker를 불러오는 과정은 〈그림 12-7〉을 참고하고, 완성된 디자인 설계는 〈그림 12-8〉에서 확인할 수 있다.

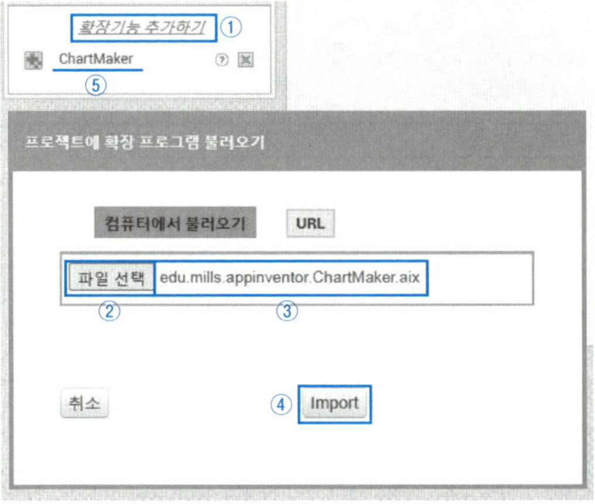

〈그림 12-7〉 확장 기능 추가하기

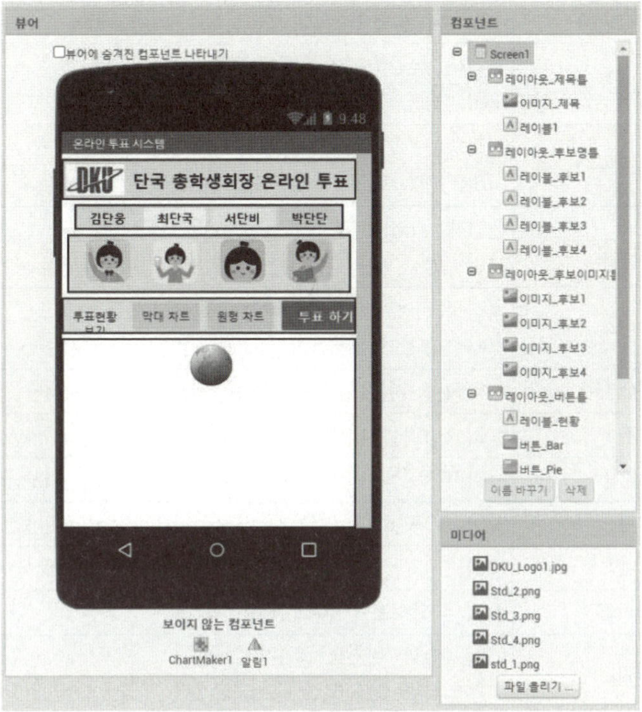

〈그림 12-8〉 완성된 디자인 설계

〈표 12-2〉는 사용한 컴포넌트들과 변경한 이름 및 설정한 속성이다. 변경된 컴포넌트의 이름은 Screen을 제외하고 대부분 '컴포넌트명_역할' 형태로 작성하였으니 이를 참고하여 〈그림 12-8〉과 같이 컴포넌트 디자인을 설계해 보자.

〈표 12-2〉 컴포넌트 이름과 속성

컴포넌트 이름	속 성
Screen1	수평정렬: 가운데, 앱이름: 단국 온라인 투표 제목: 온라인 투표 시스템
+ 수평배치_제목틀	수직정렬: 가운데, 높이: 10%, 너비: 부모
- 이미지_제목	높이: 부모, 너비: 20%, 사진: DKU_Logo1.jpg
- 레이블_제목	글꼴굵게, 글꼴크기: 20 텍스트: 단국 총학생회장 온라인 투표

+ 수평배치_후보명틀	수평/수직정렬: 가운데, 높이: 6%, 너비: 90%
- 레이블_후보1	배경색: #b0f0ffef, 글꼴굵게, 글꼴크기: 15 너비: 20%, 텍스트: 김단웅, 텍스트정렬: 가운데
- 레이블_후보2	배경색: 노랑, 글꼴굵게, 글꼴크기: 15 너비: 20%, 텍스트: 최단국, 텍스트정렬: 가운데
- 레이블_후보3	배경색: #ceff8fff, 글꼴굵게, 글꼴크기: 15 너비: 20%, 텍스트: 서단비, 텍스트정렬: 가운데
- 레이블_후보4	배경색: fcd3ffff, 글꼴굵게, 글꼴크기: 15 너비: 20%, 텍스트: 박단단, 텍스트정렬: 가운데
+ 수평배치_이미지틀	수평정렬: 가운데, 높이: 15%, 너비: 95%
- 이미지_후보1	높이: 50픽셀, 너비: 20%, 사진: std_1.png, clickable 체크
- 이미지_후보2	높이: 50픽셀, 너비: 20%, 사진: std_2.png, clickable 체크
- 이미지_후보3	높이: 50픽셀, 너비: 20%, 사진: std_3.png, clickable 체크
- 이미지_후보4	높이: 50픽셀, 너비: 20%, 사진: std_4.png, clickable 체크
+ 수평배치_버튼틀	수평/수직정렬: 가운데, 너비: 부모
- 레이블_현황	너비: 20%, 텍스트: 투표현황 보기 텍스트정렬: 가운데
- 버튼_Bar	텍스트: 막대 차트, 텍스트정렬: 가운데
- 버튼_Pie	텍스트: 원형 차트, 텍스트정렬: 가운데
- 버튼_투표	배경색: #a81fffff, 글꼴굵게, 글꼴크기: 16 너비: 30%, 텍스트: 투표하기, 텍스트정렬: 가운데
웹뷰어_차트	높이: 50%, 너비: 부모
ChartMaker1	[팔레트]-[확장기능]-[확장기능 추가하기]를 이용하여 리소스 'edu.mills.appinventor.ChartMaker.aix' 파일을 선택하여 Import
알림1	속성 변경 사항 없음

3) 아이디어 코딩과 실행

디자이너 화면에서 앱에 필요한 컴포넌트들을 모두 추가했다면 화면의 오른쪽 상단에 위치한 [블록] 버튼을 눌러 블록 에디터 화면으로 넘어간 후 각 컴포넌트에 대한 동작을 코딩한다. 이 프로젝트에서는 1.1에서 배운 함수의 개념과 [함수] 블록을 사용하고, [리스트 만들기] 블록을 이용하여 차트의 데이터로 이용한다. 또, 구글 차트로 막대그래프와 원형 차트를 만들기 위해 ChartMaker를 사용한다.

〈그림 12-9〉은 완성된 전체 블록 코딩 소스이다.

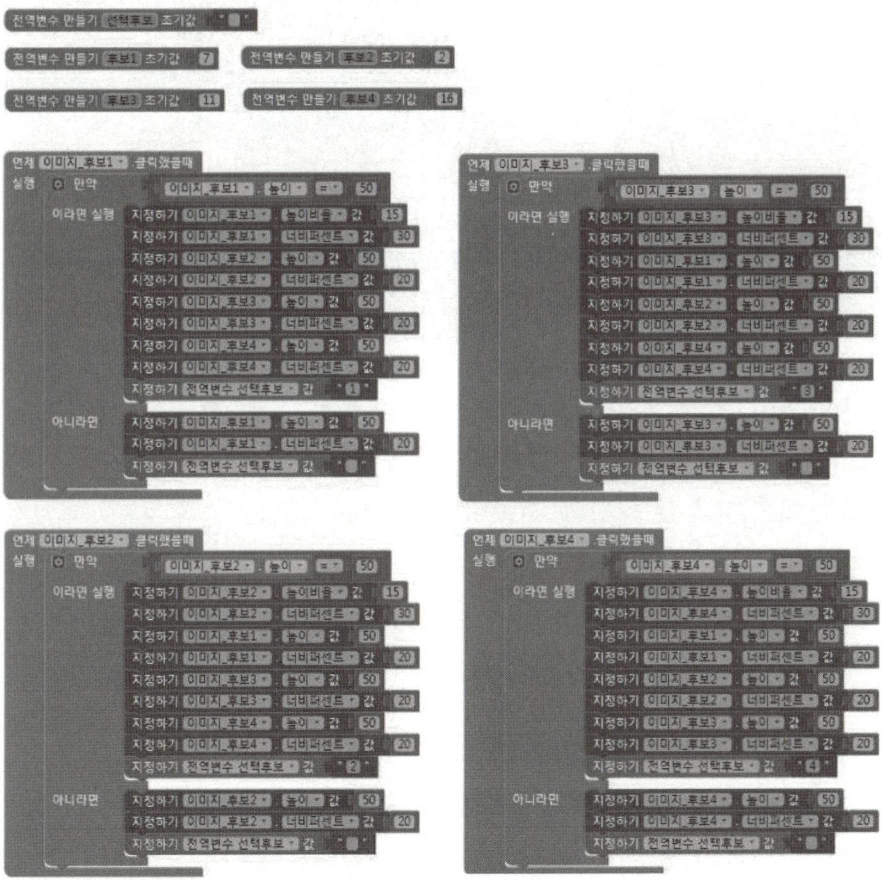

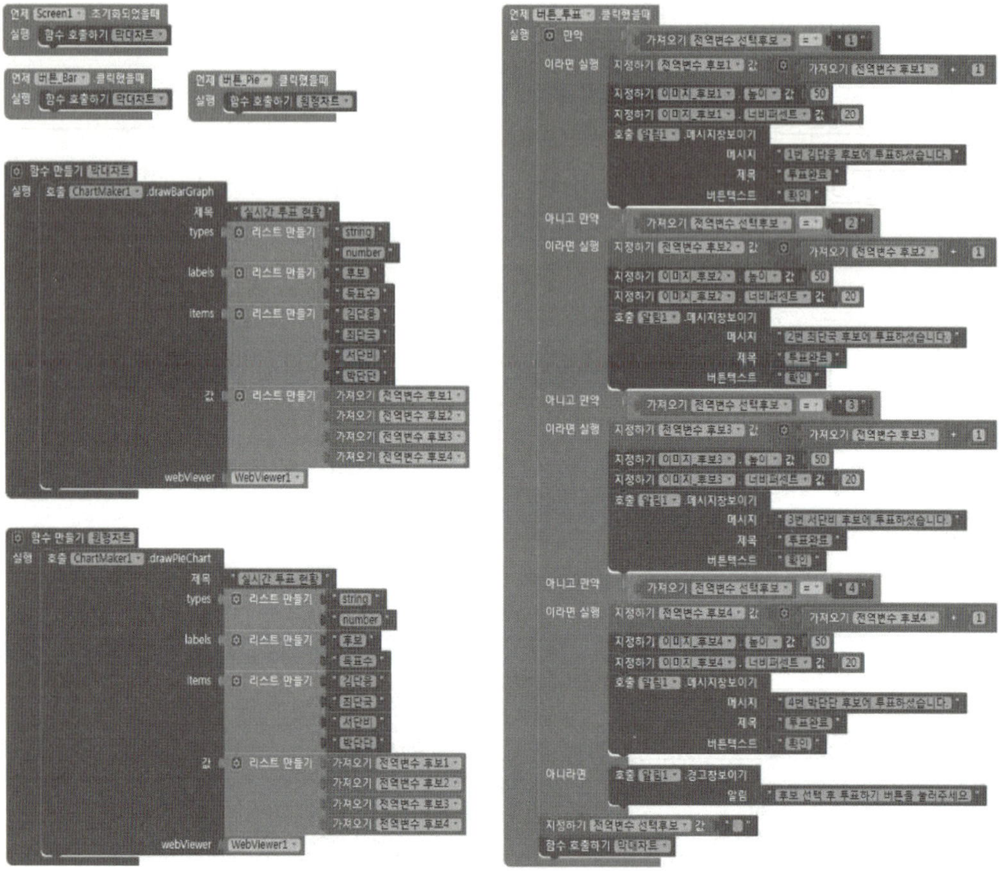

〈그림 12-9〉 완성된 전체 블록 코딩 소스

01 유권자가 몇 번 후보를 선택했는지 저장할 전역변수 '선택후보'와 각 후보의 득표수를 저장할 전역변수 '후보1', '후보2', '후보3', '후보4'를 생성한다. 스크린이 초기화되었을 때 후보는 선택되지 않은 상태이므로 초깃값을 빈 문자열로 주고, 후보 변수들은 차트로 보여줄 실시간 투표 현황 차트의 데이터를 위해 임의의 초깃값을 지정한다.

02 만약 후보 이미지가 원래 크기인 상태에서 클릭하면 해당 후보 이미지가 커지고, 해당 후보가 선택된 상태이니 나머지 후보들의 이미지는 원래 상태로 돌아간다. 아니면, 원래 이미지 크기로 돌아가고 후보를 선택하기 전이 된다.

즉, '이미지_후보1'의 클릭 이벤트가 발생했을 때 [제어] 블록의 조건 블록을 사용하여 만약 이미지의 높이가 50픽셀이라면(1번 후보가 선택되지 않은 상태 혹은 다른 후보가 선택된 상태) 높이 비율을 15, 너비퍼센트를 30으로 설정하여 이미지 크기를 키우고, 전역변수 '선택후보'의 값을 '1'로 지정한다. 이때 후보는 한명만 선택할 수 있으므로 나머지 '이미지_후보2', '이미지_후보3', '이미지_후보4'의 높이는 50, 너비퍼센트는 20으로 지정한다. '이미지_후보1'의 높이가 50이 아니라면 높이 50, 너비퍼센트 20으로 지정하고 '선

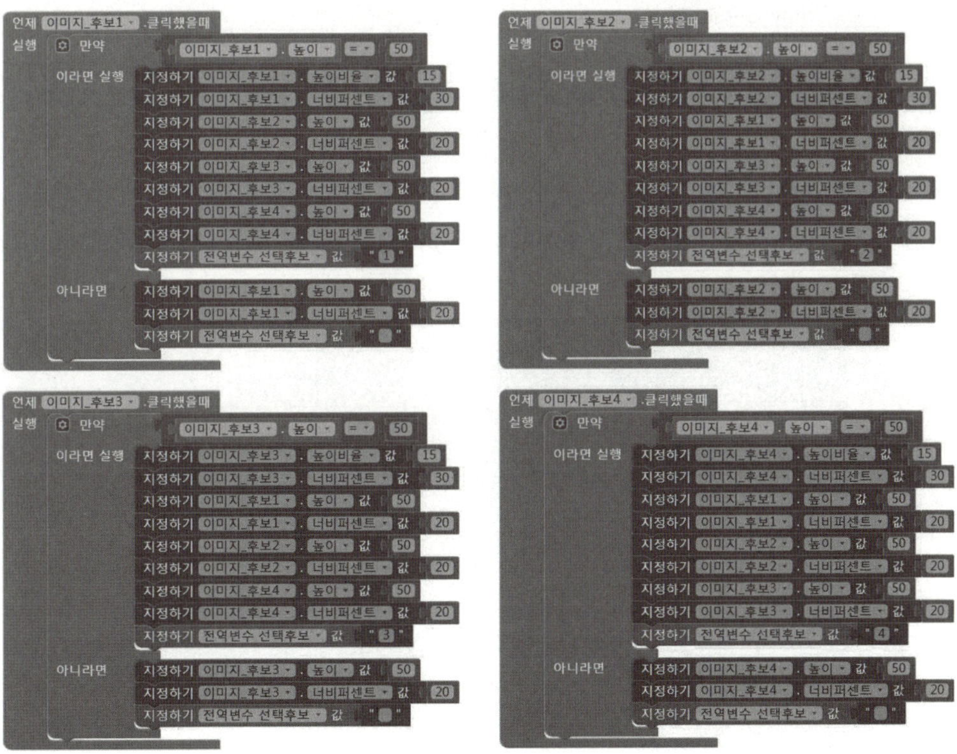

택후보' 전역변수를 비운다. 후보1에 대해 작성한 클릭 이벤트를 복사하여 후보2, 후보3, 후보4에 맞도록 수정한다.

03 스크린이 초기화되거나 '투표 하기', '막대 차트' 버튼을 누를 때마다 실시간 투표 현황을 보여주기 위해 막대그래프가 다시 그려진다. 원형 차트도 마찬가지이다. 앞서 배운 함수의 장점인 재사용 및 코드의 유지 보수 용이성, 소스코드의 간결화를 위해 막대차트와 원형차트 그리는 기능을 함수로 만들어 보자. [함수] 블록의 [함수 만들기]를 이용하여 '막대차트' 함수를 생성하고, 'ChartMaker1'의 [ChartMaker1.drawBarGraph] 블록을 끼워 넣는다. 이 블록은 주어진 조건에 따라 막대그래프를 그리는 기능을 하며, 사용되는 차트의 데이터는 리스트를 만들어 차트의 데이터를 구성한다.

[drawBarGraph]
- title(제목): 그래프의 제목을 지정
- types: y축과 x축 범례의 종류(후보명은 string이고, 값은 number)
- lables: 값의 종류와 해당 막대그래프를 터치했을 때 뜨는 창의 내용(후보명, 득표수)
- items: y축의 항목들('김단웅'과 같은 후보명)
- value(값): y축 항목들 각각의 값(후보별 득표수)
- webViewer: 그래프를 표시할 webViewer컴포넌트 이름 블록을 지정(웹뷰어_차트)

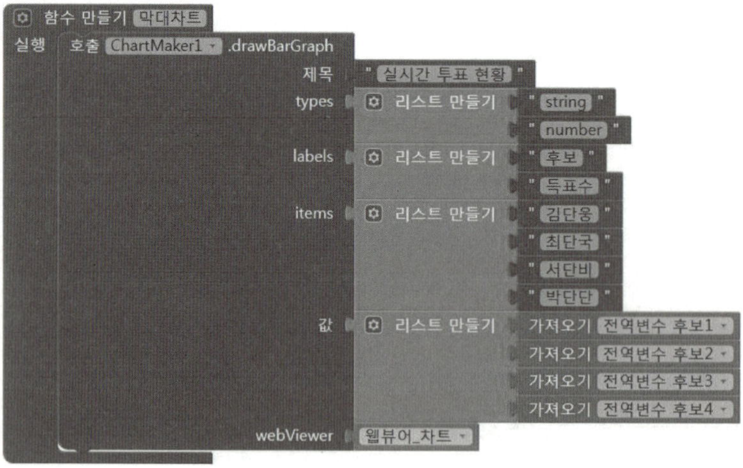

04 [함수] 블록의 [함수 만들기]를 이용하여 '원형차트' 함수를 생성하고, 'ChartMaker1'의 [ChartMaker1.drawPieChart] 블록을 끼워 넣는다. 이 블록은 주어진 조건에 따라 원형차트를 그리는 기능을 하며, 사용되는 차트의 데이터는 리스트를 만들어 차트의 데이터를 구성한다.

[drawPieChart]

· title(제목): 그래프의 제목을 지정
· types: y축과 x축 범례의 종류(후보명은 string이고, 값은 number)
· lables: 값의 종류와 해당 막대그래프를 터치했을 때 뜨는 창의 내용(후보명, 득표수)
· items: y축의 항목들("김단웅"과 같은 후보명)
· value(값): y축 항목들 각각의 값(후보별 득표수)
· webViewer: 그래프를 표시할 webViewer컴포넌트 이름 블록을 지정(웹뷰어_차트)

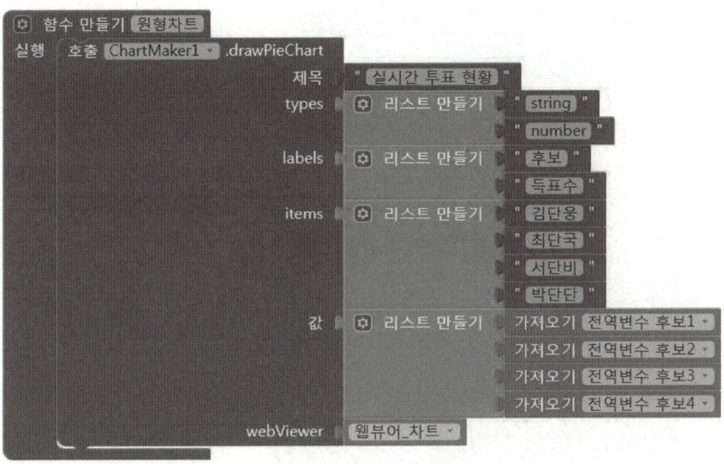

05 함수가 완성되었다면 이번에는 함수를 사용하기 위해 함수를 호출해 보자. 스크린이 초기화되거나 '버튼_Bar'를 클릭하면 '막대차트' 함수를 호출한다. 그리고, '버튼_Pie'를 클릭하면 '원형차트'를 호출한다.

06 '버튼_투표' 클릭 이벤트가 발생하면 [제어] 블록의 조건을 활용하여 선택된 후보에 따라 각 후보의 변수 값에 1을 더해 주고, 후보 이미지 크기를 원래대로 지정한 다음 투표 완료 알림을 이용해 투표한 후보 정보를 메시지로 보여 준다. 만약 아무 후보도 선택하지 않은 상태에서 '버튼_투표' 클릭 이벤트가 발생하면 후보 선택 후 투표하라는 경고창을 보여 준다. 투표가 완료되면 전역변수 '선택후보' 값을 빈 문

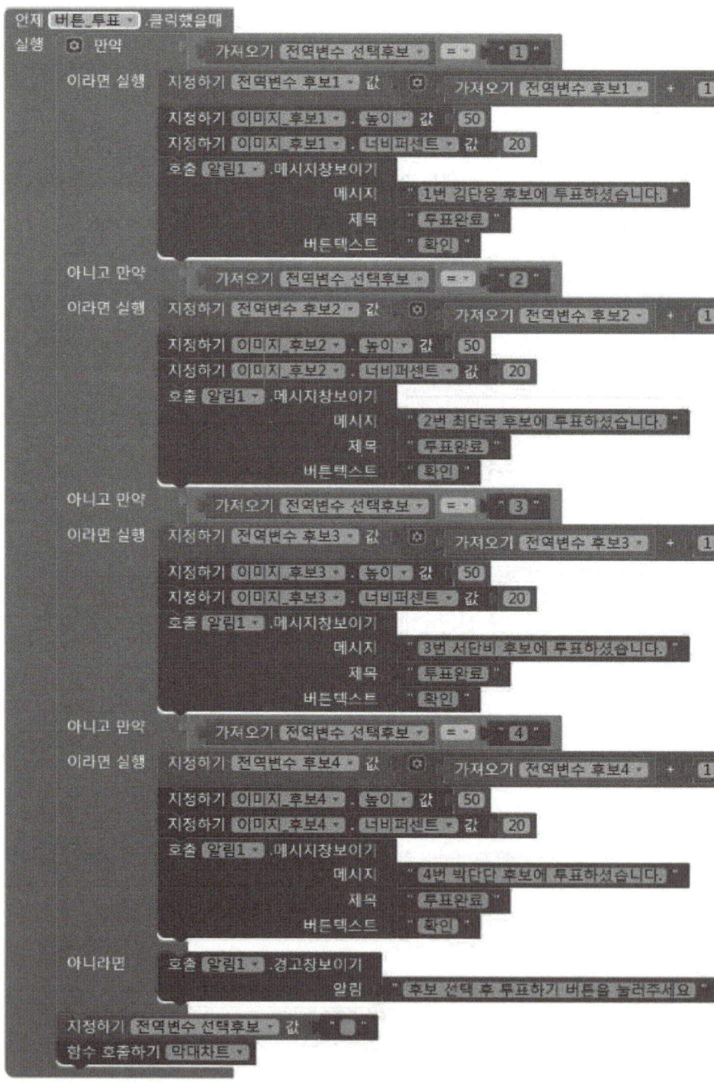

자열로 지정하고, '막대차트' 함수를 호출하여 웹뷰어의 막대그래프를 다시 그린다.

07 간혹 프로젝트를 저장하고 앱 인벤터를 종료한 후 다시 프로젝트의 블록 에디터 화면으로 들어갔을 때 이전에는 보이지 않던 오류가 뜨는 경우가 있다.

전역변수에서 종종 나타나며 아래 그림과 같이 오류 부분을 클릭해 보면 잘 설정이 되어있으며, 단지 '전역변수'라는 한국어 대신에 영어 버전에서 사용하는 'global'로 되어 있다. 그러나 실행에는 지장이 없다.

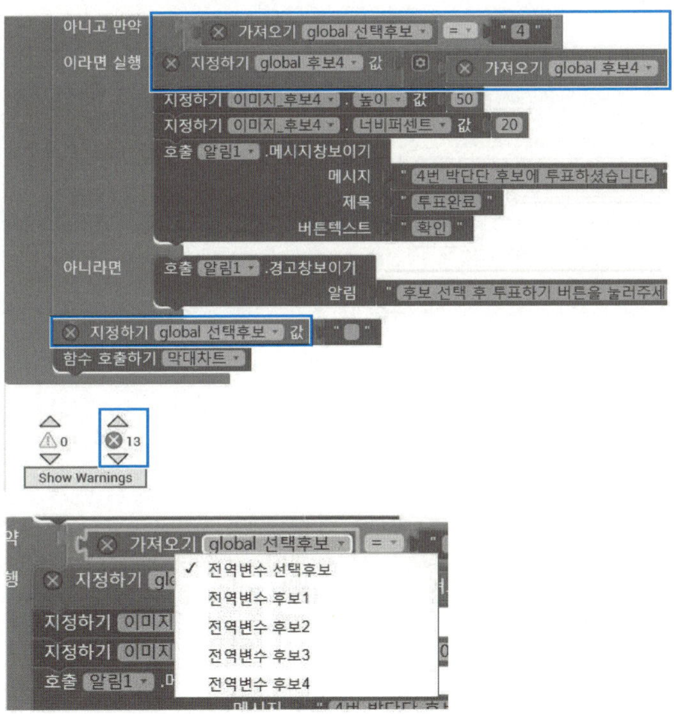

08 APK용 QR 코드 생성 후 QR코드 리더기로 인식한 다음 앱을 다운받아 스마트 폰에 설치한 후 실행해 보자.

활동 12-1

학과		학번		이름	

'Dankook Translator'라는 언어 번역 시스템 앱을 만들어 보자.

- 음성 인식이나 텍스트 박스에 한국어를 입력하여 원하는 언어로 번역
- 음성 변환을 이용하여 텍스트를 읽어 줌

〈프로젝트 개요〉

프로젝트명	언어 번역 시스템 (Dankook Translator)
개요	
코딩 요소 (컴포넌트 & 속성)	

〈실행 화면〉

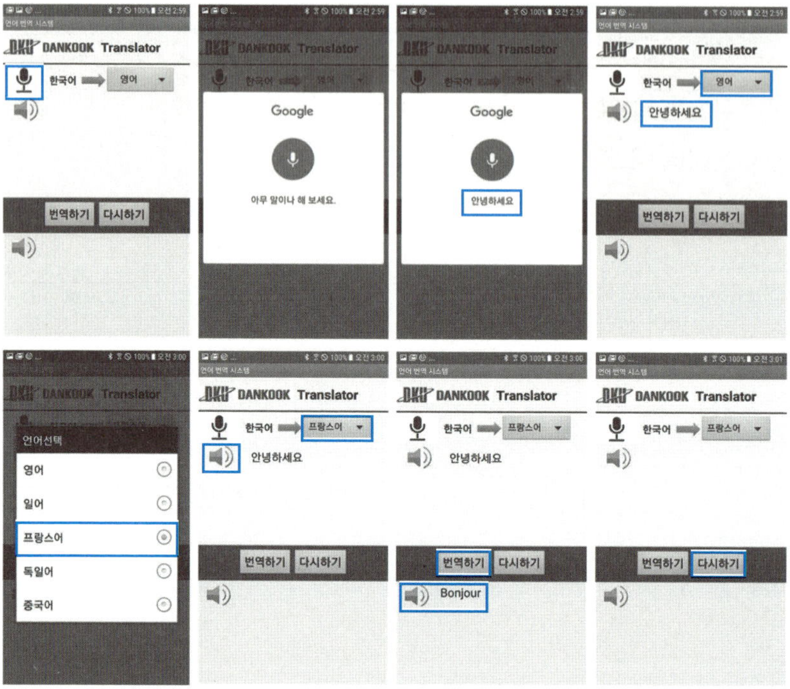

〈완성된 화면 설계〉

〈사용된 컴포넌트와 미디어 리소스〉

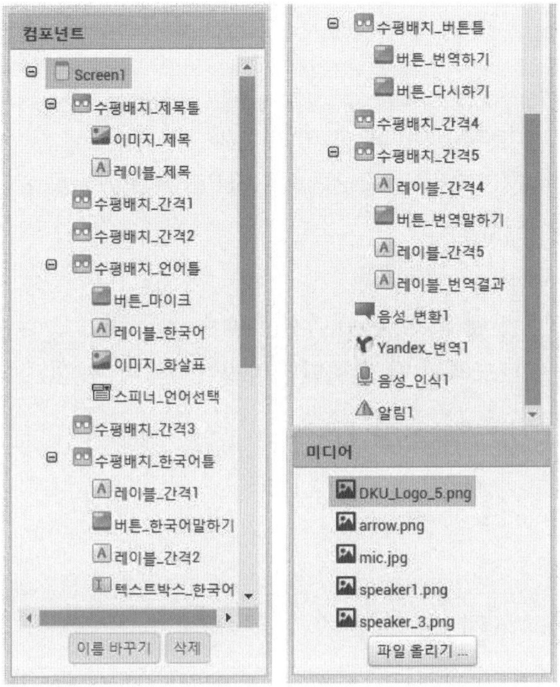

수업 자료 및 참고 문헌

1. 앱 인벤터: http://appinventor.mit.edu/
2. Google Charts: https://developers.google.com/chart/
3. Github: https://github.com/MillsCS215AppInventorProj/chartmaker
4. 픽사베이: http://pixabay.com/ko/
5. 플래티콘: https://www.flaticon.com/kr/
6. 김경희 외, 『창의력을 키우는 앱 인벤터』, 연두에디션, 2019.
7. 이종원, 『재미있게 만드는 앱 프로그래밍 앱 인벤터』, 한빛아카데미, 2020.

제13장

코딩 완성 및 공유

지금까지 앞에서 학습한 내용과 실제 경험을 바탕으로 문제 해결을 통해 코딩을 완성하고 공유한다. 앞에서 우리는 디자인씽킹 기반의 공감, 정의, 아이디어 만들기, 모형 제작, 테스트 단계를 학습하였다. 이것을 기반으로 디자인씽킹을 적용한 소프트웨어 개발 프로세스 단계에 적용하고 실제 어플리케이션을 개발하여 그 결과를 함께 공유한다. 공유를 통해 다른 사람들의 아이디어를 보고 배우고, 개선할 점을 서로 주고받을 수 있다.

학습 목표

- 팀 활동 결과물에 대한 다른 학습자 및 교수자와의 상호작용으로 개선점을 도출한다.

1. 팀별 활동 발표

팀별 활동 발표를 위한 준비는 다음과 같다. 학습자들에게 발표 시간, 발표 시 제출할 내용을 평가 기준과 함께 공지하여 학습자들이 발표 준비를 할 수 있도록 한다.

2. 평가 기준

다음은 평가 기준의 예시로서 학습자들의 프로젝트 결과물, 프레젠테이션, 팀워크와 수행 과정에 대한 평가를 함께한다.

구 분	평가 내용 (각 10점)
결과물 (40점)	• 프로젝트의 목표가 잘 달성되었는가? • 프로젝트 결과물의 완성도가 높은가? • 프로젝트 결과물이 전체적으로 짜임새 있게 체계적으로 구성되었는가? • 많은 생각이 담긴 내용인가?
프리젠테이션 (30점)	• 발표자는 발표 내용을 정확하게 숙지하고 있는가? • 데모 시나리오를 통해 결과물에 대한 핵심 내용이 잘 전달 되었는가? • 질의에 대한 응답은 적절한가?
팀워크 및 수행 과정 (30점)	• 프로젝트 도중 발생한 이슈를 잘 극복하였는가? • 프로젝트 과정에서의 협동은 적절한가? • 프로젝트에서의 역할 분담은 적절한가?

3. 토론 및 활동 예시

[사례] 동그라미 - 2019년 창의적 아이디어 설계 및 크리에이티브톤 경진대회 수상 작품

〈사용자 스토리 - 인터뷰, AEIOU 관찰법〉

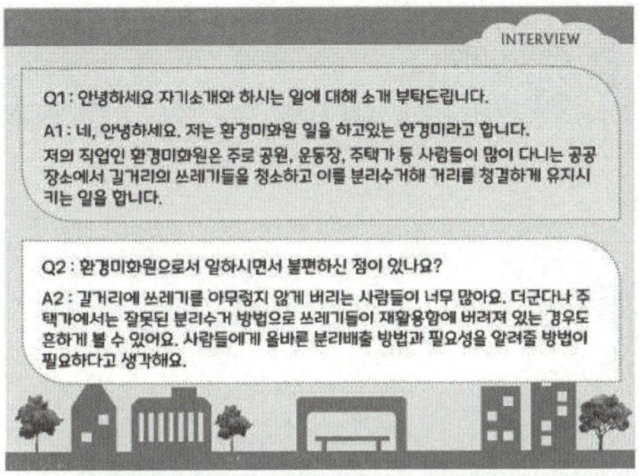

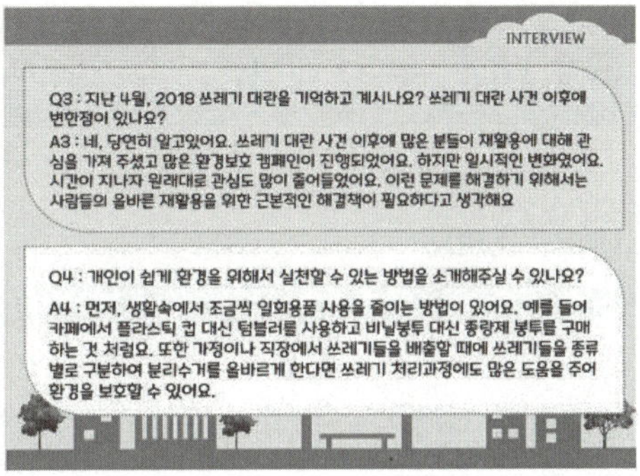

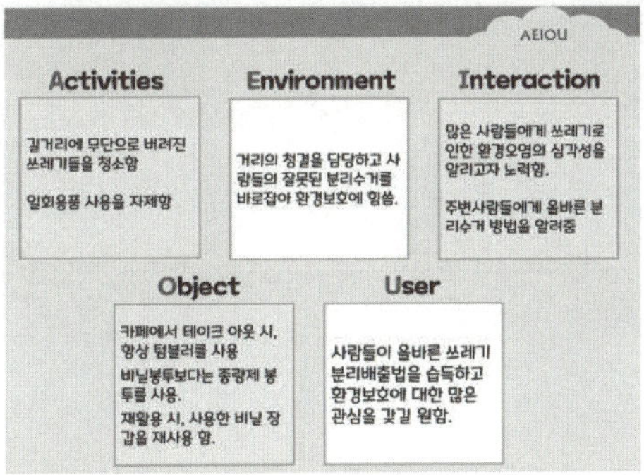

〈문제 정의 - 페르소나, 5WHYS〉

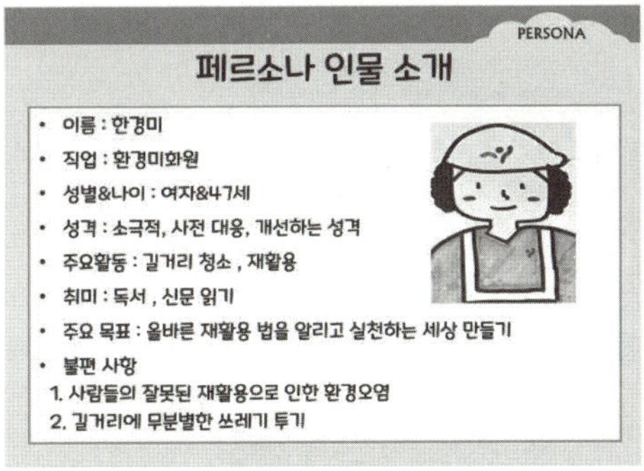

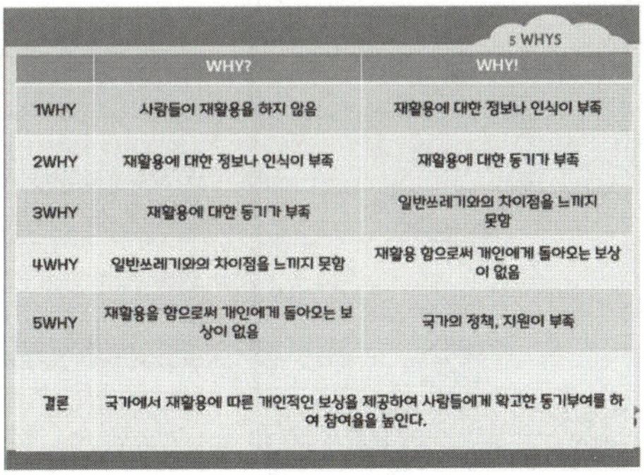
5 WHYS

	WHY?	WHY!
1WHY	사람들이 재활용을 하지 않음	재활용에 대한 정보나 인식이 부족
2WHY	재활용에 대한 정보나 인식이 부족	재활용에 대한 동기가 부족
3WHY	재활용에 대한 동기가 부족	일반쓰레기와의 차이점을 느끼지 못함
4WHY	일반쓰레기와의 차이점을 느끼지 못함	재활용 함으로써 개인에게 돌아오는 보상이 없음
5WHY	재활용을 함으로써 개인에게 돌아오는 보상이 없음	국가의 정책, 지원이 부족
결론	국가에서 재활용에 따른 개인적인 보상을 제공하여 사람들에게 확고한 동기부여를 하여 참여율을 높인다.	

〈아이디어 산출 – 브레인스토밍, 스캠퍼 이용〉

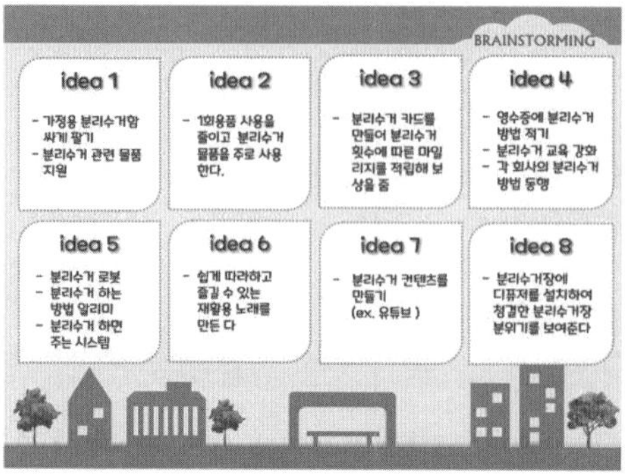

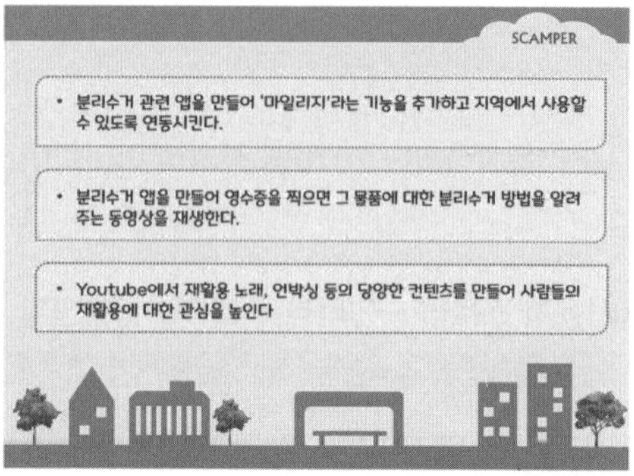

〈메뉴 구조도〉

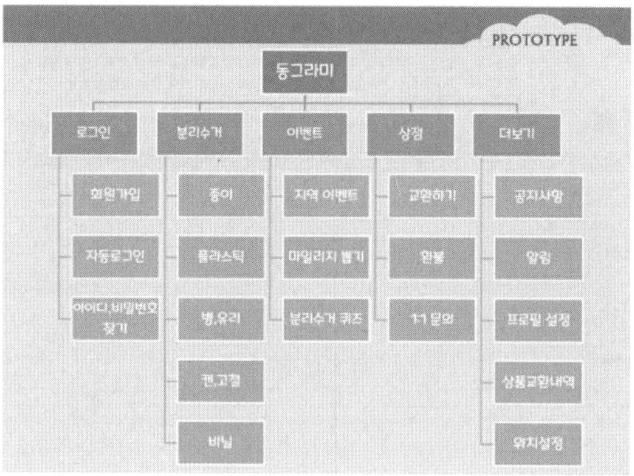

〈앱 인벤터 코드로 구현〉

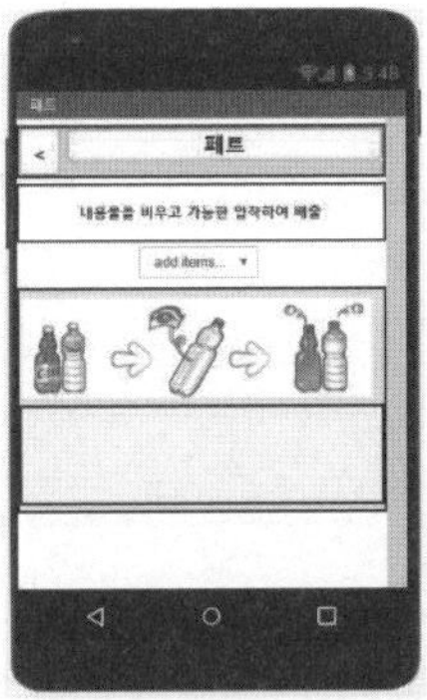
페트
내용물을 비우고 가능한 압착하여 배출
add items...

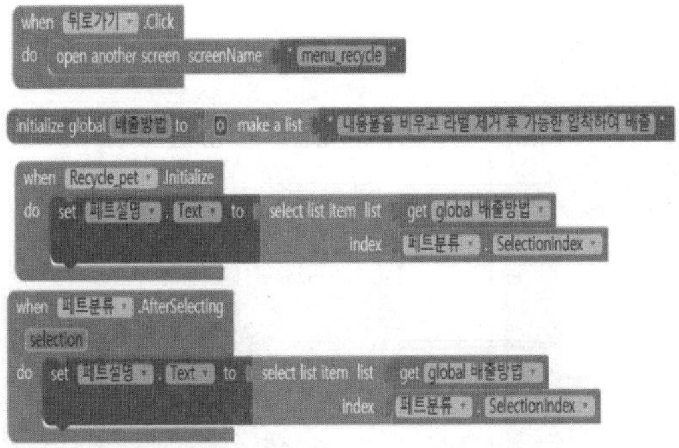
when 뒤로가기 .Click
do open another screen screenName " menu_recycle "
initialize global 배출방법 to make a list " 내용물을 비우고 라벨 제거 후 가능한 압착하여 배출 "
when Recycle_pet .Initialize
do set 페트설명 . Text to select list item list get global 배출방법
index 페트분류 . SelectionIndex
when 페트분류 .AfterSelecting
selection
do set 페트설명 . Text to select list item list get global 배출방법
index 페트분류 . SelectionIndex

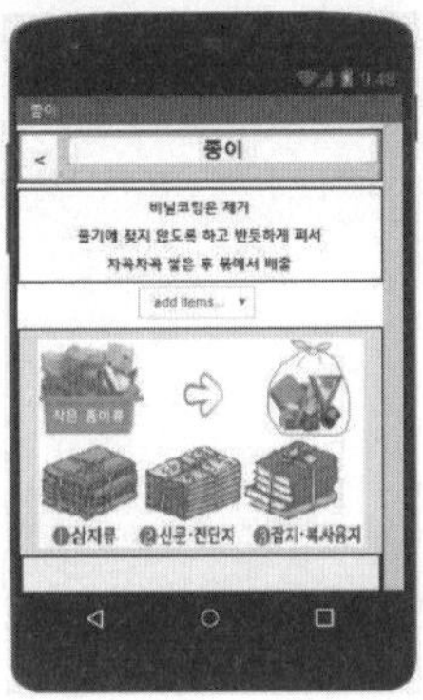
종이
add items...

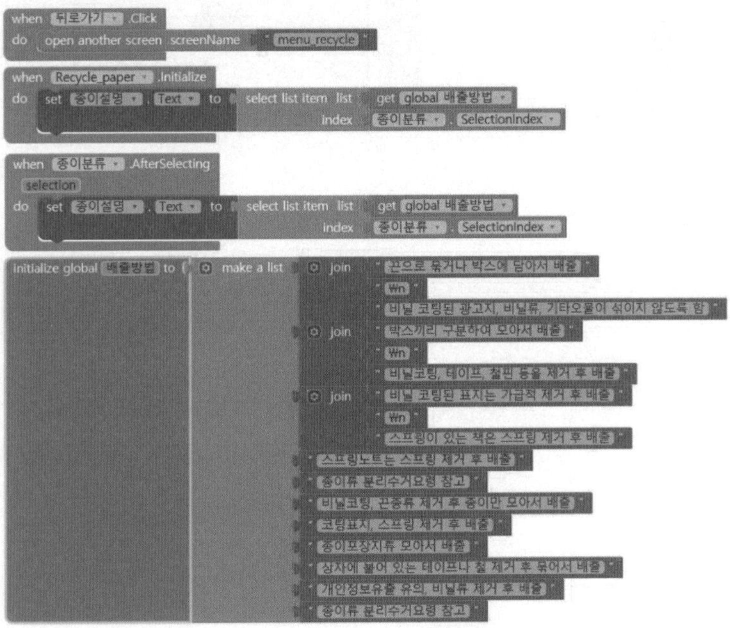
when 뒤로가기 .Click
do open another screen screenName " menu_recycle "
when Recycle_paper .Initialize
do set 종이설명 . Text to select list item list get global 배출방법
index 종이분류 . SelectionIndex
when 종이분류 .AfterSelecting
selection
do set 종이설명 . Text to select list item list get global 배출방법
index 종이분류 . SelectionIndex
initialize global 배출방법 to make a list join " 끈으로 묶거나 박스에 담아서 배출 "
" \n "
" 비닐 코팅된 광고지, 비닐류, 기타오물이 섞이지 않도록 함 "
join " 박스끼리 구분하여 모아서 배출 "
" \n "
" 비닐코팅, 테이프, 철핀 등을 제거 후 배출 "
join " 비닐 코팅된 표지는 가급적 제거 후 배출 "
" \n "
" 스프링이 있는 책은 스프링 제거 후 배출 "
" 스프링노트는 스프링 제거 후 배출 "
" 종이류 분리수거요령 참고 "
" 비닐코팅, 끈종류 제거 후 종이만 모아서 배출 "
" 코팅표지, 스프링 제거 후 배출 "
" 종이포장지류 모아서 배출 "
" 상자에 붙어 있는 테이프나 철 제거 후 묶어서 배출 "
" 개인정보유출 유의, 비닐류 제거 후 배출 "
" 종이류 분리수거요령 참고 "

분리수거
종이
종이팩
유리
페트
캔류
플라스틱
비닐류
기타

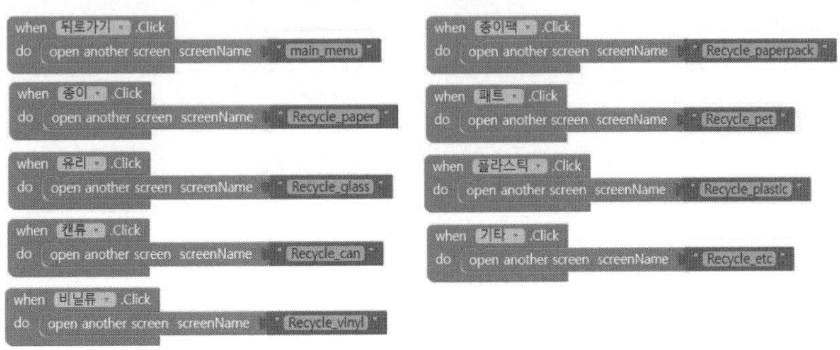
when 뒤로가기 .Click
do open another screen screenName " main_menu "
when 종이 .Click
do open another screen screenName " Recycle_paper "
when 유리 .Click
do open another screen screenName " Recycle_glass "
when 캔류 .Click
do open another screen screenName " Recycle_can "
when 비닐류 .Click
do open another screen screenName " Recycle_vinyl "
when 종이팩 .Click
do open another screen screenName " Recycle_paperpack "
when 페트 .Click
do open another screen screenName " Recycle_pet "
when 플라스틱 .Click
do open another screen screenName " Recycle_plastic "
when 기타 .Click
do open another screen screenName " Recycle_etc "

〈구현 결과물〉

캔류
캔류
철캔
알루미늄캔
기타캔류(음료)
부탄가스
살충제용기
쿠킹호일
알루미늄류
분리수거
이벤트
상점
더보기
마일리지
16900p

디자인씽킹과소프트웨어문제해결편찬위원(가나다 순)

박소현, 백수진, 서응교

디자인씽킹과 소프트웨어 문제 해결 _ 사회

2021년 2월 15일 초　판 발행
2023년 2월 15일 개정판 발행

지은이 _ 디자인씽킹과소프트웨어문제해결편찬위원회
펴낸이 _ 김수복
기　획 _ 남재걸
편　집 _ 성두현
마케팅 _ 박보혜
펴낸곳 _ 노스보스
등　록 _ 1968.2.27 : No. 제03-00095호
주　소 _ 경기도 용인시 수지구 죽전로 152
전　화 _ 031-8005-2402
팩　스 _ 031-8021-7154

값 17,000원

ISBN 978-89-7092-798-5 04560
ISBN 978-89-7092-796-1 (세트)